韓国企業の人的資源管理

―その特質と変容―

安　熙卓　著

文眞堂

はしがき

　本書は筆者が 2000 年に来日し，日本の大学で教鞭をとってから初めて出版する本である。
　これまで韓国の人的資源管理に関しては，部分的に紹介されることはあっても，本書のように人的資源管理のほぼ全領域を論述した単著書は，私が知る限り，出版されていない。本書は韓国の人的資源管理の特徴と実態，そして近年の変化を国際的動向を踏まえながら，これからの方向性を模索することを目的に書かれたものである。
　私が研究者の道を選んだのは，父である安春植（現韓国漢陽大学校名誉教授）の勧めがあったからである。父は『終身雇用制の日韓比較』（論創社，1982 年）の著者として知られている。私が初めて人的資源管理という学問に接したのは大学時代に父の研究を手伝う中で，人的資源管理に関する専門性に触れる機会があった時である。韓国で大学を卒業し，勉学のために来日したのが 1983 年であった。早稲田大学大学院で 1 年間研究生として過ごし，1984 年に慶應義塾大学大学院商学研究科修士課程に入学した。当時の指導教授は今は亡き石坂巌先生（慶應義塾大学名誉教授）だった。とても優しくて親近感を感じさせる面倒見のよい先生であった。修士論文の作成に当たっては，事例調査企業の紹介だけでもありがたいと思っていたが，一緒に同行して下さった。いまでもこのことを忘れることはできない。
　私の修士課程の修了と同時期に先生は定年退職された。そのため博士課程に入ってからは佐野陽子先生（現嘉悦大学名誉学長，慶應義塾大学名誉教授）からご指導を受けることになった。先生もまた優しくて面倒見のよい先生であった。しかし，研究については厳しかった。研究課題として歴史的な研究に取り組みたいと申し出たら，人が行なったものをレビューしてどうするのか，と新しい分野を開拓すべく指導してくださった。その研究課題が人事評価であった。今思うと先生はこれからの人事の大きな柱は能力主義・成果主義が中心に

なると予想しておられたかもしれない。先生には研究者として才能のない小生を指導するに当たってどれほどご苦労があっただろうと思うと感謝の気持ちで一杯である。佐野先生は，私が博士課程在学中，日本労働協会（現労働政策研究・研修機構）と労働省（現厚生労働省）の嘱託研究員として仕事をする機会を提供してくださった。また，研究プロジェクトにも参加させていただき，多くのことを学ぶことができた。

　以上のように，私は日本で名声の高い2人の指導教授にめぐり合って指導を受けられたことをとても誇りに思っている。さらに，大学院在学中，石田英夫先生（現東北公益文科大学大学院教授，慶應義塾大学名誉教授）からは国際人事管理に関して多くのことを学び，このことが国際比較研究に興味を抱くこととなった。また，先生には学位論文作成においても有益なアドバイスをいただいた。大学院在学中，同じ佐野ゼミであった永野仁先輩（明治大学教授）と八代充史先輩（慶應義塾大学商学部教授）からも励まされることが多かった。この場を借りて感謝申し上げる。

　博士学位を取得してから1990年に韓国に戻り，韓国経営者総協会附設労働経済研究院で研究員として勤務することになった。10年間勤めながら，韓国の人的資源管理の研究を行なってきた。それまで人的資源管理に関する基礎調査や研究は数えるくらい少なかった。当時，私は数多くの調査・研究を行なった。それをきっかけに人事担当者を対象に講義や執筆活動，さらには研究プロジェクト，TV・ラジオ出演等，公の場で活躍することができた。また，職場の特性から人事担当者との交流機会も多く，現場の実務について多くのことを学ぶことができた。それは私の教育・研究に大いに役立っている。

　本書が出来上がるまでには，実に多くの方々のご協力があった。私が勤めていた韓国経営者総協会の金栄培副会長，李東應専務理事，崔敏炯常務理事，李浩成常務理事，姜聲甲本部長からは物心両面で温かいご支援をいただいた。資料室の文美善課長は韓国の最新の資料を提供してくださった。また，韓国人事管理協会の具本姫氏は資料の提供と人事担当者との聞き取り調査のアレンジをしてくださった。聞き取り調査に際しては多くの人事担当者の協力を得た。心より御礼申し上げたい。

現在勤務している九州産業大学経営学部は快適な研究環境にあり，池内秀己学部長をはじめ浦野倫平先生（産業経営学科主任），土井一生先生（国際経営学科主任）には，公私のあらゆる面でご配慮を賜った。また，川端公久先生（現経済・ビジネス研究科長），伊藤重行先生，黒田誼先生は研究への刺激を与えてくださった。そして，佐護譽先生（前九州産業大学学長）と昆誠一先生（前経営学部長）には大変お忙しい中，出版に当たってつまらない拙稿を丁寧に読まれ，日本語のチェックを快く引き受けてくださった。心より厚く御礼申し上げたい。

　特に，佐護先生とは日韓共同研究をきっかけに1990年韓国で初めてお逢いした。それ以来，長いおつき合いがあり，日本の大学に推薦いただき，教鞭をとることができた。学問的にもご指導鞭撻を賜った。5年以内に日本語で書かれた専門書を一冊書くようにと言われてから，はや10年の歳月が過ぎてしまった。自分の研究の怠慢のせいでこれほど遅れてしまったことを深く反省している。

　本書の出版に当たっては，家族の支えがあった。教育や研究を言い訳に1人っ子の娘（智裕）とは一緒に時間を過ごすことができなかった。お詫びする。いまはもう中学生になってしまい遊び相手は私でなくなった。

　厳しい出版事情にもかかわらず，本書の出版をお引き受けいただいた文眞堂の前野隆専務と編集・校正に労を執ってくださった編集部の方々に心から感謝申し上げる。

　最後に，私事ではあるが，若い青春と一生を犠牲にして苦難の歳月をもっぱら家族のために休むことなく献身的に働き続け，44歳の若さでこの世を去った最愛の母の霊前にこの本を捧げる。

2011年7月

安　　熙卓

目　　次

はしがき ……………………………………………………………… i

序章　本書の目的と構成 ……………………………………………… 1
1. 本書の目的 ………………………………………………………… 1
2. 本書の構成と概要 ………………………………………………… 2

第Ⅰ部　経済危機以降の韓国人的資源管理 ……………………… 7

第1章　韓国企業の社員区分と社員等級制度 …………………… 9
1. はじめに …………………………………………………………… 9
2. 社員等級制度の人事制度上の位置づけ ………………………… 10
3. 社員区分と社員等級制度 ………………………………………… 13
4. 社員等級制度の史的展開 ………………………………………… 15
5. おわりに …………………………………………………………… 26

第2章　韓国企業の採用管理 ……………………………………… 31
1. はじめに …………………………………………………………… 31
2. 採用管理の理論的検討 …………………………………………… 31
3. 採用管理の特徴 …………………………………………………… 37
4. 採用管理の近年の変化 …………………………………………… 43
5. おわりに …………………………………………………………… 48

第3章　韓国企業の昇進管理 ……………………………………… 52
1. はじめに …………………………………………………………… 52
2. 昇進管理関連の用語 ……………………………………………… 53

3. 昇進慣行 ··· 55
　　4. 昇進競争と選抜 ·· 57
　　5. 昇進停滞の現状と企業の対応 ······································ 61
　　6. 昇進管理の近年の変化 ··· 64
　　7. おわりに ··· 66

第4章　韓国企業の賃金管理 ·· 69

　　1. はじめに ··· 69
　　2. 賃金制度の特徴 ·· 70
　　3. 成果主義と年俸制 ··· 75
　　4. 成果主義賃金制度の現状 ··· 78
　　5. 年俸制の企業事例 ··· 83
　　6. おわりに ··· 87

第5章　韓国企業の人事考課 ·· 91

　　1. はじめに ··· 91
　　2. 人事考課制度の歴史 ··· 92
　　3. 人事考課制度の日米韓の比較 ····································· 95
　　4. 人事考課の近年の変化 ··· 103
　　5. おわりに ··· 108

第6章　韓国企業の企業内教育 ·· 111

　　1. はじめに ··· 111
　　2. 企業内教育の史的展開 ··· 112
　　3. 企業内教育の近年の変化 ·· 116
　　4. グローバル人材育成の動向 ······································· 118
　　5. おわりに ··· 123

第7章　韓国の雇用慣行と定年延長 ······································ 126

　　1. はじめに ··· 126

2. 労働市場の柔軟化と雇用調整 …………………………127
　　3. 雇用慣行の変化 …………………………………………129
　　4. 定年制と退職金制度 ……………………………………131
　　5. 定年延長と賃金ピーク制 ………………………………135
　　6. おわりに …………………………………………………142

　第8章　韓国の労働組合と労使関係 …………………………146

　　1. はじめに …………………………………………………146
　　2. 労働組合と団体交渉 ……………………………………147
　　3. 非正規雇用の動向 ………………………………………153
　　4. 労使関係の近年の変化 …………………………………159
　　5. おわりに …………………………………………………167

　第9章　韓国企業の職務重視の人的資源管理 ………………170

　　1. はじめに …………………………………………………170
　　2. 職務基準人事制度の人的資源管理上の位置づけ ……171
　　3. 職務重視賃金制度の導入背景 …………………………173
　　4. 職務重視賃金制度の動向 ………………………………175
　　5. 職務重視の賃金管理事例 ………………………………178
　　6. おわりに …………………………………………………185

第Ⅱ部　人的資源管理の国際的動向 ……………………………189

　第10章　日本企業の人的資源管理 ……………………………191

　　1. はじめに …………………………………………………191
　　2. 社員区分と資格制度 ……………………………………192
　　3. 職能資格制度の問題点 …………………………………196
　　4. 成果主義賃金制度の動向 ………………………………199
　　5. 成果主義と人事考課 ……………………………………207
　　6. 職務・役割基準の賃金管理事例 ………………………213

  7. おわりに …………………………………………………………217

第11章　米国企業の人的資源管理 ……………………………221

  1. はじめに …………………………………………………………221
  2. 社員区分と等級構成 ……………………………………………222
  3. 人事・賃金管理の基本的特徴 …………………………………224
  4. 賃金制度の動向 …………………………………………………227
  5. おわりに …………………………………………………………235

第12章　英国企業の人的資源管理 ……………………………238

  1. はじめに …………………………………………………………238
  2. 人事・賃金管理の基本的特徴 …………………………………239
  3. 賃金制度の動向 …………………………………………………246
  4. おわりに …………………………………………………………251

終章　韓国企業の人的資源管理の行方 …………………………254

  1. 人的資源管理のパラダイムの変化 ……………………………254
  2. 人的資源管理の行方 ……………………………………………259

参考文献 ………………………………………………………………262
索引 ……………………………………………………………………271

序章
本書の目的と構成

1. 本書の目的

　本書は，アジア経済危機以降，韓国企業の人的資源管理にどのような変化がみられるのか，みられるとするならば，それはどのような変化なのかについて論述する。すなわち，これまでの韓国企業の人的資源管理について，近年の実情を明らかにするとともに，国際的動向として日本，米国，英国ではどのような変化がみられるのかを踏まえ，今後の韓国企業の人的資源管理の発展方向を探るのが，本書の目的である。

　今日，グローバル化，情報化，少子高齢化など企業を取り巻く経営環境の変化は，これまで韓国企業が伝統的に維持してきた人的資源管理に新たなパラダイムの変化を求めている。韓国のこれまでの人的資源管理は，温情主義に基づく管理と長期雇用慣行，そして年齢や勤続年数を重視する年功序列管理に特徴づけられる。しかし，韓国において人的資源管理の大きな転換期となったのは，1997年の経済危機である。1997年末には高度経済成長期の過剰投資や事業拡大，過剰債務などの韓国経済の構造的問題が表面化し，経済危機が発生した。韓国政府はIMF（国際通貨基金）に救済金融を求め，IMFは融資の条件として不良金融機関の整理，労働市場の柔軟化，企業経営の透明化などを要求した。これを受けて，韓国では企業経営システムの全面的な改革が推進された。人的資源管理分野も例外ではなかった。韓国政府の緊縮政策に伴う企業倒産や企業の構造調整に伴う雇用調整によって韓国労働市場の構造は大きく変化した。

　1998年2月には労働法の改正によって整理解雇制が導入され，同年7月には労働者派遣法が導入されるなど，これまでの雇用保護規制は大きく緩和され

るに至った。これを受けて韓国企業は整理解雇をはじめとする早期退職・希望退職といったリストラが活発に行なわれた。これまで長期雇用が当たり前のようになっていた雇用慣行が崩壊し、雇用の流動化が急速に進んだ。雇用慣行だけでなく、賃金管理においては、年功重視から能力・成果を重視した能力主義・成果主義が急速に広がった。これまで韓国企業の賃金決定は、査定を伴わない年齢や勤続年数の増加とともに毎年定期的かつ自動的に賃金上昇が行なわれる典型的な年功賃金であった。賞与も固定的に一律に支給された。このような賃金制度は経済危機を背景に賃金の個別化のため、賃金制度の改革の動きが急速に広がった。当然、人事考課制度も賃金制度改革に伴って見直されるようになった。さらに、年功主義人事から脱却するために、これまでの人重視から職務重視に人事制度を新たに構築する動きもあった。

このような短期間にわたる人的資源管理上の変化は、グローバルスタンダードを志向するものであった。伝統的に韓国は日本と同じように人的資源管理の基軸が人であり、米国と英国は職務を基軸としている。人的資源管理制度や慣行はそれぞれの国の社会・文化に影響を受けることが多い。現在、進められている韓国企業の人事・賃金制度改革は、正しい方向へと進んでいるのか、あるいは間違った方向へと進んでいるのかがはっきりしないまま、能力主義・成果主義や職務重視の人事を標榜した改革が進行してきた。

本書では、日・米・英の動向を踏まえながら、韓国企業の人的資源管理の将来の発展方向を展望する。

2. 本書の構成と概要

本書の構成は、第Ⅰ部の経済危機以降の韓国人的資源管理と第Ⅱ部の人的資源管理の国際的動向からなっている。各章の概要は以下のとおりである。

まず、第Ⅰ部では、人的資源管理の各領域別の近年の変化について検討する。

第1章では、社員等級制度の人事制度上の位置づけと各等級制度のメリット・デメリットを検討する。また、韓国企業の社員区分と社員等級制度の特徴

と社員等級制度の変遷過程を明らかにする。

　第2章では，採用管理の若干の理論的検討を行なう。また，韓国企業の採用管理のこれまでの特徴を踏まえて，採用管理の新たな変化を明らかにする。

　第3章では，韓国企業の昇進管理における昇進基準や昇進選抜など，昇進慣行について概観する。また，年功序列昇進慣行がもたらした昇進停滞に韓国企業はどのように対応してきたか，そして，年功昇進管理の近年の変化を事例を交えて明らかにする。

　第4章では，成果主義賃金としての成果主義・年俸制の概念を検討する。つぎに，これまでの韓国企業の賃金管理の特徴と問題点を検討する。そして，韓国における年俸制の現状や年俸制導入企業の事例分析を行なう。

　第5章では，韓国における人事考課制度の歴史的考察と日米韓の人事考課制度の比較を通して各国の特徴を検討する。また，人事考課の近年の変化として目標管理制度やコンピテンシー評価などの導入状況を概観し，具体的な企業事例を通して成果主義人事考課の実態を明らかにする。

　第6章では，韓国企業の企業内教育を模倣・導入期，強化期，活性化期，転換期に区分してその変遷を概観する。つぎに，企業内教育の史的展開過程を踏まえて，近年の企業内教育とグローバル人材育成の動向を企業事例を交えて明らかにする。

　第7章では，韓国の雇用問題を中心に，経済危機以降，韓国の労働市場の柔軟化に伴う雇用調整や早期退職の実態を概観する。また，韓国の定年制と退職金制度の現状を踏まえ，定年延長・雇用延長方法として賃金ピーク制を取り上げ，その内容と企業の取り組みについて検討する。

　第8章では，韓国の労働組合の組織状況と団体交渉の特徴について概観する。また，近年，労使関係の争点となっている非正規雇用や複数組合・専従者をめぐる諸問題について検討する。

　第9章では，職務基準人事制度の人的資源管理上の位置づけを検討する。それを踏まえて韓国企業の職務重視の賃金制度の導入背景とその実態を事例を交えて明らかにする。

　第Ⅱ部では，人的資源管理の国際的動向を把握するために，日本，米国，英国の人的資源管理，とりわけ賃金制度を中心にその特徴と新たな動きについて

論述する。

　第10章では，日本企業の社員区分と資格制度について概観し，職能資格制度の問題点を検討する。また，職能資格制度の問題点を踏まえ，近年の成果主義賃金制度の動向と職務・役割重視の人事・賃金管理の実態を事例を通して明らかにする。

　第11章では，米国企業の社員区分と社員等級制度を概観する。つぎに，米国の人事・賃金管理の基本的特徴を踏まえて，これまでの職務重視から人の能力を重視したブロードバンディングやコンピテンシーなどといった，新たな考え方を取り入れた賃金制度の変化を明らかにする。

　第12章では，筆者が2006年8月－2007年8月に英国に滞在中，調べた文献や聞き取り調査を基に英国企業の人事・賃金制度の基本的特徴と新たな動きとしてブロードバンディングやコンピテンシーといった職務重視から人の能力を重視した賃金制度の変化を明らかにする。

　終章では，これまで論述してきた韓国企業の人的資源管理の変化と国際的動向を踏まえて，これからの人的資源管理のあり方と発展方向を展望する。

　各章の初出は以下のとおりであるが，いずれも本書執筆に当たり，加筆・修正を施した。ただし，第6章，第11章，終章は新たに書き下ろしたものである。
　第1章「韓国企業における職級制度の展開」『経営学論集』第14巻第2号，九州産業大学，2003年10月。
　第2章「韓国における採用慣行の変化」『経営学論集』第14巻第1号，九州産業大学，2003年7月。
　第3章「韓国企業ホワイトカラーの昇進管理」『経営学論集』第20巻第1号，九州産業大学，2009年7月。
　第4章「韓国企業における年俸制の実態と特徴」『経営学論集』第13巻第1号，九州産業大学，2002年9月，「韓国におけるIMF事態以降の賃金制度改革」『経営学論集』第15巻第2号，九州産業大学，2004年11月。「成果主義賃金の導入と問題点」『経営学論集』第19巻第3号，九州産業大学，2009年1月
　第5章「韓国における人事考課制度の改革」『経営学論集』第20巻第3号，九州産業大学，2009年12月。
　第6章　書き下ろし

第7章 「韓国企業の定年制と高齢者の雇用延長」『経営学論集』第21巻第1号，九州産業大学，2010年7月。
第8章 書き下ろし
第9章 「韓国企業の職務重視の人的資源管理」『経営学論集』第22巻第1号，九州産業大学，2011年7月。
第10章 『日本企業の賃金制度改革事例研究』韓国労働研究院 付設ニューパラダイムセンター，2007年，『日本企業の人事制度革新事例研究』韓国経営者総協会，2009年，「日本の職務中心型人事制度導入と事例」『賃金研究』第15巻第4号，経総労働経済研究院，2007年12月。
第11章 書き下ろし
第12章 「英国企業におけるホワイトカラーの賃金制度」『経営学論集』第18巻第4号，九州産業大学，2008年3月。
終章 書き下ろし

第I部
経済危機以降の韓国人的資源管理

第1章
韓国企業の社員区分と社員等級制度

1. はじめに

　本章の課題は，人事制度の基軸となっている社員等級制度が，どのような特徴をもっており，どのように展開してきたかを明らかにすることである。人的資源管理は人材を効率的に育成・確保し，活用し，処遇するために多様な従業員をいくつかのグループに分ける仕組みと，従業員の社内序列を決める仕組みからなる土台のうえに形成され，前者は社員区分制度，後者は社員等級制度と呼ばれる。この土台をなす制度が変化すると，人的資源管理全体が変化することになる。社員等級制度は企業にとっての重要度を表わす何らかの尺度によって従業員を序列化する。その重要度を決める尺度として何を採用するかによって制度の形態は異なってくる。その基準は大きく人と職務（仕事）に分かれる。また，その基準は国によっても異なり，人的資源管理の性格を規定するものでもある。

　韓国では近年，伝統的な年功主義人的資源管理から能力・成果主義をベースとした人的資源管理に移行しつつある。それは社員等級制度の変化を意味するものである。

　以下では，社員等級制度の人事制度上の位置づけと各等級制度のメリット・デメリットを検討する。つぎに，韓国企業の社員区分と社員等級制度の特徴と社員等級制度の史的展開過程を明らかにする。

2. 社員等級制度の人事制度上の位置づけ

　社員等級制度[1]は従業員の人事処遇を決定する基準を体系化したものであり，その基準は複数の段階（等級/資格/グレード）により定義されるものである[2]。言い換えれば，等級制度とは賃金制度をベースに評価制度や人材開発制度などの人事制度をリンクさせ，体系化したものである。

　社員等級制度の下では賃金決定基準や評価基準そして昇進・昇格基準などが定められる。例えば，能力に対して基本給（能力給）を払い，能力の上昇により昇給するのであれば，処遇の基準は能力となり，社員等級制度としては能力等級制度となるし，職務（仕事）を処遇ベースにする場合には職務等級制度となる[3]。

　このように，従業員を処遇するためには，何らかの基準が必要であるが，大きく人基準と職務（仕事）基準に分けられる。人基準の等級制度としては年功資格制度や職能等級（資格）制度があり，職務（仕事）基準の等級制度としては職階制度や職務等級制度，そして役割等級制度などがある。人基準である年功資格制度とは従業員の序列づけを学歴や年齢，勤続年数，性別など属人的な要素によって格付け，人事処遇を行なうものであり，職能等級（資格）制度とは，職務遂行能力の発展段階に応じたグレードに従って人事処遇を行なうものである。職能等級の分類の基準は職位でもなければ職務でもない。能力の高さそのものを分類基準とするものである。能力の一定の向上が認められれば，職位や職務に関わりなく等級は上がる。すなわち，能力によって昇格が行なわれる。ポストや職務内容とは直接的には関係なく，職位と等級は完全に分離されている。この職能資格制度をベースとした賃金が職能給である。

　一方，職務（仕事）基準である職階制度とは，職務で定義された等級制度の１つである。仕事の複雑さや責任の重さによって，各職務を職階という階層（職級）に分類して運用される。すなわち，ポストによって分類する等級で，たとえば，部長は９級，次長は８級，課長は７級といった形である。要するに，職位と等級とが完全一体となっている。公務員の制度などに導入されてい

る場合が多い。本来の職階制度は職務（仕事）で定義された等級制度であるが，実際には年功で運用され，勤続年数によって自動的に職階が上がる制度が多い。また，規模が大きくなるにつれて，組織上のポジションと等級を一致させることに矛盾が生じることがある。職務等級制度とは，職務（job）の難易度によって分類する等級で，職務昇進によって等級が上がる反面，職務内容が下がれば等級も下がる。一般に，職務等級は職務分析・職務評価を通じて設定される。職位と等級とは必ずしも直結しないが，職務価値と等級とは完全一体となっている。この職務等級制度をベースとした賃金が職務給である。

そして，役割等級制度は，職務等級制度と同じ考え方に基づき，役割の大きさに応じて等級数を設定するもので，職務を序列化しないことが職務等級制度とは決定的に異なる点である。そのため，職務（仕事）基準の処遇体系であるはずなのに，人基準である職能資格（等級）制度により近い性質になっている。役割等級制度における役割の定義は，職能資格制度の職能要件から「○○○し得る（できる）能力」という語尾を削除したものが多い。例えば，「上位方針に基づいて組織の抱える問題点を抽出し，組織全体に関する抜本的な業務効率向上策を立案する役割」といった形である。この役割等級制度をベースとした賃金が役割給である。

役割等級制度は，職務等級制度と比較すると，中途半端なものになってしまいがちである。職務概念が薄い日本や韓国の企業では職務等級制度への移行過程において一時的な措置として導入しているのが現状である[4]。

前述したこれらの社員等級制度はいずれも従業員を分類するための等級制度であり，人事処遇を行なうためのものであるといえる。従業員を分類する点においては，共通しているが，それが年功であるか，職務であるか，職位であるか，職能であるかによって相違点がある。人事制度のメリット・デメリットは図表1-1のとおりである。

図表 1-1　人事制度のメリット・デメリット

	職能資格制度	役割等級制度	職務等級制度
人事管理上のメリット	① 働き方の異なる従業員を共通の基準で評価するため協働が促進される。 ② 仕事と処遇の分離によりジョブ・ローテーションを容易にする。また、組織変更の柔軟性を維持できる。 ③ 長期的視点に立つ能力開発、とりわけ企業特殊的技能蓄積を促進する。	① 経営戦略に連動して役割が設定されるため、経営上必要な役割に均衡した賃金を支払うことができる。 ② 役割に対応する賃金なので、職能給に比べて年功的な賃金増額を抑制できる。 ③ 職務分析・職務評価を省略しているので、職務給に比べて手間とコストが少なくてすむ。	① 職務分析・職務評価を行なうため、企業にとって必要な職務に対応する賃金を支払うことができる。 ② 職務に対応する賃金なので、職能給に比べて年功的な賃金増額を抑制できる。 ③ 賃金上昇のためには職務価値の高い仕事に就く必要があり、各人の職務上の専門性を高めるインセンティブがある。
人事管理上のデメリット	① 運用が年功的になりがちで、かつ従業員間の努力・個人業績との格差が賃金格差で評価されにくい。 ② 技術革新のスピードが速い場合、長期的に蓄積・向上した能力が陳腐化して、企業業績の向上に結びつかない。	① 職務分析・職務評価の省略は、役割の設定根拠に不明瞭さや恣意性をもたらす。 ② 長期的視点に立つ能力開発へのインセンティブは乏しい。また、役割の範囲を超えた協働も促しにくい。	① 仕事により処遇が決定されるため、ジョブ・ローテーションは困難で、組織変更の柔軟性を維持しがたい。 ② 企業特殊的な技能の蓄積を促進することは困難であり、仕事の範囲を超えた協働も促しにくい。
その他の経済的要件	① 通常は降格や賃金下落がなく定期昇給していくので、リスク回避的な従業員には適合的である。 ② 潜在能力中心の評価で、かつ上司による一方的な人事考課のため、個人業績の客観的指標は不要である。	① 役割の変更に伴い、賃金の上昇・下落が発生するため、リスク回避的従業員には不向きである。リスク回避的従業員の場合にはリスク分担の必要がある。 ② 役割の遂行度や役割の変更を判断し、決定に納得性をもたらすためには個人業績の客観的指標が必要である。	① 通常は降格や賃金下落がないので、リスク回避的な従業員には適合的である。ただし、降格のある制度ではこの限りではなく、リスク分担の必要がある。 ② 範囲職務給で昇給のある場合には、能力評価の指標は必要だが、個人業績の客観的指標は必ずしも必要ではない。

出所：都留康・阿部正浩・久保克行 (2005)，p. 53 より引用。

3. 社員区分と社員等級制度

　人事関連用語は国によってさまざまであり，類似語も多い。したがって，本文によく出てくる用語を整理しておく。また，できるだけ韓国で広く使われている用語を用いることにする。
　・職級・・・職務遂行範囲によって分類する職員の等級体系で，人事処遇，給与支給基準の基準となり，通常，1級，2級，3級，4級，5級に区分される。
　・職位・・・職責に相応する職員の地位及び呼称で，部長，次長，課長，代理，社員などで区分されるが，職級に対する対応呼称として使われる。職責と区分せず使う場合もある。
　・職責・・・担当職務の遂行に伴う責任と権限の範囲であり，組織上の呼称として本部長，支店長，室長，チーム長などが挙げられる。

(1) 社員区分

　人的資源管理を効率的に行なうためには，従業員を複数の集団に分割することが必要である。社員は，雇用形態の違いによって大きく正社員と非正社員とに分かれる。特に，正社員の場合，いくつかのグループに分けて人的資源管理が行なわれる。韓国企業では一般に，社員区分として労職別・学歴別・男女別の区分がなされている。
　韓国の多くの企業は従業員を事務・管理職社員と生産・技能職社員に区分している。これは学歴別身分制度によるものである。韓国では長らく生産現場で働く労働者は工員，事務・技術系のホワイトカラーは社員または職員と呼ばれ，両者には明確な身分格差が設けられていた。そのため人事管理上も異なる従業員集団として扱われ，たとえば，賃金支払い形態も社員は月給制で，工員は時間給制・日給制であった。現在では工員の呼称は使われていない。賃金支払い形態も月給制が採られている。その背景には，労働組合により身分差別の撤廃が求められるようになったからである。そのために，職級体系を一元化し

た企業もあるが，いまだに2つに分かれているところが多く，依然として事務職（ホワイトカラー）と生産・技能職（ブルカラー）の労職別の社員区分がかなり残っているのが現状である。

社員の呼称も労職別に異なる。事務・管理職は ① 社員－主任－係長－課長－次長－部長，② 社員－代理－課長－次長－部長，③ 社員－係長－課長代理－課長－次長－部長，④ 社員－主任－係長－代理－課長－次長－部長，⑤ 社員－代理－課長－次長－部長待遇－部長，⑥ 社員－主任－代理－課長－次長－部長などの形態がある。また，企業によっては，職位段階を増やして課長待遇，次長待遇，副部長，課長職務代理，部長職務代理といった名称もみられる。一方，生産・技能職の場合は，① 工員－技師補－技師－技監，② 技能工－組長－班長，③ 社員－組長－班長－職長，④ 工員－班長－主任－係長－課長，⑤ 組長－班長－主任－係長－課長－次長－部長，⑥ 社員－技首－技師補－技師－技長－技監などの名称が用いられている。この他にも職長代理，班長代理，副班長，技聖などもみられる[5]。

また，韓国企業の多くは，学歴別・男女別に社員を区分している。初任職級の付与も学歴と性別で異なる。初任職級を決める際には同じ学歴であっても性別によって異なる職級が付与されるのである。

(2) 社員等級制度の特徴

韓国では，社員等級制度を一般的に職級制度または職級体系と呼んでいる。職級制度とは，職務とは別に学歴や年齢，能力など属人的基準によって従業員の組織内の秩序を定める制度である。職務ではなく人によって行なわれる人事制度という点で欧米と異なる。韓国の場合，「職級」は給与等級を表わすとともに採用区分による身分決定の基準として用いられる。職級は職位と1対1の対応関係を維持しながら人事処遇の主要な役割を果たすことになる。

韓国では職級の名称として，1級，2級，3級といった数字型が使われる。しかし，公務員や軍人および警察の場合は，階級や資格の意味を含む職級名称が使われている。すなわち，公務員は書記補，書記，主事，事務官，書記官，副理事官，理事官，管理官などを，軍人は二等兵，一等兵，隊長などを，警察の場合は巡警，警尉，警監，治安総監などの職級名称はすべて給与等級であ

り，人事処遇の基準の役割を果たす一種の資格名称であるといえる[6]。

韓国企業にも日本と同様に，資格たるものが存在している。その背景には，日本の支配下にあった当時の韓国企業の人事制度は日本の影響を多かれ少なかれ受けていたからである。その名称をみると，事務・管理職は①1級－2級－3級－4級－5級－6級，②書記－主査－副参事－参事－副参与－参与，③社員3級－社員2級－社員1級－主査－参事乙－参事甲－参与乙－参与甲，④主務補－主務－主査－参事補－参事－理事補などさまざまである。一方，生産・技能職は①社員－技監－技丁－技長補－技長，②指導職1級－2級－3級－4級，③社員－技首－技師補－技師－技長－技監，④社員－技師－技丁－技監－副技長－技長といった名称が使われている[7]。

韓国企業の職級制度は，基本的には従業員間の上下関係を設ける基準として運用される場合が多く，職級と職位が完全に対応している。たとえば，4級は代理，3級は課長，2級は次長，1級は部長に直接対応している。したがって，職級制度上における昇格は，職位昇進を意味することになる。新入社員の初任職級の決定は，主として学歴によって決められる。たとえば，高卒は9級，専門大卒（日本の短期大学に当たる）は8級，そして4年制の大卒は7級のように初任資格が付与される。そして，それぞれの職級には滞留年数が定められており，上位の職級に上がるために必要最低限の滞留年数が設けられている。

4. 社員等級制度の史的展開

(1) ～1960年代：身分的「職級制度」

韓国企業に「職級制度」がいつ頃から導入し始められたかに関するマクロ的実態調査は見当たらない。しかし，韓国で人事労務管理分野の歴史研究として各社の社史を集めて人事労務管理を歴史的に分析した韓国で唯一の歴史研究はある[8]。

この研究によると，韓国の大多数の企業では，産業化初期に企業内に身分制度が導入され，社員と工員という身分による労働者差別が行なわれたという。日本においても古くから身分制が民間企業に導入されていたが，それが韓国企

業にも影響を及ぼしたのではないかと思われる[9]。韓国の民族企業として知られる京城紡織では，1930年代後半に従業員を社員と雇員に分類し，その下に見習員をおいていた。社員と雇員は，それぞれ1等級から3等級に分けられていたが，その等級は学歴によって異なっており，しかも従業員の身分は社員と雇員（工員）という2つに区別されていた[10]。このような身分の区分は他社においても多く見られた。忠州肥料（1962年）では社員，雇員，三洋食品（1969年）では社員－技班－準社員，韓一セメント（1961年）では社員－準社員－雇員・工員－傭員となっていた。また，柳韓洋行（1968年）では社員・技師－準社員－雇員－傭員－工員に区分されていた[11]。

また，浦項製鉄の場合は1968年設立当時，社員と工員・事務員に区分され，職級は1－8級に分けられていた。うち，1－5級は大卒として社員，6－8級は高卒として工員または事務員と呼ばれた。職位は大卒の場合は準社員－主任－係長－課長－部長となっていたのに対して，高卒は工員－組長－班長－主任－技士となっていた[12]。

金星電線（1969年設立）でも従業員は社員と工員に区分されていた（図表1-2）。職級は1－10級の10段階に分けられていたが，社員は1－5級，工員は6－10級となっていた[13]。これらの職級は職位と完全に一体となっていた。す

図表1-2　金星電線の職級体系

〈1969年（設立）〉

職級	職位
1級	部長
2級	部長職代
	課長
3級	課長職代
4級	社員
5級	
6-10級	工員
傭員	

〈1970年代〉

職級	職位
1級	本部長 副工場長
	部長
2級	部長職代
	課長
3級	課長職代
	事務技術職社員
4級	
5級	
6-10級	技能職社員

出所：朴埈成（1995b），p.7より再作成。

なわち，部長は1級，次長は2級，課長は3級という形態である。たとえば，課長になると3級に昇格するが，課長に昇進しないかぎり3級には昇格できない。このような運用方法を一般に，職階制あるいは職位等級制という。工員という言葉は70年代に入ってほとんどの企業において廃止されたものの，最近においても工員は技能職または技能職社員に名称だけが変わっている場合が多い[14]。

このように産業化初期の韓国企業における「職級制度」は，少なくとも従業員の区分が身分によって社員と工員に格付けされた身分的職級制度が採用されていたことがうかがえる[15]。

(2) 1970－1980年代：年功的「職級制度」

1970年代に入って，工員という言葉は廃止され社員という呼称に統一された。浦項製鉄（1971年），韓一セメント（1973年），金星社（1977年），東一紡織（1978年），東亜製薬（1979年）などでは，従来使ってきた工員という呼称の代わりに社員という呼称に切り替え「全社員制」を導入した[16]。この背景には，韓国社会が学歴社会であり，工場などで働く人を軽視する風潮が強かったため，身分差別の撤廃を求める労働者の主張があったからである。

このように身分呼称の差別は少なくとも人事制度上では廃止されたが，人事労務管理を行なう上では依然として職種区分によって大卒社員は事務・管理職，高卒社員は生産・技能職に厳格に区分されていた。さらに，初任職級は学歴によって区分され，職級制度の運用基準は学歴と勤続年数を中心として整備された。これをここでは年功的「職級制度」と呼ぶ。年功的「職級制度」は学歴によって企業内の社会的地位が決定される点においては身分制と変わらないが，その身分的差別がなくなった点に特徴がある[17]。身分はもともと学歴区分であり，身分内の等級は年功であったから，本質的に身分制の否定のうえに年功的「職級制度」が成立したものではなく，身分制の継承のうえに作られたといえる。

しかし，そのような「職級制度」については1987年の民主化宣言を契機とする労働運動の活性化に伴って，これまで隠されていた見えざる身分的人事管理に対する労働者の不満が表面化し，大企業の多くでその改革が大きな問題と

してクローズアップされるようになった。労働者の要求は，大卒事務・管理職との差別のない職級段階の拡大，月給制の導入，昇進機会の拡大，呼称の改善などであった[18]。これらの要求は制度の見直しを余儀なくし，能力主義管理へと発展する契機となった。

次に年功的「職級制度」の運用実態を具体的にみることにする。

1) 「職級制度」の二元化

韓国企業では一般に，生産現場で働く人を「生産・技能職社員」または「時給制社員」，事務室で働く人を「事務・管理職社員」または「月給制社員」と呼んでいる。これは「職級制度」が大きく2つに分けて人事管理が行なわれていることによる。職級の段階は職種によって異なる。一般に，事務・管理職は多段階に分かれているのに対して生産・技能職の場合は少ない。この職級は従業員の給与水準を表すとともに，社会的なステイタスとしての身分をも現すものである[19]。

事務・管理職は，職級の段階が多いから一定の勤続年数に応じて昇進・昇格が行なわれ，給与の上昇とともに身分も上昇する。しかし，生産・技能職は，職級の段階が少ないため給与の上昇が少なく，また昇進による身分の上昇はほとんど期待できないのが現状である。したがって，生産・技能職に従事する者の多くは，事務管理職へと職種転換することを身分や処遇の改善の最善策と思っている[20]。1980年代後半から労使関係の葛藤が表面化すると，韓国企業は生産・技能職の職級を多段階化するようになった。

昇進経路は大卒社員に対しては社員から部長にいたる昇進経路が設定されているが，高卒社員には管理職になれる昇進経路が設定されていなかった。また，制度上では大卒者と同じ昇進経路が設けられていても実際の運用上では昇進機会が閉じられていた。

職級に対応する呼称も事務・管理職と生産・技能職では異なっていた。事務・管理職は課長代理，課長，次長，部長という呼称になっていたのに対して，生産・技能職は組長，班長，職長の外に技士，技座，技監，技聖といった社会的に通用しない呼称が多かった[21]。

日本ではこのような呼称はあまり問題にならないが，韓国では大きな問題となっている。社会的身分が重視される韓国社会であるからこそ技能職社員の社

会的に通用する呼称要求は強い。それが職務の特性から区分されたものであっても現場の労働者は差別として受け止めている。

また，採用の際の初任格付けは学歴別・性別に行なわれる（図表1-3）。たとえば，同じ大卒でも男子は3級，女子は4級，そして同じ高卒でも男子は6級，女子は7級といった具合である。また，男女同じ職級であっても号俸に差をつけていた[22]。

図表1-3 職級体系（R社）

管理事務職					生 産 職		
職級		対応職位	最小昇進年数	初任級号	職級	対応職位	初任級号
1級	甲	部長					
	乙	次長	3年				
2級	甲	課長	4年				
	乙		3年				
3級	甲	代理	4年				
	乙		3年	大卒(男) 3乙－1号			
4級			2年	大卒(女) 3丙－3号	1級	班長	
5級			2年	専門大卒(男) 5－1号	2級		
6級		社員	2年	高卒(男) 6－1号	3級	社員	工高卒(男) 3－1号
7級			2年	高卒(女) 7－1号	4級		一般高卒(男) 4－1号
8級			2年		5級		高卒(女) 5－1号

出所：韓国生産性本部（1991），p.294。

2) 職級と職位の未分離

　韓国では昇進という概念が広い意味で使われている。職級が上がることも，職位または役職が上がることもすべて昇進と称する場合が多い。昇進と類似の用語としては昇級，進級，昇格などが用いられている。職級と職位が上がることを昇進という会社もあれば，職級が上がることを昇級または昇格といい，職位が上がることを進級または昇進と呼んでいる会社もある[23]。

このように用語の使い方が明確に区別されていないのは,職級と職位が1対1の対応関係になっているからである[24]。たとえば,1級は部長,2級は次長,3級は課長といった具合である。安・安（1991）の調査によると,事務職の場合75.1%の企業が職級と職位が直接対応していると回答している[25]。

このように職級と職位が分離されていなかったために,昇進管理の上でさまざまな問題を引き起こすことになった。その1つの例として,ポスト不足による昇進停滞があげられる。この問題を解決するために,韓国企業では昇進年数を延長したり職級の段階を増やしたりし,その職級に対応する○○待遇や○○代理という新しい職位を増やしてきた[26]。

第一製糖では,1977年までに5段階だった職級が,1979年には6段階,1983年には7段階,1985年には8段階に増やされた。また,三星電子においても,1969－82年には6段階,1983－84年には7段階,1985－94年には8段階,1995年には11段階に増やされた。

3） 職級と人事処遇の関係

職級は人事処遇,とりわけ昇進や賃金と密接な関係をもっている。能力よりは滞留年数さえ満たせば昇進できる仕組みになっていたので,従業員にも年功序列意識が強かった。滞留年数は職級別に定められていて,それが必須要件となっていた。滞留年数を満たせば多くの場合,同期入社した者より昇進が遅れることはあっても昇進は保障されていた。昇進のための人事考課は実施されていたが,参考資料に過ぎなかった。

賃金においても同様であった。韓国の賃金は日本と同様,年功賃金を特徴としていた[27]。韓国の賃金構成は基本給,諸手当,賞与からなっている。これは日本と同様である。賃金の大半を占める基本給は職級別に号俸が定められていた。最初の基本給は学歴によって決まるが,それ以降は毎年,定期昇給によって,それも勤続年数によって自動的に昇給が行なわれた。昇給だけでなく賞与も,業績を反映することなく全従業員に対して一律に支払われた。韓国経営者総協会（1994）が行なった調査で,78.2%の企業が人事考課を賞与に反映していないこと[28],安熙卓（1994）の人事考課実態調査でも人事考課の活用は昇給24.3%,賞与8.2%の割合となっていることからも,このことは明らかである[29]。

このような年功による昇進や賃金決定の反省から，1980年代後半から能力主義人事管理への関心が高まった。

(3) 1990年代：職能資格制度

1990年代に入って，国際競争がますます激しくなるにつれて，韓国企業では新人事制度と呼ばれる能力主義管理が盛んに行なわれるようになった[30]。その背景としてはさまざまな要因があげられるが，1つは，年功主義人事管理からの脱却が大きなねらいであった。初任給の上昇や中高年齢化に伴う人件費の増大，査定を伴わない年功序列賃金，年功昇進によるポスト不足からくる人事停滞などの問題が深刻になった。もう1つは，事務・管理職と生産・技能職との職種別差別問題は労使関係にも大きな影響を及ぼすことになった[31]。これらの問題を解決するため，これまで長い間，韓国の人事制度において中心的役割を果たしてきた年功的「職級制度」に代わって職能資格制度が導入されるようになった。職能資格制度は能力主義管理と企業内の差別を排除する試みとして導入されるようになった。この職能資格制度は日本で発達したものであるが，韓国企業が抱えている人事問題の解決に適していたからである。チーム制や抜擢人事制度が導入されるようになったのもこの時期である。

職能資格制度とは，個々の従業員の能力（職務遂行能力）を評価して，能力の段階に応じて従業員の資格を定める制度である。能力が高ければ高いほど，高い資格が付与されることになる。職能資格制度のもつ大きな特徴は，能力による処遇，職級体系の一元化，職級と職位の分離に集約される。

1) 職級体系の一元化

従来2つに分かれていた職級体系を1つに統合する試みは大企業を中心に行なわれた[32]。これまでは各職級区分の基準がないまま運用されてきたが，それを職務遂行能力を基準として職能資格制度が構築された。

これまで韓国企業は，生産・技能職に対しては（資格を上げていく）昇格や（職位をあげていく）昇進の機会を与えず，生産性向上だけを要求していた。労働組合はこれらの不満を経営側が改善するよう求めた。これを受けて，大企業を中心に職級制度の改善に取り組んだ。

第一合繊は1993年に新人事制度を導入した。従来の職級制度では5級から

1級甲まで7段階であった職級をJ1からM11の11段階に拡大した。また，事務職群と技能職群の2つに分かれていた職群を1つに統合した。J1からJ5までの呼称はすべて社員とし，J4は主任，J5は代理の呼称を与えた。従来の課長階層はS6からS8まで3段階の職級に段階を増やしたが，対外的な身分呼称はすべて課長と称した。また，部・次長階層はM9からM11まで3段階とし，M9は次長，M10とM11は部長と称した。従来の職責呼称は身分呼称として使用し，新たな職責呼称はチーム長，本部長，室長などの役職名称として使用するようにした[33]。

韓国では1991年に韓国電子が職能資格制度を導入した。職能資格等級はJ－1からM－10の10段階に区分された（図表1-4）。職能資格等級の区分は能力発展段階によるものである。従業員の初任格付けは職能要件書に基づいて各自の資格等級が与えられた。また，従来，職級と職位が1対1で対応されていたものを切り離した。したがって，昇進と昇格は分離運用されるようになった。

また，三星電子は，1994年から三星グループで推進している経営革新の一環として「一家族プラン」と称する新人事制度を導入した。一家族プランは，全社員の職級体系を単一職級・呼称体系に変更するとともに，製造部門の部署名称をも変え，生産職と事務職の区分を完全に撤廃することを主要な内容としている。この制度は，これまで業務の性格の相違，賃金体系などで生産職と事務職を区別してきた韓国の伝統的な人事慣行から脱却したものである。

一家族プランはまず第1に「会社は社員を信じる」という信頼と和を基本精神としている。その中には，①すべての社員に対する単一職級・号俸制の導入，②社内公募による製造部門の部署名称の変更，③1995年からは残業のない勤務体制の定着化，④現場中心の人事考課制度の導入などが主要内容として含まれている。

三星電子の職級体系改善の具体的な内容をみると，次のとおりである。①事務職と技能職に区分されていた職級体系を1つに統一し，両者に同じ職級と呼称が与えられ，技能職という呼称を廃止したこと，②賃金支払い形態については，これまで生産職に対しては時間賃金が適用されていたが，これを月給制に変更したこと，また，工場という呼称も「事業場」に統一し，「生産1課」

図表1-4　韓国電子の職能資格体系

従来 職級	基準職責	職 能 資 格			専 門 職			管理職任用範囲
		資格	処遇基準	職能基準	研究	技術	技能	
		M-10	待遇理事	政策決定, 総括, 高度専門	首席研究員	技師長	技聖	待遇理事
1甲	部長	M-9	部長			責任研究員	技監	技能監	部長
1乙		M-8(3)	次長	上級管理, 高度専門				次長
2甲	課長	M-7(3)	課長	管理, 専門	先任研究員	技丁	技能丁	課長
2乙	課長代理	S-6(3)	課長代理		初級管理, 中級専門				主任
3甲	主任	S-5(3)	主任	指導監督, 初級専門	主任研究員	技座	技能主任	
3乙 || S-4(3)	社員4	熟練判断, 下級指導	研究員	技士	技能士	班長	組長
4級	班長	J-3(2)	社員3	複雑定型				
5甲		J-2(2)	社員2	熟練定型				
5乙	組長							
5丙		J-1(3)	社員1	単純補助定型				
5丁	組長							

＊（　）は標準昇格年数。
出所：梁炳武・安煕卓（1993），p.289。

とか「製造課」といった生産部門の名称は当該部署員のアイディアを公募し，親近感のある名称に変更して呼ぶことにした[34]）。

2）職能資格と職責（役職）の分離

　従来の職級制度では職級と職位・職責が1対1に対応していて昇進と昇格が混在していた。しかも，昇進しないと身分が上がらなかったが，職能資格制度の導入によってそれを分離し，昇進しなくても昇格を通じて賃金や身分上昇が可能になった。また，従来は職級が上がると職位・職責も上がったが，職能資格制度の下では，職能資格等級が上がったからといって必ずしもそれに見合う職責が与えられるわけではない。職責は該当資格等級に昇格した者の中から相応しいと思われる者が任命される。これを昇進と呼ぶ。このように職能資格制度の下では昇進と昇格は明確に区別された。職能資格制度は人事処遇が昇格を

中心に行なわれるところに大きな特徴がある[35]。

3) 職能資格と人事処遇の関係

これまでの韓国企業の賃金決定は，主に勤続年数によって賃金が自動的に昇給する年功賃金を特徴としていた。ところが，職能資格制度の導入によって能力を反映する職能給に変わった[36]。職能給の運用は基本的に日本のそれと変わらない。基本給の構成項目は企業によって名称の違いはあるものの，日本と同様に年功的部分と職能的部分とに分かれている。たとえば，年齢給と職能給がそれである。年齢給は文字どおり年齢によって決められる賃金である。学歴，職種，性別などによる差はまったくない。これを韓国では単一号俸制という。一方，職能給は職務を遂行するために必要な能力，すなわち職務遂行能力に対して支払われる賃金である。

年齢給と職能給の割合は，職能資格等級のレベルによって異なるが，上位職能資格等級に上がるほど職能給の占める割合が大きい。

賃金体系に年功的要素を残しているのは，いくら能力主義といっても年功を完全には排除できない韓国の人事慣行から年功主義と能力主義の調和を図ったからであろう。

また，昇格も職能資格と密接に結びついている。昇格基準は企業によってさまざまであるが，共通なのは人事考課と滞留年数である。この他にも教育履修，試験，レポート，語学，面接，推薦などが用いられる。これらの昇格基準は同一職能内での昇格と職能を超えた昇格とでは審査基準が異なる。運用方法も，前者は現在格付けされている資格の基準を満たしていると認定された場合，上位資格に昇格させる卒業方式で行なわれるのに対して，後者は現在格付けされている資格の基準を満たしたうえで，さらに上位資格の基準の一部を満たしているという認定がなされた場合に昇格させる入学方式で行なわれる。

(4) 2000年代－　：職務等級制度

2000年代に入ると，韓国企業の人事制度は米国型として展開されることになった。その背景には，経営環境の変化，とりわけ国際競争の激化，雇用形態の変化，雇用慣行の変化などによるものが大きい。これまでの韓国人事制度は日本から学んだものが多く，その運用方法もかなり類似していた。韓国では，

人事担当者や研究者の間では，日本の経済が長期間にわたって低迷を続けていることと，激しい国際競争が展開されていることから，これ以上日本的な人事管理手法にこだわるのは問題があるという指摘が支配的である。そのため，人的資源管理の方向として1997年の経済危機を契機に整理解雇や年俸制といった米国的な手法が導入されるようになった。

　このように韓国企業の人事制度や管理の考え方が米国型に変わりつつあるなかで，韓国大企業では職務分析や職務評価などに基づく職務等級制の導入が行なわれた。従来のような多段階の序列中心の「職級制度」の下では真の成果主義は期待できないと人事担当者は認識しているからである。そこで，職級段階を縮小するとともに成果との結びつきを一段と強化する方向で職務中心の職級制度の改革が行なわれた。

　たとえば，太平洋では2000年に職務等級制度を導入した[37]。従来の職級体系は昇進を中心に運営されていたが，ポスト不足による人事停滞，身分不安，そして年功による定期昇給による高賃金化などの問題点が生じていた。また，既存の年功や職級中心の職級体系では人材の専門化が難しくかつ優秀な人材の活用にも問題があった。これらの問題点を解消しつつ経営戦略の実行に必要な専門人材の育成を支援する職務構造に転換するため職務調査を実施して職務分類体系を行なった。

　同社の職務等級体系は職務評価結果によって経歴開発段階及び役割を中心に職務等級が設計され，2つに分かれている。2つの職務等級体系は特定分野の専門力量及び技術の蓄積に重点をおいた「専門職経歴経路」と多様な業務経験を基に部下社員を指導・育成し，全般的な会社経営に参加する「経営管理職経歴経路」に区分されている。部門別でみると，営業・マーケティング・研究部門は4段階の職務等級体系，生産・物流・支援部門は5段階の職務等級体系となっている（図表1-5）。

　社員に対する職務等級の格付けは各職務ごとの職務評価点数を基準に職務等級が付与されているのではなく，社員の受容性を高めるために既存の職級と職責を基準に新たな職務等級が与えられている。新たな職務及び役割中心の人事制度の導入によって，定期昇進や定期異動の概念は希薄となり，空席が発生した際，職務移動や昇進が行なわれる。

図表1-5 太平洋(株)の職務等級体系

P (支援/生産/物流)		S (営業)/M (マーケティング)/R (研究)	
専門職経歴経路	経営管理経歴経路	専門職経歴経路	経営管理経歴経路
P1 Master	L1 Sr. Manager	S/M/R1 Master	L1 Sr. Manager
P2 Sr. Specialist	L2 manager	S/M/R2 Sr. Specialist	L2 manager
P3 Specialist	L2 manager	S/M/R3 Specialist	
P4 Staff Ⅱ		S/M/R4 Staff	
P5 Staff Ⅰ			

出所:金デホ (2003), p.31。

　報償体系は職務間の内的公正性や対外競争力の確保を考慮し,職務等級別の基本給体系を導入した。職務評価を通じて職務の相対的価値を職務等級に反映しているため,職務等級が高いほど高い報償がもらえる仕組みとなっている。これは優秀な人材の確保と動機づけのねらいがある。賃金体系は大きく基本給とインセンティブから構成されている。基本給は各職務等級別に最小値,最大値,中間値が設定されている。基本給は各職務等級別に上位職務等級の最小値と下位職務等級の最大値が重複しており,下位職務等級でも上位職務等級より高い基本給がもらえるようになっている。基本給の支給方式は従来,年19回に支給(給与12回,賞与7回)されていたのを,年俸制の趣旨に合わせて12等分して支給される。

5. おわりに

　以上,韓国企業の社員区分と社員等級制度(職級制度)を歴史的にみてきた。その変遷過程をみると,制度面においては身分的職級制度→年功的職級制度→職能資格制度→職務等級制度へと変化してきており,運用面においては従

業員の処遇基準が身分→年功→能力→成果へと変わってきた（図表1-6）。また，社員等級制度の見直しは大きく3つの点に集約される。1つは，身分差別の是正であり，2つは，処遇の公平さを求める労働者の不満の是正，3つは，年功主義からの脱却である。

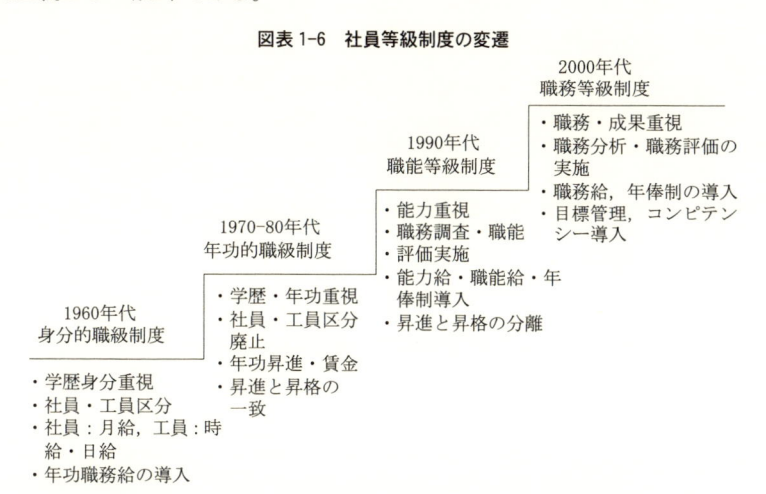

図表1-6　社員等級制度の変遷

- 1960年代　身分的職級制度
  - 学歴身分重視
  - 社員・工員区分
  - 社員：月給，工員：時給・日給
  - 年功職務給の導入

- 1970-80年代　年功的職級制度
  - 学歴・年功重視
  - 社員・工員区分廃止
  - 年功昇進・賃金
  - 昇進と昇格の一致

- 1990年代　職能等級制度
  - 能力重視
  - 職務調査・職能評価実施
  - 能力給・職能給・年俸制導入
  - 昇進と昇格の分離

- 2000年代　職務等級制度
  - 職務・成果重視
  - 職務分析・職務評価の実施
  - 職務給，年俸制の導入
  - 目標管理，コンピテンシー導入

ところで，最近，導入がみられる職務等級制や職務給は韓国に定着するだろうか。韓国の場合，日本と同じように職務の概念が明確にされていないことが職務中心の人事管理の妨げになる可能性は十分考えられる。職務給は職務が標準化されている場合に有効である。組織変更に伴い職場異動で職務が変わったり，技術革新によって新しい職務が発生した場合にはそれに対応していかなければならない。職務評価の見直しや制度の維持管理は多大の費用と努力を必要とする。このように考えると，制度だけが米国的なものであって運用が年功的になる可能性は排除できない。かつて一部の韓国企業で米国の職務給を導入したことがあったが，定着しなかったことや能力給・職能給も年功的に運用されてきた経験があるからである。今後，職務主義や成果主義に基づいた欧米型の人事・賃金制度は，何らかの形で年功主義・能力主義と妥協を図りながら展開していくであろう。

[注]
1) 社員等級制度は資格制度やグレード制度とも言う。
2) 寺崎文勝（2009）『人事マネジメント基礎講座』（労政時報別冊）労務行政，p. 136。
3) 同上，第4章参照。
4) 詳しくは，長谷川直紀（2006）『職務・役割主義の人事』日本経済新聞出版社を参照。
5) 安春植・安熙卓（1991）『韓国企業昇進・昇給制度に関する研究』労働経済研究院，p. 33。
6) 朴埈城（1990）『職能資格制度の理解』韓国経済新聞社，p. 33。
7) 安春植・安熙卓（1991），前掲書，p. 34。
8) 安春植（1989）「人事労務管理」韓国経営者総協会『労働経済40年史』韓国経営者総協会。
9) 日本においても身分が職員・工員というホワイトカラーとブルーカラーの2つに区分され，戦後においても続いたとされる。この身分制度は明治憲法下における官吏身分制度が資格制度の原型となった。詳しくは西川忠（1965），前掲書，pp. 40-51参照。
10) 安春植（1989），前掲論文，p. 292-293。
11) 安春植（1989），前掲論文，p. 293。
12) 浦項製鉄の職級体系の変遷の詳細については，崔鐘泰（1990）『鉄鋼産業の人事制度―POSCO職級体系研究』ソウル大學出版部および安熙卓（1993）『職能給の理論と実務』経総労働経済研究院，pp. 243-283参照。
13) 朴埈城（1995b）「韓国企業職級制度の問題点と改善方案」『賃金研究』第3巻第4号，経総賃金研究センター，p. 7。
14) 筆者が1990年に行なった実態調査では従業員の身分が社員と工員に二元化されている企業は22.6％である（安春植・安熙卓（1991），前掲書，p. 26）。また，韓国経営者協会の調査では39.5％を占めている（韓国経営者総協会（1996）『韓国企業の昇進管理実態と改善方案』，p. 72。
15) この点については朴埈城（1995a）『人材育成型新人事制度』ビブックス，pp. 35-38および朴埈城（1995b）「韓国企業職級制度の問題点と改善方案」『賃金研究』第3巻第4号，経総賃金研究センター，pp. 4-8においても指摘されている。
16) 安春植（1989），前掲論文，p. 294。
17) 同上，p. 295。
18) この背景には韓国社会に伝統的に士農工商の職業差別が存在しているからである。韓国では技能職に対する評価は高くない。技能職社員は身分，呼称，処遇においても差別されていると思っている。これらはよく事務職に対する異質感や差別感として受け止められる場合が多い。三星電子は1994年から「一家族プラン」を導入し事務職と生産職との差別のない人事制度改革に踏み切った。詳しくは佐護譽・安熙卓（1994）「韓国における人事制度の新動向(1)―個別企業の事例を中心として―」『経営学論集』大学院経営学研究科開設記念号，九州産業大学，pp. 61-63および鄭クムヨン（1994）「三星電子の新人事制度」『賃金研究』第2巻第4号，経総賃金研究センター，pp. 68-69参照。
19) 韓国企業の各社の職級体系の構造については，韓国生産性本部（1991）『経営成果分配と賃金体系』同本部及び韓国人事管理協会（2004）『最新人事管理規定実事例集』同協会，pp. 1009-1023参照。
20) 韓国企業の職級制度の実態と問題点については次の文献を参照。
① 崔鐘泰（1990）『鉄鋼産業の人事制度―POSCO職級体系研究』ソウル大學出版部，② 朴埈城（1995b），前掲論文，③ 朴埈城（1995a），前掲書，④ 韓国生産性本部（1991），前掲書。
21) 韓国大企業の生産技能職の職制をみると，現代自動車の場合は組員，組長，班長となっており，大宇重工業は組長，職長，課長となっている。また，SKIは組員，組長，職長，担当となっている（朴埈城（1995c）「韓国大企業の人力管理の特性」愼侑根他『韓国大企業の経営特性』世経社，

p. 286)。
22) 韓国では男女雇用平等法（1988 年制定）により，女性に対する差別は従来に比べれば多少改善は行なわれたが，それでもなお，女子は賃金や昇進面においてかなり不利に取り扱われているのが現状である。
23) 各社の人事用語の多様性については，韓国人事管理協会（2002）『最新人事管理規定実事例集』参照。
24) 韓国生産性本部の事例分析によると，調査対象 24 社のうち，昇進昇格が分離されていない企業が 16 社（66.7%）を占めている。詳しくは韓国生産性本部（1991），前掲書及び朴埈城（1992）『韓国企業の賃金体系改善事例』韓国生産性本部参照。
25) 安春植・安熙卓（1991），前掲書，p. 32。
26) 人事停滞の実態と事例については，安熙卓・李康城（1997）『人事積滞実態と解消方案』経総労働経済研究院を参照。
27) 韓国の賃金制度については，安熙卓（1993b）「韓国の賃金管理」佐護誉・安春植編『労務管理の日韓比較』有斐閣，pp. 221-244 および佐護誉・安熙卓（1993a）「韓国における賃金体系の歴史と現状」『経営学論集』第 3 巻第 3 号，九州産業大学，pp. 33-51 参照。
28) 韓国経営者総協会（1994a）『韓国企業の賃金管理実態』同協会，p. 23。
29) 安熙卓（1994b）『韓国企業の人事考課実態』韓国経営者総協会，p. 55。
30) 詳しくは次の文献を参照。
① 安熙卓（1996b）『韓国企業の新人事制度実態と導入方案』経総労働経済研究院，② 安熙卓（1996c）『韓国企業の人的資源管理制度革新事例』経総労働経済研究院，③ 安熙卓外（1996a）『新人事トレンド 35』韓国経営者総協会，④ 佐護誉・安熙卓（1994）「韓国における人事制度の新動向 (1)―個別企業の事例を中心として―」『経営学論集』大学院経営学研究科解説記念号，九州産業大学，pp. 53-66，⑤ 佐護誉・安熙卓（1995a）「韓国における人事制度の新動向 (2)―個別企業の事例を中心として―」『経営学論集』第 5 巻第 3・4 号合併号，九州産業大学，pp. 1-19，⑥ 佐護誉・安熙卓（1995b）「韓国における人事制度の新動向 (3)―個別企業の事例を中心として―」『経営学論集』第 6 巻第 1 号，九州産業大学，pp. 55-70。
31) 人事制度をめぐる労使間の議論については，金容基（1996a）「韓国の自動車 A 社における人事制度改革（上）―学歴身分制から能力主義管理へ」『大原社会問題研究所雑誌』No.450 および金容基（1996b）「韓国の自動車 A 社における人事制度改革（下）―学歴身分制から能力主義管理へ」『大原社会問題研究所雑誌』No.451 参照。
32) 三星と LG グループの人事制度革新事例については，朴埈城（1995a），前掲書参照。
33) 朴埈成（1995a），p. 239。
34) 職種間の職級制度の改善については，佐護誉・安熙卓（1994），前掲論文，pp. 61-63。
35) 職能資格制度に関してはさしあたり次の文献を参照。
① 楠田丘（1989）『職能資格制度』産業労働調査所，②（1980）日経連職務分析センター『新職能資格制度―設計と運用―』，③ 掘口茂（1989）『職能等級制度』同友館，④ 竹内裕（1989）『職能資格人事制度』同友館，④ 鍵山整充（1989）『職能等級制度』白桃書房，⑤ 労務行政研究所（1991）『新しい職能資格制度』(労政時報別冊) 同研究所。
36) 一般に，基本給の決め方としては，職務の価値を重視する「職務給」と職務遂行能力を重視する「職能給」とがあるが，多くの企業は職能給だけで基本給を決めてはいない。何らかの形で年功的要素を加味しているのが実態である。職能給は職務そのものに対してではなく，職務を遂行するために必要な能力，すなわち職務遂行能力に対して支払われる賃金で，日本で発達したものである。
37) この事例は金デホ（2003）「職務評価結果によって 2 元職務等級体系を運営」『人事管理』韓国

人事管理協会，pp. 30-33。

第2章
韓国企業の採用管理

1. はじめに

　本章の課題は，経済危機以降，これまでの長期雇用慣行の変化や成果主義の導入が進展する中で，韓国企業の人材の採用にどのような変化があるのか，近年の実情を明らかにし，今後の展望を行なうことが目的である。採用管理とは，企業内で発生した労働需要を満たすために，企業外から労働力を調達するための管理活動を指す。「企業は人なり」という言葉が示すとおり，企業が必要とする優秀な人材を採用することは，企業にとって基本的かつ重要な行為である。人はもっとも重要な経営資源（人的資源）だからである。採用管理は，その国の労働市場の性格や社会的・文化的要因によって形成されてきた人事・雇用慣行に大きく規定される。

　これまで韓国の大企業における採用管理は，日本と同じように，定年までの長期継続雇用を前提として，定期的に新規学卒者を採用してきた。そして，雇用形態においては正社員が中心で，中途採用や非正社員は少なかった。それでは，経済危機以降，韓国企業の採用管理にどのような変化が見られるだろうか。

　以下では，採用管理の若干の理論的検討を行なう。つぎに，韓国企業の採用管理のこれまでの特徴と新たな変化を明らかにする。

2. 採用管理の理論的検討

　採用管理は，一般的に要員計画，募集活動，選抜活動というプロセスで行なわれる。採用管理は，採用計画に基づいてどれくらいの人を採用するのか，ど

のような人を対象に募集するのか，どのような方法で募集するのか，どのような方法で選抜するのかを事前に検討しておかなければならない。ここでは採用管理における若干の理論的検討を行なう。

(1) 要員計画

　採用活動を整合的に行なうためには，企業が経済合理的にみて過剰でも過小でもない適正な要員数（従業員数）を事前に確定しておく必要がある。これが要員計画（human resource planning）であり，これを基礎として採用計画が策定され，本格的な採用活動が始まるのである。要員計画とは，企業経営のために必要な人材を量的・質的に確保し，配置するための計画であり，単年度計画・中期計画・長期計画の時間軸で策定される[1]。要因計画を誤ると人的資源管理の全般的な効率性は大きく低下することになる。体系的な採用管理のためには，経営環境を予測して要員計画を立案しなければならない。たとえば，経営環境としては，経済成長，産業構造，労働市場などがあげられる。もし要員計画を誤ると，何年か経過して余剰人員が生じ，リストラや減量経営を行なわざるを得ない事態を招くことになる。したがって，要員計画を立てる際には，質的にはどのような職務を担当させる人を確保するのか，量的には何人を採用するのかを考慮しなければならない。

　要員が量的に適正かどうかを判断するための策定方法としては，マクロ的方法とミクロ的方法とがある。前者は総生産量，総販売量，総人件費などから総必要人員を算出する方法であり，後者はその企業の現在のすべての職場の職務内容を分析し，必要人員を積み上げていって総必要人員を算出する方法である。これらの方法はそれぞれ欠点ももっている。マクロ的方法では，現実と計画とが大きく離れる場合が多くなるという点であり，ミクロ的方法では，各職場や部門が必要人員の水増し要求をすることが多いので過剰人員となりやすい点である。したがって，要員計画を立案する際にはいくつかの計算方法を併用するのが望ましい。要員計画のための具体的な計算方法としては，以下のようなやり方がある。

　まず，マクロ的方法では人件費から必要人員を計算する方法がある。たとえば，5カ年の要員計画を立てる場合，5年後の計画総売上高から原価としての

総人件費の割合を計算し，それを賃金上昇を考慮に入れた5年後の1人当たり予想人件費で割ると，5年後の人員総数が算出される。その式はつぎのとおりである。

　　5年後の人員総数＝5年後の人件費総額／5年後の1人当たり人件費

　つぎに，生産量から必要人員数を計算する方法がある。まず，5年後の計画総生産量を出し，これを5年後の1人当たり予想生産量で割る。5年後の1人当たり予想生産量は現在の1人当たり生産量とその予想上昇率とを掛け合わせると出てくる。この方法は工場など生産工程の従業員の要員計画に適している。その式はつぎのとおりである。

　　5年後の人員総数＝5年後の計画生産量／5年後の1人当たり予想生産量

　ミクロ的方法は，標準労働時間から必要人員を計算する方法である。まず，作業ごとに標準的な労働時間を決定し，それらを加算して部門の将来の必要総労働時間を求める。つぎに，従業員1人当たりの標準労働時間で割ると，必要人員が算出できる。この方法は，比較的単純な肉体労働の職務領域に適している。その式は次のとおりである。

　　5年後の定員＝5年後の各作業ごとの標準月間労働時間の合計／月間実労
　　　働日数×出勤率×1日実労働時間

　このようにして算出された要員計画によって，その企業の将来の必要人員の予測が可能になるのである。これに基づいて毎年の採用規模は，現在の従業員の過不足，死亡数，退職数などを考慮して決定される。

(2)　募集活動

　募集活動は，選抜を前提に良質の人材を確保するための活動のことである。多くの企業では人材確保のため選抜活動に重点をおき，募集活動を過小評価する傾向がある。効率的な募集活動のためには，募集の源泉や方法をより合理的に選択する必要がある。

　募集源泉はその対象によって内部募集と外部募集に分かれる。企業が内部労働市場から応募者を求める場合，募集費用が安いというメリットはあるが，その代わり選択の幅が制約される。一方，外部労働市場で応募者を求める場合，募集費用を多く要するが，選択の幅が広いため，より優れた人材を採用する可

能性は高い。

　内部募集の代表的なものとしては社内公募制度がある。この制度は欧米企業では多く活用されている。米国では退職や昇進によって，ある職位に欠員が出た場合，社内の従業員に昇進や異動の機会を公平に与えるために，日常的に社内から希望者を募集する[2]。欠員の出た職位の内容，必要な資格要件などを掲示板，社内報などによって従業員に知らせる[3]。

　これに対し，日本や韓国では欧米のような社内公募は一般的ではない。社内公募に似たものとして企業が主導的に行なう配置転換があるが，これは能力開発と欠員の補充の2つの意味をもっている。どちらかといえば，日本と韓国の企業は新規事業を展開する際に内部人材の有効活用という観点から社内公募を行なう場合が多い。いずれにしろ，内部募集は採用にかかる費用を節約できることと従業員の動機づけのために大きな利点がある。

　外部募集は企業内部からの人材調達が困難な場合，外部労働市場から求職者を求めるものである。外部募集は応募者に対する情報が十分でないため，必要な人材を採用するのがむずかしい。また，経歴社員を採用すると，内部昇進を期待している人のモラール低下を招く恐れがある。外部募集として一般的に利用されているのは，新聞・雑誌など言論媒体を利用した募集広告，従業員の紹介，学校推薦，職業紹介機関，企業説明会などさまざまである。企業がどのような外部募集方法を選択するかは，必要とする人的資源の特性（職務の特性），募集費用，募集活動の効率性，離職率，組織コミットメントなどの要素によって異なる。したがって，どのような募集方法を選択するかはこれらの要素を十分考慮して決めなければならない。米国の場合，外部募集の活用頻度をみると，新聞広告，従業員紹介，応募者の直接訪問，学校推薦，公共及び私設職業紹介所の順となっている[4]。

　募集活動において最も重要な課題は，企業や職務に関する正確な情報を求職者にいかに公開するかである。募集活動の過程で歪曲された情報が公開されたり情報が少ない場合，採用後，職務成果や職務満足度は期待できない。また，それは高い離職率につながる恐れもある。米国では1980年代に入り離職率の低減や雇用保持の観点から，RJP（Realistic Job Preview）が企業の採用担当者の関心を集めるようになった。RJPは米国の産業心理学者のワナウス

(Wanous, J., 1975) によって提唱されたものである。入社前に，企業の良い面も悪い面も含めて，現実的な仕事内容や職場の環境，雰囲気，社風などを応募者に対しできる限り提示した上で，それらを承知した応募者の中から採用者を選考・決定する理論である[5]。

募集活動における効率性を判断する最も重要な基準は，採用後，期待される職務成果，離職率，組織コミットメントと関連した情報であろう。この中で離職率は最も普遍的に活用されている判断基準である。外部募集方法別に入社後，会社に継続勤務する確率についての研究結果を総合してみると，従業員の紹介，応募者の企業訪問，新聞広告，職業紹介所の中で従業員の紹介によって入社した者の離職率が最も低かった。その理由は従業員の紹介で入社した人は入社前に，取得した情報量が多く，また離職の気持ちがあっても紹介者との関係から安易に離職できないことと，紹介した人に助けてもらってその不満を解消できる可能性が高いからである[6]。しかし，従業員の紹介による募集は，採用人員が少数の場合には可能であるが，採用人員が多く，また多くの応募者の中から優秀な人材を採用することになると，新聞広告が有効な手段となる。

(3) 選抜活動

企業にとって多数の応募者の中から優れた人材を選び出すことは採用管理において最も重要なことである。その選抜のためにはさまざまな道具が用いられる。たとえば，書類審査，バイオデータ分析，筆記試験，面接，適性検査などがそれである。実際，企業では複数の選抜道具が利用される。バイオデータ (bio-data；biographical data) は 伝記資料または個人情報と翻訳される。これは優秀な人材を選抜するための選抜道具の1つである。バイオデータは応募者個人に関する情報であり，たとえば，年齢，性別，出生地，家族背景，兄弟の数，教育程度，結婚有無，趣味，価値観などを分析し，選抜しようとするものである。バイオデータの分析結果を選抜の意思決定に活用しようとする根拠は，個人のバイオデータの正確性[7]やバイオデータと職務成果との間に相関関係が見られたからである[8]。

バイオデータは，先進国においても最近になってその有用性が発見され，選抜の意思決定に活用されるようになった。韓国では61.4%の企業が応募者のバ

イオデータ分析技法を導入している[9]。しかし，韓国ではまだバイオデータを将来の職務を予測するための資料としてではなく，応募者を差別化するための方法として活用されているのが現状である。

　筆記試験には，応募者個人の能力及び心理的特性を把握するための心理検査(性格検査，適性検査)，外国語など専門的知識を把握するための試験などがある。面接は書類審査や筆記試験などで把握できない情報を得るために行なわれる。

　これらの選抜道具を用いたからといって選抜が成功するとはかぎらない。なぜなら採用前と採用後の成果に乖離が認められるからである。そこで，選抜道具が適切であったかどうかを評価するために，信頼度（reliability）分析，妥当度（validity）分析，そして費用/便益分析（cost/benefit analysis）が行なわれる。信頼度とは，応募者の特性を測定するとき，同一環境で測定した結果が互いに一致する程度のことであり，妥当度とは，特定の選抜道具がどれほど評価目的を充足させるかのことである。そして費用/便益分析とは，選抜道具を開発ないし導入するのに投入された諸費用と便益の観点から選抜道具を評価するものである[10]。

　書類審査の対象となる志願書に書かれた各項目に対する信頼性はあまり問題にされない。しかし，心理検査や面接の場合は，信頼性が大きな問題になる。とくに，面接において信頼性を低下させる要因としては，印象による評価，質問の一貫性，ハロー効果，面接官の偏見などが指摘されている。

　筆記試験は最も客観的に応募者を選別できる道具である。しかし，試験成績が優秀であるからといって，採用された後，高い職務成果を上げるとは限らない。選抜道具の妥当性は，特定の選抜道具がどれくらい選抜目的を満たせるかの問題であるが，高い水準の妥当性をもった選抜道具を見つけることは容易なことではない。なぜならば，企業の中にはさまざまな職務が存在しており，これら職務を遂行するのに必要な資格要件も多様であり，成果の測定も困難であるからである。

　選抜道具に対する費用は，選抜道具を開発ないし導入するのに投入された費用のことである。特定の選抜道具の妥当性が最も高いと判明され，これを導入するのに膨大な費用を支払わなければならない場合，企業はその効果を考慮せ

ざるを得ない。選抜道具の効果はまず，選抜が間違ったときに生ずる離職費用の観点から考えなければならない。選抜道具に要する費用の算定は簡単にできるかもしれないが，特定の選抜道具の効果を測定するには現実的に限界がある。

米国企業を対象としたある研究によると，認知能力検査は費用が安く妥当度が最も高いとされている。しかし，これを採用している企業は42％である。アセスメントセンターの場合は，妥当度は高いが費用が高くこれを活用している企業は6％にとどまっている。一方，実務能力検査は費用は高いが妥当度が高いため，75％の企業が最も多く活用している。面接は妥当度は最も低いが70％の企業が活用している[11]。このように，選抜のための理論と現実には大きなギャップがあるといえる。

3. 採用管理の特徴

(1) 募集慣行

募集には社内募集と社外募集とがあるが，韓国では社内募集は一般的ではない。社内募集とは応募者を社内で募集するもので，その代表的なものが社内公募制度である。この制度は企業が新規事業への進出などのために，社内から広く人材を募集する制度である。そのねらいは，社内の既存の序列にとらわれず，意欲ある人材を発掘し，職場のモラールを高め，社内を活性化することにある。朴（1991）の調査によると，社内募集制度は調査対象95社のうち，36社（37.9％）が導入している[12]。これに対し，韓国では社外募集が広く利用されている。韓国企業の募集活動は，新聞など言論媒体を利用した広告，学校および教授の推薦，従業員の推薦，企業説明会，会社見学会，公共および私設職業紹介所，インターンシップ制度，テレビ・コマーシャル，産学奨学金制度，論文懸賞公募などさまざまである。これらの募集活動の中で韓国では新聞広告による公開募集が最も多く利用されている。この他にも，優秀な人材を卒業以前の早い時期に確保するために，採用とは別に韓国ではインターンシップ制度，採用内定制度，産学奨学生制度なども利用されている[13]。

募集方法については，朴（1991）の調査によると，新聞・雑誌などによる広

告が78.4%と最も多く，次いで学校及び教授推薦が73.2%，現職従業員の推薦33.0%となっている[14]。このように韓国では新聞・雑誌などの広告による公開募集が一般的である。新入社員を公開募集する際には，どの会社も応募資格要件を定めている。韓国経営者総協会（1994）の調査によると，応募資格の制限として学歴，年齢，兵役，専攻，成績などが挙げられている[15]。これらの中で学歴はすべての企業で定めている。

新入社員の募集は特定の時期に定期的に行なう定期募集が一般的である。このような傾向は中小企業に比べ大企業ほど強い。中小企業の場合，労働者の定着率が低く労働移動が多いことから，人材募集の時期を固定しがたい事情があるからであろう。

定期募集の場合，募集時期は企業によって多少異なるものの，一般的には卒業時期に合わせて行なわれる。定期募集を年1回実施する企業は11-12月が最も多く，年2回実施する企業では上半期の5-6月と，下半期の11-12月が最も多い[16]。韓国で年2回定期募集が行なわれるのは，兵役との関係があるからである。

募集人員については，財閥の場合はグループ本社が中心となって何百人または何千人の大卒者を募集する。質の高い人材への需要が増大するにつれて，有名大学の卒業生を獲得するための財閥グループ間の競争も激しくなっている。

(2) **採用慣行**

韓国では新入社員を採用・選抜する際，職務明細書に基づいて採用・選抜を行なう企業はほとんどないといってよい。応募者の全般的な能力をみて判断するのが一般的である。欧米の場合には，職務中心の人的資源管理が定着しているため，採用においても職務明細書に基づいて適任者を採用するのが一般的である。これに対して，韓国の場合は職務という考え方が希薄であり，空席になったその職務が要求する職務遂行資格要件そのものが精密に分析されていないため，採用においても応募者の全般的能力を総合判断して採用する[17]。韓国経営者総協会（1994）の調査では，25の財閥グループのうち，1グループだけが職務別採用を行なっている[18]。韓国でも職務分析は行なわれているが，採用にはほとんど利用されていない。主に定員算定や賃金決定のために利用さ

れる場合が多い。

　新入社員の採用は大企業の場合には卒業予定者を主な対象とする新規学卒一括採用方式に大きく依存している。採用は年2回，定期的に行なわれる。中途採用は特別な場合に限られ，新規学卒者定期採用に比べれば少数にすぎない。中途採用者の場合，労働条件において不利に扱われるのが一般的である。

　韓国では男子に兵役の義務があり，多くの男子は二年くらい軍隊生活を送ることになる。多くの学生は在学中に兵役を済ませた後，復学する。また，兵役を申請した後に待ち時間が存在する場合や，復学が半年遅れる場合などの諸事情があり，専門大学（2年制）や4年制の大学では，2月と8月の年2回が卒業の時期となっている。ほとんどの企業が兵役の義務を終了していることを採用の条件としているため，定期採用を実施している企業ではこうした状況に合わせて年2回採用を行なうのが一般的である。

　財閥企業グループに属する大企業では，大卒者の採用は各社で行なうのではなく，グループ全体で採用し，傘下企業に本人の希望も生かしながら配属していく形態をとっている。近年はグループ傘下企業の自立性を強める経営方針をとっている企業グループが多く，各社が独自に採用する傾向にある。

　過去においては，人材の流動化が激しく，ヘッドハンティングや中途採用などが多くみられた。1970年代から80年代における企業グループの急速な拡大と新規分野への参入のための人材不足が背景にあったからである。しかし，1980年代後半以降，韓国企業の拡大が鈍化したことや新規分野への参入が停滞したことによって，中途採用者の枠は小さくなった[19]。

　新入社員の採用経路は職種や企業規模によって若干異なるものの，一般的には公開採用が最も多い。朴（1991）の調査によると，公開採用は高卒が63.9%，

図表2-1　新入社員の採用形態　　　　　（単位：%）

	高卒	専門大卒	大卒
公開採用	63.9	51.5	90.7
特別採用	29.9	23.7	20.6
縁故採用	23.7	8.2	7.2
その他	8.2	5.2	4.1

注：専門大卒は2年制で日本の短大に該当する。
出所：朴庚圭（1991），pp. 69-70より作成。

専門大卒が51.5%,大卒が90.7%といずれも最も多い(図表2-1)。韓国経営者総協会(1994)の調査でも,公開採用が9割以上を占めている[20]。

高卒者については,財閥企業でも各企業ごとに採用する場合が多い[21]。特に,低学歴者の生産職労働者については,縁故採用によるものが中心である。募集方法についても,新聞広告よりも工場門前の掲示板などの募集広告による場合が多い。欠員補充のための不定期採用に加えて,企業への定着性を高めることや学生活動家の偽装就労を阻止するためにも,すでに工場内で勤務している者の推薦による縁故採用を重視している企業が多い。韓国人は親類などの血縁や同窓などの学縁に幅広い人的ネットワークをもっており,転職,就職などの場合にも,これらの縁故は強力な入職経路となっている[22]。

(3) 選抜慣行

企業にとって応募者の中から優秀な人材をどのような方法で選抜するかは非常に重要である。その方法としては,総合的接近法と段階的除去法の2つがある。前者は,応募者に対して選抜のためのすべての手続き(書類審査,筆記試験,面接など)に応じる機会を与え,各手続きの点数を合計して決定するものである。後者は,選抜手続き(書類審査,筆記試験,面接など)の各段階ごとに応募者の資格要件がその段階の合格水準を満たさなかった場合脱落させるものである。

これら2つの方法の中で,韓国企業では大企業の場合は段階除去法の導入率が高く,中小企業の場合は総合的接近法の導入率が高い。このような規模間の相異は応募者の数と関連がある。大企業の場合は,応募者の数が何百人から何千人にまで及んでいるので,選抜において総合的接近法をとると,膨大な時間と費用がかかることが予想されるからであろう。一方,中小企業の場合は応募者の数が少ないため,段階除去法をとると,一般的な能力水準の高い人だけが残るが,中小企業の場合は能力だけでなく採用された後,長く勤めてもらうこともあるので,定着率を高めるためにも選考の最終段階(面接)まで応募者を観察する必要があるからであろう。

段階的除去法を導入している企業の場合,選抜段階ごとに合格者を絞っていく。選抜倍数をみると,推薦と書類審査では採用予定者数の3−5倍,筆記試

験では 1.5-3 倍，面接試験では 1-1.5 倍を合格させる[32]。このように，採用内定が決まるまで，応募者はいくつかの関門を通らなければならない。

　選抜のためには，書類審査，筆記試験，面接試験，適性検査，健康検査，身元照会など，さまざまな選抜道具が利用されている。これらの選抜道具の中でとくに，書類審査や面接そして，身体検査が多くの企業で活用されている（図表 2-2）。

図表 2-2　選抜道具（複数回答）　　　　　　（単位：％）

	産業別		計	規模別		
	製造業	非製造業		300 人未満	300-999 人	1,000 人以上
書類審査	95.9	94.9	95.7	92.6	96.7	97.8
推薦	78.2	70.9	76.1	77.7	81.5	68.9
筆記試験（専攻）	20.3	21.5	20.7	11.7	25.0	25.6
筆記試験（英語）	42.1	63.3	48.2	21.3	51.1	73.3
筆記試験（常識）	29.9	38.0	32.2	13.8	32.6	51.1
面接試験	95.4	98.7	96.4	89.4	100.0	100.0
適性検査	28.9	40.5	32.2	19.1	28.3	50.0
身元照会	41.6	40.5	41.3	43.6	43.6	45.6
身体検査	82.2	88.6	84.1	72.3	72.3	94.4

出所：安熙卓（1996b），p. 61。

　選考の一般的なプロセスは，企業によって若干異なるものの，一般的には書類審査→筆記試験→面接試験→健康検査→身元照会→採用内定の順となっている。このような選考過程は公開採用に限られており，推薦などの特別採用や従業員紹介による縁故採用の場合は上記過程の一部が省略される。

　書類審査では個人情報を中心に審査が行なわれる。とくに成績，学歴及び専攻，学校水準が重視される。韓国の多くの企業は予め有名大学の採用リストを用意している。書類審査で学校水準を考慮することで，地方大学の出身者に対しては，最初から選抜試験に機会が与えられない不平等が社会的に問題になったこともある。韓国で受験戦争が激しいのは，企業の採用政策にも多かれ少なかれ関係があるように思われる。近年，採用において平等な機会を与えるために，学歴を問わない企業や志願書に出身地域や出身学校名を書かせない企業も現れている[24]。

　筆記試験の種類は英語，専攻，一般常識，論文，適性検査，能力検査などさまざまである。これらの中で比較的に導入率が高いのは英語と一般常識であ

る。しかし，1995年から入試制度の改革によって，大企業を中心に筆記試験を廃止する企業が増えてきている。その代わりに，職務能力適性検査や面接により選抜を行なう企業が増えつつある[25]。このように，専攻や常識といった筆記試験に代えて適性検査が重視されるのは，筆記試験で高い点数を獲得した者が必ずしも入社してから実際の職務遂行上，優れた成果を出すとはいえないことと，激しい国際競争の下で創意性や挑戦性など意欲のある人材が必要になったからであろう[26]。

面接は選抜においてもっとも比重が高く採用決定に大きな影響を及ぼすものである。どの企業においても面接は重視されている。面接方法としては，個別面接，集団面接，グループ討議などがあるが，どの方法を採用するかは面接回数による。面接が1回の場合には個人面接が多く，2回の場合は個人面接と集団面接を同時に行なっている[27]。面接者は役員が中心であるが，最近では実務に詳しい中間管理者を面接に参加させる企業も増えてきている[28]。

(4) 採用上の差別

韓国では採用において年齢制限や性別区分といった差別的な管理が行なわれている。韓国の多くの企業は新規採用の際，年齢制限を設けている。年齢制限は60歳以上の高年齢者だけでなく，30-40代の求職者にも大きな影響を及ぼしている。たとえば，韓国労働研究院（2002）の調査では，47.7%の企業が採用の際に年齢を制限しており，その年齢は平均35.4歳となっている。制限年齢は26-30歳が43.3%で最も多く，次いで31-35歳（14.4%），50歳以上（11.5%）の順である[29]。

新規学卒者と経歴社員を比較すると，新規学卒者の採用時，約5割の企業が年齢制限を設けており，その制限年齢は平均32.3歳となっている。一方，経歴社員の採用時には24.3%の企業が年齢制限を設けている。その制限年齢は平均41.0歳となっている。したがって，経歴社員の場合は年齢制限はあまりないといえるが，40代以後は転職や再就業が困難であることが間接的にうかがわれる。

年齢制限とともに性別制限もある。韓国は1987年に「男女雇用平等法」が制定され，男女の雇用機会差別是正の方向に変化を始めた。しかしながら，採

用をはじめとしてあらゆる面で雇用上の性差別が依然として残っている。韓国労働研究院（2002）の調査では55.3％の企業が一部の職種や職級において男女を区分して採用を行なっており，すべての職種・職級で性別を区分している企業は9.8％となっている[30]。

4. 採用管理の近年の変化

(1) 募集方式の変化

　韓国企業のこれまでの募集慣行は，一定の時期に定期的に募集を行なうことであったが，最近は随時に必要な人材を募集する企業が増えてきている。これまで韓国企業は，正確な人材の需要予測を行なわず，どちらかといえば，必要以上の人材を確保してきた。したがって，欠員が生じても余裕人材の活用によって，すぐに新規の人員を募集しなくても定期募集時期に合わせることができた。しかし，1990年代半ば以降，韓国企業はリエンジニアリングや構造調整を通じて余剰人員を整理したため，欠員が生じた場合，内部から人材を補充する余裕がなくなった。このような背景から企業は随時に人員を補充しなければならなくなった。そのため，随時募集を行なう企業が増加している。

　募集におけるもうひとつの変化は，ITの発達によって近年は求人サイトや自社のホームページなどインターネットを活用する企業が増えていることである。伝統的に韓国企業の募集方法は新聞広告が一般的であった[31]。最近は多くの企業が自社のホームページに募集広告を掲載している。韓国経営者総協会（2002）の調査によると，インターネットによる募集が29.2％と最も多く，次いで学校推薦が24.8％，新聞・放送が21.7％の順となっている。とくに，大企業の場合，インターネットによる募集が32.4％を占めている[32]。このような傾向は，韓国職業能力開発院（2008）の調査でも確認できる[33]。インターネットによる募集が拡大しているのは，それが費用面において効率的であることのみならず，新たな入社者の情報を一貫して管理できるというメリットがあるからである。また，インターネットによる募集は募集方式の定期採用から常時採用への変化と密接な関連がある。随時採用の場合，募集人員が事前に確定され

ていないだけでなく,その数も少ないので新聞広告による募集は非効率的であるからである34)。韓国経営者総協会（1994）の調査によると,1人当たりの募集費用は525,000ウォンで,その中で新聞・雑誌の広告費が318,600（60.7%）ウォンを占めている35)。インターネットの普及と活用によって,今後インターネットを利用した募集はさらに広がると予想される。

また,韓国では募集段階において応募資格を厳しく制限している。韓国の大企業の場合,日本と異なり,採用において大学での成績や語学が重視される。一定以上の成績を収めないと就職希望者は志願資格さえ得られない。たとえば,2009年の各社の募集広告をみると,三星グループおよびSTXグループは全学年評点が平均4.5満点の3.0以上,LG電子およびハイニックス半導体は全学年評点が平均4.5満点の3.2以上となっている。それだけでなく外国語も一定水準以上を応募条件としている。たとえば,LG電子の場合,TOEIC 700点以上,TOEIC Speaking成績は職種によってことなるものの,4級から6級以上を要求している。

韓国の大学生が夏季または冬季の休み期間を利用して海外に語学研修に出かけたり,子供の頃から語学に力を入れるのは,企業が求めている応募要件を満たすためばかりではなく,グローバル時代のトレンドに乗り遅れないためである。

(2) 採用方式の変化

経済危機以降,採用における大きな変化の1つは,定期採用から随時採用,新卒採用から中途採用への変化である。伝統的な採用慣行として新卒採用慣行は大企業を中心にすでに1960年代に導入し始め,その後,縁故採用とともに代表的な採用慣行として定着していた。しかし,1997年の経済危機を前後にして随時採用と中途採用が広がった。

韓国労働研究院（2000b）の調査をみると,上場企業の70%以上が随時採用を通じて人材確保を行なっており,非上場企業やベンチャー企業では9割以上を占めている36)。また,韓国経営者総協会が毎年実施する「新規人力採用動態及び展望調査」によると,随時採用を実施している企業は,1998年47.3%,1999年43.8%,2000年67%,そして2002年には89.8%に急増した。定期採

用は5.9%にとどまっている[37]。とくに，主要財閥グループは，本社が中心となってグループ全体に必要な人材を一斉に募集・採用する集権的方式をとっていた。しかし，そのような採用方式は，経済危機以降，大きく変わった。現代，三星，LG，SKなど主要財閥グループは1998年以降，グループ本社中心の定期的な採用を中止しており，各系列会社別に随時採用に転換している。

随時採用とともに中途採用も増えている。東亜日報と韓国労働研究院が共同実施した調査（2002）によると，中途採用は1997年の19%から2002年には31%に増加している[38]。韓国経営者総協会（2002）の調査では，新規採用を計画している企業のうち，36.6%が新入社員ではなく経歴社員すなわち，中途採用を考慮している[39]。

採用方式の変化とともに，2000年代に入ってからは世界化・グローバル化時代に生き残るための人材獲得が大企業を中心に競争的に行なわれた。それは人材こそ競争力であるという認識が広がったためである。米国のマッケンジーコンサルティング社の21世紀人材戦略の報告書の中で，「The War for Talents」という言葉が使われたのを契機に，韓国企業では国内外の優秀な人材の確保に力を入れている。

三星グループは，未来の競争力の源泉を優秀な人材確保に求めよというCEOの意志によって優秀な人材確保を第1の課題として挙げ，無限の潜在力を備えた天才級の人材，各分野別に世界的競争力を備えたコア人材，他人とは異なった思考を持ち判断できる特異な人材の獲得に積極的である。三星グループは2002年6月に開催された「人事戦略に関する社長団ワークショップ」において中長期人事戦略（3大課題）を確定した[40]。① 国籍を問わず，世界から優秀な人材を採用する，② コア人材の競争力を世界水準に引き上げる，③ 創造性豊かな人材を早期に発掘・養成することで優秀な人材獲得に拍車をかけている。

また，LGはTarget Recruitingという人材確保戦略を展開している。いわゆる，釣り型・やす型手法で優秀な人材を事前に選定しておいて集中的に採る戦略である。そして，優秀な人材の採用に全社員を参加させるために「役員・職員推薦制度」を導入し，推薦した者には一定金額のインセンティブを支給した。米国・ヨーロッパ・日本などを中心としたグローバル人材採用も行なって

いる[41]。

(3) 選抜基準の変化

　企業が人材を選抜する際，一般に，独自に人材像を確立している。人材像とはその企業が求める最適の人材条件でもある。韓国労働研究院（2000）の調査によると，66.2％の企業が人材像をもっていると回答している[42]。それでは韓国企業はどのような人材を求めているのか。これまでの人材条件は人和，協同，誠実性，円満な人間関係，責任感などが重視されていた[43]。しかし，経済危機以降は企業を取り巻く激しい情勢変化によって，創造性・革新性・挑戦精神といったものが重視されている[44]。

　三星グループをはじめとした一部の企業では新規採用の際に，学歴制限を廃止し開かれた採用を行なうという動きがある。これはこれまでの学閥重視の採用慣行から脱皮し，職務重視の人材採用の現われである。選抜方式も筆記試験の比重を減らすか，廃止する代わりに，面接を重視するようになった。もちろん，面接はこれまでも選抜において最も重視されていた。面接方法としてブラインドインタービュー制（blind interview method）[45]が導入され，応募者に関するデータなしに面接が行なわれる[46]。これは韓国社会の伝統的な縁故的偏見やエリート大学へのひいきを除去し，仕事や能力中心の人物を採用しようとするねらいがある[47]。また，定型化した面接の慣行に慣れている応募者と形式的な質問だけで評価する面接者の間には緊張した雰囲気の中で誤った評価をする恐れがあることから，応募者が自由に自己表現ができるようユニークな方法で面接を行なういわゆる行動観察面接制[48]も導入されている。

　最近は面接試験を強化する動きもみられる。三星は2002年から新たな面接技法を導入し，これまでの性格や適性評価中心の面接制度から創意性・挑戦精神・問題解決能力中心に評価基準を見直した。面接は従来の2段階から3段階に変更され，1人当たりの面接時間は60分から160分に延長された。面接形態も3人1組の集団面接から個別面接に変えた。面接では創意性，リーダーシップ，個人の品性，職務能力，変化主導能力などを集中的に評価する。面接委員も人事部署から実務部署まで，役員から課長クラスまで幅広く構成し，応募者の資質を総合的に評価する。

LG電子も優秀な人材確保のため新たな採用・面接制度を導入した。この制度はPerformance Best Interview（PBI）と名づけられたものでどうすれば成果を出す人材を採用できるか，どうすればLGの価値に相応しい人材を採用できるかに焦点を合わせたインタービュー技法である。

(4) インターン社員の活用

経済危機以後，韓国企業は大卒の公開採用の規模を縮小する代わりにインターン社員の採用を拡大している。この背景には，大学生の就職難が続く中で政府が雇用対策の一環として，企業に対して1998年4月にインターン社員制度の導入を勧告したためである。2009年3月現在，若年失業者は37万5千人で全体の失業者の39.4%を占め，若年失業率は8.8%で全体の失業率の2倍を上回っている。政府は大卒インターンを採用し，実務訓練を行なう企業に対して，失業保険基金から1年の範囲内で訓練費を支援するというインセンティブも用意した。

欧米では主に採用制度ではない現場実習を目的として行なわれることが多い。しかし，韓国におけるインターン社員制度は，自社に相応しい人材を早期に確保するために，大学生を一定期間，実習社員として採用して所定の給与を支給し，特別な問題がない限り正社員として採用するものとして導入された。いわゆる就業体験型というより採用直決型のインターンシップといえる。インターン社員制度が韓国で初めて導入されたのは1984年である。当時，ラッキー金星（現LGグループ）が最初に導入した。それ以降，1985年には三星グループが，1987年には浦項製鉄（現POSCO）などで導入された。

1990年代に入ってからは，中小企業にも大学生を対象としたインターン制度が導入され，産業界全般に広がった。経済危機以後，インターン社員制度は本来の目的から離れ，企業主体ではなく政府指導によって実施された。当時，厳しい雇用状況に直面した政府が若年層の雇用創出や失業対策の一環として推進した。佐藤（1999）はこれを「IMF型インターン社員制度」と名づけている[49]。また，2009年は政府がジョブ・シェアリングや大卒初任給の削減などさまざまな政策を通じて失業問題の解消に努めてきた。このような努力の一環として大卒者を対象とした「青年インターン制」が実施された。このように，

2000年代のインターン社員制度は1980－90年代のインターン社員制度とは異なる性格のものとして展開された。

(5) 非正社員の活用

　2000年代に入って韓国企業の人事政策は，正社員中心の内部育成型人事政策から外部労働市場を積極的に活用する方向へと変わってきた。韓国労働研究院（2005）の調査によると，非正社員の活用理由として，「人力調整が容易」や「人件費節約」が主な理由となっている。経済危機以後，韓国企業の経営戦略はコスト削減という効率性に焦点を当てながら雇用調整と共に非正社員を積極的に活用してきたといえる。世界経済が予測不可能となり，企業間のグローバル競争が激化する中で韓国企業の人的資源管理戦略が育成（make）よりは労働市場で人材を求める（buy）方向へと進展したといえる。

　労働部（2007）の統計によると，非正社員の割合は2001年に26.8％，2002年27.4％，2003年32.6％，2004年37.0％，2005年36.6％，2006年35.5％となり，3人に1人が非正社員となっている[50]。この背景には，企業が人件費や雇用の柔軟性を考慮し，新規採用の際，正社員ではなく非正社員を中心に人材を採用する企業が増えたことに起因している[51]。韓国企業の非正社員の活用が増加する中で，非正社員の労働条件や雇用問題が社会的問題となった。2006年には非正社員を保護する関連法案が国会を通過した。

5.　おわりに

　以上，韓国企業の採用管理の近年の変化についてみてきた。要約すると，以下のとおりである。

　第1に，募集・採用時期の変化である。従来の募集・採用は卒業時期に合わせて定期的に募集・採用を行なってきた。しかし，近年においては随時募集・採用に変わってきている。募集方法もインターネットの発達で民間のインターネットサイトや自社のホームページを利用する企業が増加している。また，応募段階で語学要件を設けるなど厳しく制限を行なっている。

第2に，採用対象の多様化である。これまでは新規学卒者を中心に採用が行なわれてきたが，近年は即戦力として専門性の高いキャリア採用・中途採用が増えてきている。正社員中心の採用から非正社員の採用も増大している。また，これまでの就業体験を目的としたインターンシップが，近年は正社員として採用することを前提に人材の確保を目的として行なわれるようになっている。さらに，グローバル競争の中で，コア人材やグローバル人材の採用にも力を注いでいる。

第3に，人材の選抜基準の変化である。従来のような人物重視から成果重視の創造性や革新性，挑戦性など即戦力として活躍できる人材の選抜に重点がおかれている。そのために，面接も従来よりも強化された。

以上のように，韓国では，経済危機以降，人材採用においてさまざまな変化があった。しかし，それらの変化は経営環境変化に対応するものであり，これまでの採用慣行を大きく変えるものではない。したがって，今後，韓国企業では新規学卒者を中心としながら，採用戦略に新しい試みが展開されると思われる。

[注]
1) 寺崎文勝（2009）『人事マネジメント基礎講座』労務行政研究所，p. 188。
2) 米国企業の社内公募制度の導入率をみると，ブルーカラーの場合，75％，ホワイトカラーの場合，60％の企業に導入されている（朴庚圭（1991）『新入社員選抜制度』大韓商工会議所，p. 35。
3) 米国では社内公募制度を job posting system または job bidding system と呼んでいる。社内公募をする職位は，通常，non-exempt のブルーカラー従業員を含む一般社員層に限られ，exempt の管理職層の職位については，社内公募をする企業は少ない（竹内一夫（2001）『人事労務管理』新世社，p. 91）。
4) これらの方法は職業によって多少異なるものの，新聞広告，従業員紹介，応募者の直接訪問の3つが全体企業の約9割以上の企業で活用している（鄭然昂（1994）「韓国企業の採用管理問題点と改善方案」『賃金研究』第2巻第3号，経総賃金研究センター，pp. 7-8）。
5) RJP 理論の詳細については，谷内篤博（2005）『大学生の職業意識とキャリア教育』勁草書房，pp. 77-81 及び堀田聰子（2007）「採用時点におけるミスマッチを軽減する採用のあり方―RJP を手がかりにして」『日本労働研究雑誌』No.567, pp. 60-75 参照。
6) 鄭然昂，前掲論文，p. 8。
7) 米国で警察官を対象に行なった17個のバイオデータ項目の正確性に対する研究結果をみると，バイオデータは正確性があることが判明している。具体的な内容については，朴庚圭（1991），前掲書，pp. 118-125。
8) 生命保険会社の従業員312名を対象にバイオデータと職務態度との関係を分析した研究がある。この研究では，11個のバイオデータと職務コミットメントとの関係は7個の項目で統計的に有意であり，また，組織コミットメントとの関係においては，5個の項目が有意であることが明らか

にされている。詳細については，許庚信（1990）『募集人員及び伝記資料（bio-data）が職務態度に及ぼす影響』東国大学校修士論文を参照。
9) 朴庚圭・安熙卓（1998）『韓国・ドイツ企業の人事管理比較』韓国経営者総協会，p. 94。
10) 採用選抜の具体的内容については，以下の文献を参照。大沢武志（1989）『採用と人事測定』朝日出版社。
11) 選抜技法の効率性については，次の文献を参照。鄭然昻（1994），前掲論文，pp. 8-10。
12) 朴庚圭（1991），前掲書，p. 71。
13) それぞれの制度の導入状況や導入理由については，安熙卓（1996c），前掲書，pp. 53-59 参照。
14) 朴庚圭（1991），前掲書，p. 73。
15) 韓国経営者総協会（1994）『韓国企業の大卒新規人力採用慣行』，p. 53。
16) 同上，p. 50。
17) 人材選抜の基準として職務明細書を基準に人材選抜を実施している企業は 16.7%にとどまっており，職務明細書に明示された資格だけでなく，応募者の全体的な能力を基準とする企業が 71.9%を占めている（朴庚圭（1991），前掲書，pp. 78-79）。
18) 韓国経営者総協会(1994)，前掲書，p. 18。
19) 小玉敏彦（1995）『韓国工業化と企業集団』学文社，pp. 161-162。
20) 韓国経営者総協会（1994），前掲書，p. 20。
21) たとえば，労働部の『労働力流動実態調査』では縁故採用が 59.8%，公開採用 29.6%となっており，また，金秀坤・梁炳武調査では縁故採用が 46.1%，公開採用 25.6%となっている（金秀坤・梁炳武（1991）『製造業雇用実態と人力管理』韓国経営者総協会，p. 38 及び p. 85）。いずれの調査も縁故採用が最も多いとされているが，これは調査対象として高卒以下の単純労務職や技能職が多く含まれていたからである。
22) 小玉敏彦（1995），前掲書，p. 162。
23) 韓国経営者総協会（1994），前掲書，p. 57。
24) 三星グループは 1995 年に学歴と学閥中心の看板重視から実力重視へと採用において門戸を開放したことで話題になった。公開採用においては「大卒新入社員採用」ではなく，「3 級社員採用」という表現を使っている。これによって実際，高卒者の合格者もいる。処遇面では大卒者と同じ取り扱いにされる。詳しくは高眞洙・尹鐘満・李衝準（1996）『採用破壊時代個性就業時代』韓国経済新聞社，pp. 25-27 参照。
25) 主要企業の適性検査における評価項目と事例については，高眞洙・尹鐘満・李衝準（1996），前掲書，pp. 29-36 及び pp. 178-192 参照。
26) 代表的な例として三星は，当社が開発した職務適性検査（SSAT）を選抜に積極的に活用していることで知られている。それは最近，三星電子が 1996 年の新入社員 836 名を対象に人事考課を分析した結果によると，人事考課の成績は学閥や大学成績ではなく，適性検査の成績が大きく影響していることである。有名大学出身と地方大学出身との人事考課の差は 100 点満点に 1 点しか見られなかった。また，大学での成績が高かった人が人事考課成績も高かったのは 4%にとどまっていた（三星電子ホームページ）。
27) 韓国経営者総協会（1994），前掲書，p. 64。
28) 同上，p. 65。
29) 鄭インス他（2002）『企業内部労働市場の変化』韓国労働研究院，p. 68。
30) 同上，p. 74。
31) 韓国経営者総協会の調査によると，新聞広告が 100%となっている（韓国経営者総協会（1994）『韓国企業の大卒新規人力採用慣行』，p. 47）。
32) 韓国経営者総協会（1994），前掲書，p. 17。

33) 詳しくは，韓国職業能力開発院（2008）『人的資本企業パネル基礎分析報告書（2008）』p. 106。
34) 朴宇成・盧溶珍（2001）『経済危機以後人的資源管理及び労使関係変化』韓国労働研究院, p. 12。
35) 韓国経営者総協会（1994），前掲書，p. 36。
36) 朴宇成・盧溶珍（2001），前掲書，p. 12。
37) 韓国経営者総協会（2002），『新規人力採用動態及び展望調査』，p. 16。
38) 日本労働研究機構（2002）『海外労働時報』No.329，10月号，p. 1。
39) 韓国経営者総協会（2002），前掲書，p. 15。
40) 日本労働研究機構（2002），前掲書，p. 1。
41) 韓国人事管理協会（2002）「優秀（核心）人材確保と維持方案―人材が競争力だ」『人事管理』9月号，p. 18。
42) 朴宇成・盧溶珍（2001），前掲書，p. 13。
43) 朴庚圭（1991），前掲書，p. 81。
44) 朴宇成・盧溶珍（2001），前掲書，p. 14。
45) ブラインドインタビューとは面接者が応募者に関する一切のデータなしに面接を行なうもので，白紙面接あるいは目隠し面接ともいう。
46) 具体的な事例については，安熙卓 他（1996a），前掲書，pp. 181-184。
47) ブラインドインタビューの導入理由について，面接者の偏見やハロー効果の排除（48.1%）や地縁や学縁などによる先入観の排除（33.3%）が主なものとして挙げられている（安熙卓（1996b），前掲書，p. 60）。
48) 行動観察面接制とは市外の特定の場所でゲームやカラオケ，運動など応募者の行動を通じて表現力，創意力，協同心，リーダーシップ，責任感，性格・気質などを総合的に観察し評価する面接方法である。詳しくは，安熙卓 他（1996a），前掲書，pp. 160-170。
49) 佐藤静香（1999）「韓国企業における大卒新入社員採用慣行」研究年報『経済学』Vol.60 No.4, 東北大学，p. 126。
50) 労働部（2007）『非正規職動向分析』。
51) たとえば，韓国の大手H通信の人員状況を構造調整前と構造調整後に比較してみると，正社員は構造調整以前に比べて1万1,516名が減少したものの，非正規社員は1,807名に増加した。H通信では1980年代後半以降，非正規社員を雇用・活用してきており，その規模も増加傾向を見せていた。しかし，構造調整によって正社員が削減されたことに伴い，非正規社員の規模と比重が一層増えることになった。詳しくは，李鎬昌（2002）「韓国における非正規雇用と労使関係」『日本労務学会誌』第4巻第2号，日本労務学会，pp. 24-34 参照。

第3章
韓国企業の昇進管理

1. はじめに

　本章の課題は，韓国企業の昇進管理にどのような特徴があり，近年，どのような変化が見られるかを明らかにすることである。

　昇進（promotion）とは，現在の職位より相対的に価値序列の高い職位に移動することで，一般に，役職昇進を指す場合が多い。しかし，人的資源管理における昇進は役職昇進よりもその内容が広く，通常，職務や職能資格などが下位の等級から上位の等級へ移動することを意味する。役職上の昇進を役職昇進，職務等級上の昇進を職務昇進，職能資格等級上の昇進を資格昇進（昇格）と呼んで，三者の昇進を区別することもある。

　昇進・昇格ともに従業員のインセンティブ施策の1つであるが，特に，従業員は昇進することによって仕事上の権限が拡大し，賃金が増え，社会的なステータスも上昇することになる。したがって，当然ながら多くの従業員は昇進に対して強い期待をもつことになり，昇進機会の多寡は従業員の仕事意欲に大きな影響を与えることになる。

　企業が合理的で効率的な昇進意思決定を行なうためには，昇進管理の基準を明確にすることが重要である。その基準は大きく，年功主義，能力主義，成果主義に区分できる。これらはそれぞれの国の社会文化や価値観に規定されるところが大きい。これまで韓国企業では社会的価値観である長幼の序の下で，年齢・勤続年数を重視したいわゆる年功を基準として企業内の秩序を維持してきた。高度成長期には年功主義昇進管理は合理的な方法で，従業員の昇進欲求を満たすことができた。

　しかし，低成長期においては，ポスト不足による人事停滞問題が発生するな

ど，年功主義昇進管理は効率的ではなくなった。ポスト不足は昇進機会を減少させ，昇進期待層の仕事への意欲を低下させることになる。年功昇進は他の条件が一定である限り，中・長期的には維持できない。年齢や勤続年数による自動的な昇進管理が行なえないとすると，それに代わる対策を講じなければならない。

以下では，韓国企業の昇進管理における昇進基準や昇進選抜など，昇進慣行について概観する。つぎに，年功序列昇進慣行がもたらした昇進停滞に韓国企業はどのように対応してきたかを検討する。そして，昇進管理の近年の変化を明らかにする。

2. 昇進管理関連の用語

昇進管理は人事制度と密接に関連しているので，まず，韓国の人事制度の特徴と用語の整理をしておく。韓国企業における職制の名称は日本における呼称と近似している。韓国の人事制度は日本と同様に2つに分かれている。1つは，平社員－代理－課長－次長－部長といった職責・職位制度（日本で言う役職制度）であり，もう1つは，5級－4級－3級－2級－1級といった職級制度（日本で言う資格制度）である。このように，韓国企業では二重のランキングシステムを取り入れて従業員を管理している[1]。

韓国企業で使われている人事用語も多様であるために，ここでは，本文の中で用いる職位，職級，職責について簡単に整理しておく。

職位とは，組織上の命令・権限・責任の程度によって与えられる地位のことで，職級の対外的な呼称のことであり，一般にポストと呼ばれる。職位体系は社員－代理－課長－次長－部長などとなっている。韓国企業では職責（役職）と混用する場合が多い。

職級とは，職務等級の略語である。職務や職位付与の基準となる組織上の職務ないし資格等級のことで，韓国の場合，給与等級の内容を含みながら採用区分による身分決定基準の役割をする。学歴によって初任職級が付与される。しかし，韓国では課長，次長，部長などを職級と呼ぶ企業もある。

職責とは，組織において権限を行使できるチーム長や本部長のような管理責任者のことを指す。一般に，課長，次長，部長といった役職を指す。これら3つの用語は厳密に区別されず，都合によって使われる場合が多い。

このようなことは昇進も同じで，企業によって昇進という言葉がさまざまな形で使われている。たとえば，昇進のほかに昇格・昇級・昇職・進級などがそれである。また，給与等級としての職級が上がるのも昇進といい，職位が上がるのも昇進という。したがって，人事担当者の間でも用語をめぐって混乱が生じているのが現状である。図表3-1は韓国企業で使われている用語を示したものである。

本書では，用語の混乱を避けるために職位（役職）が上がるのを昇進とし，

図表3-1　各社の昇進・昇格規定による用語

企業	用語定義
L社	昇進は昇給と昇格に区分
I社	昇進：社員の身分及び地位が上位職級へ移動すること 昇級：社員の身分及び地位が同一職級内で向上すること
E社	職責昇進：下位職から上位職へ職責が上昇すること 昇格：下位職級から上位職級へ職級が上昇すること 昇給：同一職級で号俸が上昇すること
I社	昇格：下位職級から上位職級へ職級が上昇され任用されること 昇進：職位または職級が上昇されるか上位職責に補任されること 昇給：同一級内で人事評価結果によって行われる給与の引き上げのこと
E社	昇進：職位上昇による身分異動 昇格：職位は維持するが職級上昇による身分異動 昇給：身分異動を伴わない同一職級内での級号の上昇
L社	昇級：社員の潜在能力（保有能力，期待能力）を一定期間が経過した後，評価を行い上位等級に任命すること 昇職：組織図上の上位責任単位に責任者あるいは責任職に補すること
M社	昇進は昇格と昇給に区分 昇格：下位職級から上位職級へ昇進すること 昇給：同一職級の上位号俸へ上がること
H社	昇進：現在の職級より上位の職級に任用されること 昇級：現在の級号より上位の級号に上がること 級号：給与処遇の基準となる等級段階
P社	昇進：責任と役割を伴う組織上の職責上昇で，下位職責から上位職責へ変動すること 昇格：下位職級から上位職級へ変動すること

出所：韓国人事管理協会（2004），pp. 411-503より作成。

職級(資格)が上がるのを昇格とする。また,賃金が上がることを昇給と呼ぶことにする。

3. 昇進慣行

韓国では日本と同様,定期的に昇進が行なわれる[2]。各職級ごとに昇進基準年数(最低必要滞留年数)が設けられており,その年数を満たすと昇進候補者となる。昇進は内部昇進が一般的である。韓国企業のほとんどは昇進基準を昇進規定に明記している。韓国14社の昇進規定をみると,年功的要素から能力的要素までさまざまな要素が昇進基準として設けられている。

ここで注目される点は,能力要素のほかに勤続年数や学歴といった年功要素が設けられていることである。また,ほとんどの韓国企業では昇進基準として滞留年数を設けているが,この滞留年数を満たすことが昇進のための第1条件となっている。その上で,人事考課成績をはじめとする能力判断基準として昇進試験や論文などが用いられる(図表3-2)。

図表3-2 昇進基準

	勤続年数	学歴	人事考課	面接	試験	論文	推薦	教育	賞罰
A社			○		○	○			
B社			○			○		○	○
C社	○	○	○		○			○	
D社	○		○	○	○		○		
E社	○		○			○			○
F社	○		○						
G社		○	○	○			○	○	
H社	○		○		○		○		
I社	○		○						
J社	○		○		○			○	
K社	○		○			○		○	
L社			○	○	○			○	
M社	○		○						
N社	○		○		○		○		
社数	12社	2社	14社	4社	10社	8社	5社	9社	8社
割合(%)	85.7	14.3	100.0	28.6	71.4	57.1	35.7	64.3	57.1

出所:韓国人事管理協会(2004),pp. 411-503より作成。

韓国では昇進に関するいくつかの調査が行なわれた。昇進基準について，1990年代に実施された2つの調査をみよう。まず，安・安（1990）の調査では「これまでの実績」（31.4％）が最も多く，次いで「勤続年数」（19.7％），「専門知識・能力」（17.0％）の順となっている[3]。また，安・李（1997）調査では第1位が「実績」，第2位が「勤続年数」となっている[4]。いずれも実績が最も重視されている結果となっているが，勤続年数も上位に上がっている。

このように，韓国企業の昇進管理は年功主義が強く反映されているといえる。

昇進審査と昇進決定はどのように行なわれるのか。I社の昇進管理をみてみよう[5]。同社では昇進を社員の身分や地位が上位職級へ移動することと定義している。昇進の原則としては，昇進審査対象者に対して次年度の人材需給計画及び定員を考慮し職級別昇進率を決定した後，評価要素別に昇進審査対象者を総合評価し，人事委員会で最終昇進者を決定する。

昇進は定期昇進と特別昇進に分かれている。定期昇進は年1回を原則としており，その時期は毎年3月1日となっている。特別昇進は① 能力や勤務成績が著しく会社発展に功労がある者，② 組織改編や人事異動で特殊な業務を遂行する者，③ 会社が昇進の必要があると判断される者に対して行なわれる。

同社の昇進決定プロセスは次のとおりである。まず，昇進審査対象者は一定の資格要件を満たさなければならない。その要件とは① 基準年数，② 昇進試験，③ 人事考課である。基準年数とは現在の職級で何年在級したかという滞留年数のことである。この3つの要件はあくまでも昇進審査対象になるための資格要件であってこれらをクリアしたからといって全員が昇進できるのではない。

人事部は昇進審査対象者に対して事業計画や経営状況などに基づいて，人材需要を算定し，昇進率（昇進予定人員）を決定する。その後，昇進基準に基づいて評価を実施し，成績順で昇進候補者の名簿を作成する。昇進候補者に対してあらかじめ設定された昇進率を勘案して人事委員会で最終昇進者を決定する。

I社の昇進審査対象者の資格要件と昇進審査対象者の評価要素と配点は図表3-3，図表3-4のとおりである。

図表 3-3　昇進審査対象者の資格要件

昇進経路		資格要件		
現在の職級	昇進職級	基準年数（現在の職級での勤続年数）	昇進試験	人事考課
1級 乙	1級 甲	3年	—	人事考課成績が最近2回でB評価以上の者
2級	1級 乙	4年	昇進試験合格者	^
3級 甲	2級	3年	—	^
3級 乙	3級 甲	3年	昇進試験合格者	^
4級	3級 乙	3年	昇進試験合格者	^
5級	4級	専門大卒　2年／高卒　4年	昇進試験合格者	^

注：専門大卒は日本の短大卒に当たる。
出所：韓国人事管理協会（2004），p.417。

図表 3-4　昇進審査対象者の評価要素と配点

職級	勤務成績			昇進試験（評価）			合計	備考
^	学歴	在級年数	最近人事考課4回	昇進試験（外国語）	面接	人事書類審査	^	^
1級乙	—	10	40	—	50	—	100	教育訓練，経歴考課に対して細部基準により加減できる
2級	—	10	40	10	40	—	100	^
3級甲	5	5	50	—	40	—	100	^
3級乙	—	10	40	20	—	30	100	^
4級	5	5	40	20	—	30	100	^
5級	—	10	40	20	—	30	100	^

出所：韓国人事管理協会（2004），p.418。

4. 昇進競争と選抜

(1) 昇進スピード

　年功序列に基づいた昇進及び賃金制度は経済成長の鈍化とともに従業員の勤続期間の増加とともにこれ以上維持できなくなってきた。高度成長期には企業規模の拡大により勤続年数とともに昇進が可能であった。高度成長時代が終わ

り，ベビーブーム世代の中高年齢化によって人口構造も従来のピラミッド型からつりがね型に変化し，これまでのような昇進は期待できなくなった。全般的に昇進期間が長くなり，昇進メカニズムも変化しつつある。

鄭インス他（2002）の調査によると，昇進制度が年功・学歴中心から能力中心に変化したことで，生産性向上や勤労者の士気が大きく改善されただけでなく，勤務態度の改善や自己啓発の強化にも肯定的な影響を及ぼした。とくに，大企業の場合，経済危機以降，勤続年数よりは業績や成果に基づいて昇進を決定する傾向が強く，年功序列の破壊が顕著になったと指摘している[6]。

朴・金（2006）の調査によると，昇進所要年数は昇進規定上では大卒新入社員が課長まで昇進するのには7.6年，次長までが11.6年，部長までが15.6年，役員までが20.0年かかる。しかし，実際の昇進期間は規定よりも長い。新入社員から課長までが8.3年，次長までが12.8年，部長までが17.4年，役員までが22.4年かかる（図表3-5）。韓国では2-3年の兵役があるのでそれを考慮して26歳に入社したとすれば，昇進年齢は30歳代で課長クラス，40歳代前半で次長，40歳代中半で部長，40歳代後半で役員に昇進するということになる[7]。

図表3-5　昇進規定と実際の昇進年数の比較（事務職）

	規定上の昇進年数			実際上の昇進年数		
	1996年(A)	2005年(B)	B－A	1996年(A)	2005年(B)	B－A
部長→役員	3.9年	4.4年	＋0.5年	5.6年	5.0年	－0.6年
次長→部長	3.5年	4.0年	＋0.5年	4.3年	4.6年	＋0.3年
課長→次長	3.5年	4.0年	＋0.5年	4.3年	4.5年	＋0.2年
課長代理→課長	3.3年	3.7年	＋0.4年	3.7年	4.1年	＋0.4年
新入社員→課長代理	―	3.9年	―	―	4.2年	―

注：1）1996年調査では大卒新入社員→係長，係長→課長代理に区分して調査が行われたために，2005年調査と直接比較が困難。
　　2）課長代理は課長補佐のこと。
出所：朴埈成・金換日（2006），p.86。

韓国経営者総協会が1996年に行なった調査と比較すると，ほとんどの職位において規定及び実際の昇進所要年数が長くなっている。ただし，部長から役員昇進の場合は実際の昇進所要年数が1996年の5.6年から2005年には5.0年

へと短縮されている。これは役員の世代交代から能力による抜擢昇進制度が広がったからであると考えられる。

昇進年齢も早い。朴・金(2006)の調査によると，平均年齢は代理が32.8歳，課長37.5歳，次長41.6歳，部長46.0歳，役員48.2歳である[8]。日本と比較した場合，5年以上は早い昇進であるが，韓国では2年間の兵役があることを考慮に入れると，役職到達年齢のその差は一層大きくなる。このような昇進スピードが速いのは，高度成長期の組織拡大によってポストが増えていたことと，韓国では肩書き社会で昇進は社会的なステータスとして重んじられていて，従業員の動機づけの最も重要な手段として昇進管理を行なってきたからであろう。

しかし，近年においては組織の拡大が停滞したため，従来に比べて昇進スピードは遅れるようになった。1997年の経済危機以前と比較して事務職の昇進スピードをみると，速くなった企業は14.6%で，遅くなった企業は30.3%となっている[9]。

(2) 同期入社者の昇進競争

ピラミッド型の組織構造を前提とすれば，キャリアのいずれかの段階で昇進選抜が行なわれることは避けられない。日本のホワイトカラーの昇進構造について分析した今田・平田(1995)によると，日本の大企業組織におけるホワイトカラーの昇進選抜について一律年功型，昇進スピード型競争，トーナメント型競争という3つのルールが適用される重層型の昇進構造をなしているという[10]。すなわち，入社後数年間は同期入社の間で昇進に差をつけない(一律年功型)が，一定期間が経つと昇進する者と昇進しない者が現れ，昇進スピードに差がつく(昇進スピード型競争)。昇進スピード競争は課長昇進までで，それ以降は毎回の競争の勝者のみが次の競争に参加できるというトーナメント型競争が行なわれる。その結果，昇進の早い者と遅い者の分化ではなく，昇進する者とそれ以上昇進せずに同一役職・同一資格に滞留する者とが出現するという[11]。

韓国企業の場合はどうだろうか。同一学歴同期入社者に対する昇進について朴・安(1999)調査によると，入社5年までは可能な限り同時に昇進をさせ，

それ以降は差をつける企業が 46.6％と最も多い。同期入社でも最初から実力を重視して差をつけるという企業は 31.2％を占めている（図表 3-6）。今後の昇進政策については，最初から実力によって昇進に差をつけていくとする企業が 74％となっている。特に，大企業では 82％を占めている[12]。

図表 3-6　同期入社者の昇進に差がつく時期

（単位：％）

		入社 1 年目		入社 5 年目		入社 10 年目		入社 15 年目		差をつけない	
		現在	今後	現在	今後	現在	今後	現在	今後	現在	今後
規模別	中小企業	27.9	65.2	44.9	28.0	14.7	4.5	2.2	0.8	10.3	1.5
	大企業	32.3	82.0	49.2	15.6	16.9	2.5	0.0	0.0	1.6	0.0
産業別	製造業	27.7	71.7	47.7	23.0	16.9	4.2	0.5	0.0	7.2	1.0
	非製造業	36.9	77.8	44.6	19.0	12.3	1.6	3.1	1.6	3.1	0.0
	合計	31.2	74.2	46.6	21.4	15.2	3.2	1.5	0.6	5.6	0.6

出所：朴埈成・安熙卓（1999），pp. 77-78。

佐藤（2002）は韓国 S 化学の大卒ホワイトカラーのキャリア分析を通じて，同社の昇進管理はよほどのことがない限り，全員に部長までの昇進を保障すると同時に一貫して横並びという昇進ルールが適用される極めて年功的・勤続序列的なシステムになっていることを明らかにしている[13]。採用時点での学歴さえクリアすれば入社後の昇進は職級別に定められた昇進標準年限にしたがって自動的に行なわれる[14]。また，同期入社の間で極端に昇級・昇格が早かったり遅かったりする者は存在しないし，後輩社員が先輩社員を追い越して昇進する抜擢人事もほとんど行なわれていないという[15]。

このように同期横並び昇進という極めて年功的・勤続序列的な昇進管理システムを採用している理由として，佐藤（2002）は，1 つは，厳しい選抜を通過して入社したエリートを一律に処遇することで，会社への忠誠心や献身を引き出すほうが得策であったこと，2 つは，文化的な側面から見て，先輩－後輩間の序列に敏感な韓国では先輩が後輩に追い越されるようなシステム自体が受け入れられにくいこと，3 つは，適切な評価システムがないから誰もが納得できる昇進決定基準として年功が受け入れられてきたことを指摘している[16]。

韓国には儒教意識の 1 つとして長幼の序がある。入社時期によって先輩・後

輩という序列が組織の中に作られ，後輩が先輩を追い越して速く昇進することは望ましいことではないと暗黙に認識されている。

　韓国では同期入社意識が強く，企業の昇進管理においてもできるだけ横並びで昇進させている。筆者の経験からすると，韓国では部長までは昇進スピードに差はあっても昇進は保障されているように思われる。しかし，役員昇進になると，はっきりと昇進できる人と出来ない人とに分かれる。50歳前後にして役員昇進から脱落した人はそのまま部長職に留まりながら働き続けるか，退職をするかの選択に迫られる。一般的に，韓国では面目を重視するので昇進選抜で何度も漏れた人は自ら退社する場合が多い。このように韓国では年功賃金とともに年功昇進を特徴としながら昇進スピードが速い反面，定年年齢より早く退職する傾向がある。

　しかし，近年，成果主義の導入によって従来のような一律年功による昇進慣行は，修正されつつある。

5. 昇進停滞の現状と企業の対応

　伝統的に韓国企業の職級体系（社員格付け制度）は，職階制（職位等級制）を基本としていた。職階制はポストによって分類されるもので，職級と職位が1対1に直接対応している制度である。たとえば，1級―部長，2級―次長，3級―課長といった形である。したがって，昇進の際には職級と職位が同時に上がることになる。換言すると，昇進と昇級（昇格）が分離されていない形態である。このように職階制は高度成長期には有効であるが，低成長期にはポスト不足から昇進停滞問題が生じる。韓国ではこのような職階制が年功序列によって行なわれてきたために，ポストの不足の問題が深刻となった。

　韓国企業の昇進停滞は大卒事務職のほうが比較的に深刻である。特に中間管理職の停滞が目立つ。朴・金（2005）によると，事務職の昇進停滞について，「とても深刻である」（9.1％），「深刻である」（20.7％）を合わせると約3割の企業が昇進停滞が深刻であると答えている。産業別では製造業（32.6％）が非製造業（24.6％）に比べて深刻であり，規模別では大企業（40.2％）が中小企

業（17.6％）に比べて相対的に深刻である[17]。昇進率をみると，事務職の年間の昇進対象者のうち，44.5％のみが昇進している。昇進率は上位職位ほど低い。規模別では，大企業に比べて中小企業のすべての職位において昇進率が高く，規模間に大きな隔たりがある（図表 3-7）。

図表 3-7 事務職の昇進率

(単位：％)

	産業別		全体	規模別	
	製造業	非製造業		大企業	中小企業
部長→役員	35.2	40.3	36.5	32.7	61.5
次長→部長	43.3	21.0	33.6	32.6	60.4
課長→次長	44.2	25.4	37.5	36.5	72.7
代理→課長	52.7	35.8	45.4	44.3	73.2
新入社員→代理	71.9	41.4	57.4	55.6	83.8
計	52.9	33.0	44.5	43.2	75.0

注：昇進率は（2004 年の実際の昇進者／2004 年の昇進対象者）×100％で計算。
出所：朴埈成・金換日（2006），p.85。

昇進停滞の理由としては，以下のような要因が考えられる[18]。

第 1 に，企業成長の鈍化である。企業を取り巻く経営環境の変化に伴って 1980 年代の高成長期から 1990 年代の低成長・安定期に入り企業成長が鈍化している。これにより従業員の昇進欲求を満たす機会が少なくなってきた。また，成長期には部・課組織の新設で人事停滞が現れなかったが，低成長期への移行に伴って昇進対象者は増加する反面，部・課組織の増加率は減少してきた。したがって，80 年代の高成長期に大量採用された人員が徐々に管理職予備軍として流入することによって人事停滞問題が発生している。

第 2 に，人員構造の変化である。経営環境変化に伴って 1980 年代に多採用→多昇進→多転職→多退職を特徴とする成長型人員構造から過渡期を経て 1990 年代には小採用→小昇進→小転職→小退職と特徴付けられる安定型人員構造へと転換した。これによって人員構成面において従来高成長期に急速な組織増加とともに管理者が増え続け全体の従業員の中で管理者の構成比が大きく増加してきた。それに伴って低成長期に入り全体的な人員構造もピラミッド型から中間階層が膨らんだつぼ型を見せている。

韓国企業の人員構成の類型をみると，つぼ型が36.4％で最も多く，次いでピラミッド型（28.9％），つりがね型（17.4％）となっている（図表3-8）。これは産業別や規模別でも同様である。つぼ型の人員構成は人事停滞による組織階層の中間管理職が肥大したためである[19]。人員構造の変化は，低成長・低生産性という経営環境変化に伴う企業の採算性の悪化はもちろん，従業員の身分上昇欲求を満足させるのに限界をもたらした。

　このように低成長→組織鈍化→昇進停滞加速化という悪循環が繰り返されることによって，組織活力の低下や従業員のモラール低下といった問題点が発生した。

図表3-8　人員構成の類型

（単位：％）

類　型	全体	産業別		規模別			
		製造業	非製造業	150人未満	150～399人	400～999人	1,000人以上
ピラミッド型	28.9	32.0	20.0	16.1	39.3	26.5	37.0
逆ピラミッド型	8.3	9.3	5.0	19.4	7.1	2.9	3.7
つりがね型	17.4	13.4	35.0	22.6	14.3	20.6	14.8
つぼ型	36.4	35.1	35.0	32.3	32.1	38.2	40.7
ひょうたん型	6.6	7.2	5.0	9.7	7.1	8.8	―
塔型	0.8	1.0	―	―	―	2.9	―
その他	1.6	2.1	―	―	―	―	3.7
計	100.0	100.0	100.0	100.0	100.0	100.0	100.0

出所：安熙卓・李康城（1997a），p.39。

　第3に，職位（役職）中心の昇進慣行である。韓国企業の昇進管理は職位（post）を中心に行なわれてきた。特に職級と職責を分離しないで同時に運用してきたために停滞現象が生じている。職位中心の昇進制度の下では，空席がないといくら能力があっても昇進が不可能であり，空席ができるまで待たなければならない。このような問題を解消するために多くの企業が短期的な処方策として課長代理とか部長待遇などといった新たなポストを新設して，不必要な組織拡大をもたらした。

　しかし，90年代に入って企業成長の鈍化に伴って組織拡大も鈍化し，昇進年齢や昇進所要年数が長くなり，昇進停滞に対する不満も高まった。職位中心の部・課制を採ってきたため，不況に伴って組織拡大が見込めない状況では人事停滞の問題は深刻になった。昇進は従業員にとって大きな動機づけ要因であ

ることを考えると，モラール低下を防ぎ，昇進欲求を何らかの形で満たす必要があった。

　昇進停滞の解消のためには，昇進機会を抑制して停滞を解消する方法と昇進機会を拡大して停滞を解消する方法が考えられる。前者は昇進所要年数を延長するか，役職定年制や希望退職制を導入することである。これに対して後者は昇進要件を緩和したり，職位段階の増大や職位と職級の分離，チーム制の導入である。韓国では役職ポスト不足の対策として，昇進所要年数の延長，職能資格制度，専門職制度，チーム制，職級定年制などが導入された[20]。

6. 昇進管理の近年の変化

(1) 能力主義の強化

　これまで韓国企業では，年功序列による昇進が一般的であった。2004年にジョブコリア（www.jobkorea.co.kr）724社を対象に行なった昇進制度に関する調査によると，68.1%の企業が年功序列による昇進よりも能力による昇進を行なっていると回答している。また，鄭インス他（2002）の調査では，経済危機以降，昇進決定要因がこれまでの協調性・勤務態度・勤続年数・年齢・学歴・性別から個人業績・成果を重視する方向へと変わってきている[21]。

　また，中川（2001）は，ほとんどの韓国企業の昇進基準は一般的に年功，職務関連的技能，作業成績，そして人格的特徴，つまり態度，協調性，協力，忠誠心を含んでおり，その中で最も重要な基準は年功であったが，近年の昇進慣行として年功より業績が重視されてきているという[22]。特に，取締役レベル以上の地位の昇進においては，学歴（エリート大学出身であること）とともに業績や忠誠心そして仕事への献身が重要であると指摘している[23]。

　韓国では個人の能力や業績を重視し早期に昇進させる抜擢昇進も広がっている。この背景には，経済危機以降，成果主義的な人事処遇制度の導入によるものである。企業によっては必要滞留昇進年数を廃止したり，欧米企業でみられるファストトラック（fast track）といった1段跳びや2段跳びで昇進することもある。いわゆる人事破壊ともいえる。

また，職級定年制も能力主義人事の一環として導入が進んでいる。職級定年制とは，ある職級において一定期間が経過しても上位の職級に昇進できなかった場合，当該ポストをはずす制度である。

抜擢昇進制と職級定年制の導入率をみると，抜擢昇進制は経済危機以前の1996年の31.7％から2005年には57.6％に大幅に増加している。職級定年制も1996年の13.2％から2005年には29.3％に大きく増加している（図表3-9）。

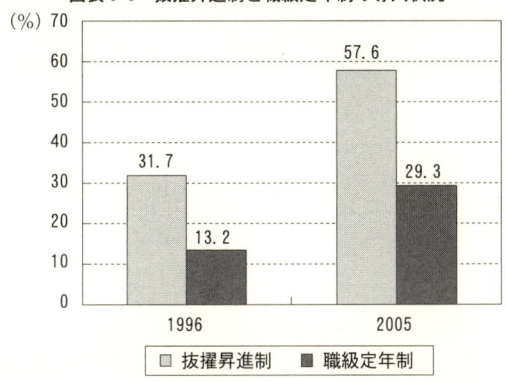

図表3-9　抜擢昇進制と職級定年制の導入状況

	1996	2005
抜擢昇進制	31.7	57.6
職級定年制	13.2	29.3

出所：朴堎成・金換日（2006），p.96。

(2) 外部人材の調達

韓国企業は，これまで内部昇進という形で人材を活用してきたが，近年においては外部労働市場からの人材を積極的に採用し活用するようになった。朴・安（1997）が大企業を対象に行なった調査によると，管理職が空席になった場合，企業外部から人材を調達する比率が1％未満という企業が61％を占めている[24]。伝統的に韓国企業は一部の専門職を除いては企業内部に空席が生じた場合，内部から人材を調達するのが支配的であったことをうかがわせる。これは日本と同様に，大企業の人的資源管理は長期雇用を前提として内部労働市場に基盤をおいた人的資源管理を根幹としており，このための職級体系と内部昇進が行なわれてきたためである。

しかし，2000年の韓国労働研究院の調査によると，外部から人材を調達する人事政策をとると回答した企業の比率が25.8％となっている。また，最近2

年間で外部から人材を調達した経験のある企業は78.5%を占めている[25]。このような傾向は，ベンチャー企業で強い。

このように，内部人材の開発政策（make policy）から外部人材の活用政策（buy policy）への変化は，産業構造の高度化や国際競争の激化など環境変化に対応していくためには，即戦力としての専門性の高い人材や多彩な経験をもつ人材の調達が不可欠であるからであろう。

(3) 職務移動による昇進

近年，米国企業の職務等級のブロードバンディング化の影響を受け，韓国でも従来の職級段階を大くくりにして職務移動による昇進管理を行なう企業が増えてきている。また，運用においては，年功ではなく能力や成果を重視する昇進管理へと移行している。これまでは職務の変更がなくても勤続年数などを考慮して昇進させてきたが，職務等級制度の導入によって職務が変わることを前提に昇進管理を行なっている。企業によってその運用はさまざまである。たとえば，コーロン情報通信(株)は，2003年に人事体系を成果主義中心に再編した。従来の人事体系は多段階の職級体系による年功序列型組織構造になっていた。新人事体系は，職級体系の運用基準を従来の10段階から広い範囲の4つのバンド（band）に区分し，基本的には役割と責任を考慮した賃金等級に設定した。また，呼称を賃金と切り離して呼称の上昇が直ちに賃金上昇や職責変動に結びつかないことにした[26]。

また，ハイニクス半導体(株)では，2003年に昇進候補者の資格要件を廃止した昇進制度の見直しを行なった。その内容は能力や業績を中心に優秀な人材を選抜するものである。同社は抜擢昇進も行なっている[27]。

このように，近年，韓国企業では能力主義・成果主義による昇進管理に移行しつつある。

7. おわりに

以上，韓国企業の昇進管理の特徴と近年の変化についてみてきた。要約する

と，以下のとおりである。

　第1に，韓国企業では昇進基準として人事考課をはじめ試験，論文，教育・研修などのほかに勤続年数が考慮される。ほとんどの企業は職級ごとに在級年数・基準年数（滞留年数）を設けてある。昇進のためには必ずこの要件を満たさなければならない。

　第2に，昇進は定期昇進と内部昇進が一般的である。特定の時期に人事異動が行なわれるとともに，できるだけ内部から昇進させる。経済危機以前と比べて昇進スピードは遅くなっているものの，日本と比べると速い。同期入社者に対する昇進はできるだけ横並びで昇進させている。近年，そのような傾向は薄れているものの，依然としてかなり残っている。昇進が速い者と遅い者はあるが特別な事情がない限り部長職までは昇進が保障される。典型的な年功序列昇進といえる。

　第3に，年功序列昇進によるポスト不足や人件費の増大などの問題が生じ，その対策として昇進所要年数の延長，職能資格制度，専門職制度，組織のフラット化によるチーム制度，抜擢昇進制度，職級定年制度などが導入された。

　第4に，昇進することによって権限が拡大し，賃金が増大し，ステータスも上昇するから昇進に対する従業員の期待感は強い。しかし，年功序列昇進は組織の拡大が続かない限り，ポスト不足でさまざまな問題が生じることになる。

　近年，韓国企業では昇進管理において能力や成果を重視する傾向が強まっており，職務重視の人事制度改革によって昇進問題を解決しようとする動きがある。さらに，内部人材による昇進と共に外部人材の活用にも積極的である。

　今後，韓国企業では競争原理を取り入れた昇進管理は強化されるだろうが，一方において，韓国社会において年齢要素はいまでも重要であることを考えると，最初から同期入社者に対して昇進に差をつけるような昇進政策は採らないであろう。むしろ昇進と賃金との関係を切り離し，対外的に通用する社会的なステータスとして役職呼称を与えながら賃金を抑制することにより，昇進に対する従業員の動機づけと賃金管理の効率化を図っていくものと思われる。

［注］
1) 韓国企業の人事制度の中心をなしている職級制度については，安熙卓（2003）「韓国企業における職級制度の展開」九州産業大学『経営学論集』第14巻第2号参照。

2）　事務職の昇進類型を見ると，定期昇進が全体で68%を占めており，大企業の場合は73%となっている（朴埈成・金換日（2006），前掲書，p.83）。
3）　安春植・安熙卓（1990）『韓国企業昇進・昇給制度に関する研究』韓国経営者総協会，pp.38-39。
4）　安熙卓・李康城（1997）『人事積帯実態と解消方案』韓国経営者総協会，pp.42-44。
5）　韓国人事管理協会（2004）『最新人事管理規定実事例集』同協会，pp.416-418。
6）　鄭インス他（2002）『企業内部労働市場の変化』韓国労働研究院，pp.76-82。
7）　韓国4大財閥グループの役員の昇進人事をみると，役員昇進まで20−21年かかっており，最初に役員になった年齢は47−48歳となっている。宋ヒョンソク（2009）「主要企業役員昇進人事動向と特徴」韓国人事管理協会（2009）『人事管理』3月号，p.54-55。また，1995年に30大財閥における821名の新たに昇進した取締役の平均年齢は，47歳であった（中川誠士（2001），前掲論文，p.117）。
8）　朴埈成・金換日（2006）『昇進・昇格管理の理論と実際』韓国経営者総協会，p.82。
9）　同上，p.90。
10）　今田幸子・平田周一（1995）『ホワイトカラーの昇進構造』日本労働研究機構，第3章参照。
11）　同上，pp.149-151。
12）　日本の1,000人以上大企業2,039社を対象に行なった調査によると，64.5%の企業が入社後一定期間は同一年次入社の間に昇進・昇格で差をつけないとしている。その期間としては，「入社後5年程度」（62.7%）が最も多く，「7−8年程度」（21.1%）となっている。詳しくは八代充史（1995）『大企業ホワイトカラーのキャリア』日本労働研究機構。
13）　佐藤静香（2002）「韓国財閥企業における大卒ホワイトカラーの昇進管理—S化学の事例」研究年報『経済学』Vol.64 No.2，東北大学参照。
14）　同上，p.136。
15）　同上，p.134。
16）　同上，pp.134-135。
17）　朴埈成・金換日（2006），前掲書，pp.86-89。
18）　安熙卓・李康城（1997），前掲書，pp.55-60。
19）　韓国大企業の人員構造の実態については，安熙卓・李康城（1997）前掲書，pp.61-75参照。
20）　この点については，安春植・安熙卓（1990），前掲書，p.51，朴埈成・安熙卓（1999）『雇用管理変化とビジョン』韓国経営者総協会，pp.73-74，安熙卓・李康城（1997），前掲書，pp.53-55，朴埈成・金換日（2006），前掲書，pp.94-96参照。また，新しい人事制度の具体的な事例については，安熙卓・高鎮洙・尹鐘萬・李承吉・金換日（1996）『新人事TRAND35』韓国経営者総協会を参照。
21）　鄭インス他（2002），前掲書，pp.76-78。
22）　中川誠士（2001）「韓国企業における人的資源管理とコーポレート・ガバナンス」『福岡大学総合研究所報』福岡大学総合研究所，pp.116-117。
23）　同上論文，pp.116-117。
24）　朴庚圭・安熙卓（1998）『韓国・ドイツ企業の人事管理比較』韓国経営者総協会，p.79。
25）　朴宇成・廬ヨンジン（2001）『経済危機以後人的資源管理及び労使関係変化』韓国労働研究院，pp.15-16。
26）　韓国人事管理協会（2004）『人事管理』3月号，pp.68-69。
27）　韓国人事管理協会（2006）『人事管理』4月号，pp.29-31。

第4章
韓国企業の賃金管理

1. はじめに

　本章の課題は，成果主義賃金としての年俸制を取り上げ，事例調査を通してその実態と特徴を明らかにすることである。韓国では多くの企業が成果主義を標榜して賃金制度の改革を進めてきた。韓国で成果主義という用語が広く使われるようになったのは，1990年代に入ってからである。それまでは年功主義や能力主義という用語が一般的に使われていた。1990年代に入ってから韓国企業の年功序列型賃金体系に対する批判が強まる中で，年功賃金の修正を求める動きが急速に高まってきた。そのような情勢のもとで，韓国の使用者団体である韓国経営者総協会（経総）は，1991年に研究プロジェクトチームを構成し，賃金管理合理化のための調査研究に乗り出した。1年間の研究成果は対外的に公表された。ほとんどの企業の賃金制度は査定を伴わない自動昇給と固定賞与であった。また，基本給が何によって決まるのかが不明確で，手当の数が多い複雑な賃金体系となっていた。このような不合理な賃金体系を是正する改革案として4つの案が提示された[1]。

　これを契機に大企業を中心に賃金制度改革が本格化した。しかし，人事評価に対する労働組合の反発によって，賃金制度改革にはそれほど進展が見られなかった。韓国で成果主義賃金制度改革の大きな転換点となったのは1997年に発生した経済危機の到来である[2]。韓国企業が人的資源管理分野で最も早く取り組んだのが賃金制度改革であった。

　以下では，まず，これまでの韓国企業の賃金制度の特徴と問題点を検討する。つぎに，成果主義賃金としての成果主義・年俸制の概念を検討する。そして，韓国企業における成果主義賃金の実態を明らかにする。

2. 賃金制度の特徴

韓国の伝統的な賃金制度は年功賃金として特徴づけられる。年齢や勤続年数の増加とともに号俸テーブルに基づいて賃金が自動的に上昇する年功給であった[3]。しかも，査定を伴わない自動昇給である。基本給は多くの場合，職位・職級別に号俸が定められている。昇進・昇格した場合，基本給は大幅に上昇することになる。初任給においては，学歴や性別によって大きな格差が存在している。韓国企業の典型的な賃金テーブルを示すと，図表4-1のとおりである。

図表4-1　A会社の賃金テーブル（1989年）　　　（単位：ウォン）

号俸職級	1級 甲	1級 乙	2級 甲	2級 乙	3級	4級	5級 男	5級 女
1	950,000	836,000	722,000	618,000	540,000	438,000	392,000	292,000
2	935,000	822,000	709,000	606,000	530,000	430,000	384,000	284,000
3	920,000	808,000	696,000	594,000	520,000	422,000	376,000	276,000
4	905,000	794,000	683,000	582,000	510,000	414,000	368,000	268,000
5	890,000	780,000	670,000	570,000	500,000	406,000	360,000	260,000
6	875,000	766,000	657,000	558,000	490,000	398,000	352,000	252,000
7	860,000	752,000	644,000	546,000	480,000	390,000	344,000	244,000
8	845,000	738,000	631,000	534,000	470,000	382,000	336,000	236,000
9	830,000	724,000	618,000	522,000	460,000	374,000	328,000	228,000
10	815,000	710,000	605,000	510,000	450,000	366,000	320,000	220,000
11	800,000	696,000	592,000	498,000	440,000	358,000	302,000	212,000
12	785,000	682,000	579,000	486,000	430,000	350,000	304,000	204,000
13	770,000	668,000	566,000	474,000	420,000	342,000	296,000	196,000
14	755,000	654,000	553,000	462,000	410,000	334,000	288,000	188,000
15	740,000	640,000	540,000	450,000	400,000	326,000	280,000	180,000
16	初任基準					318,000	272,000	
17	男子大卒：4－12(350,000)					310,000	264,000	
18	短　大　卒：4－20(286,000)					302,000	256,000	
19	高　　　卒：5－20(240,000)					294,000	248,000	
20	女子大卒：5－ 5(260,000)					286,000	240,000	
21	短　大　卒：5－10(220,000)					278,000	232,000	

資料：A社の社内資料。
出所：安熙卓（1990），p.75。

韓国企業の年功賃金は日本と比べてもより年功的である。韓国と日本の賃金カーブを比較すると，韓国の場合，年齢や勤続年数によって賃金が右上がり方を描くが，日本の場合，一定年齢や勤続年数に到達すると，賃金が下がる傾向にある（図表4-2，図表4-3）。このように，韓国の賃金は典型的な年功賃金といえる。

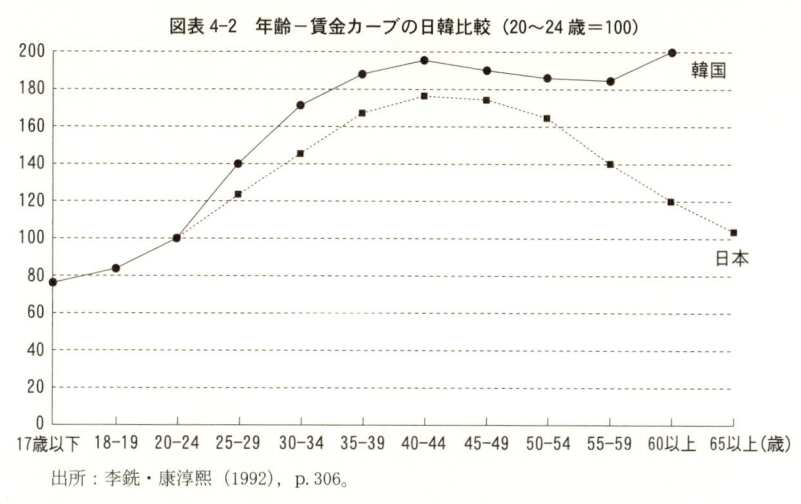

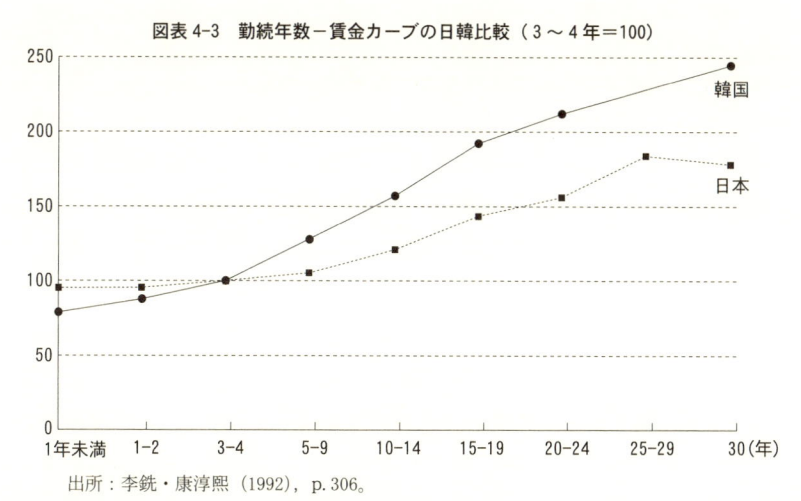

図表4-2　年齢−賃金カーブの日韓比較（20〜24歳＝100）

出所：李銑・康淳熙（1992），p.306。

図表4-3　勤続年数−賃金カーブの日韓比較（3〜4年＝100）

出所：李銑・康淳熙（1992），p.306。

韓国の企業内賃金体系に関する調査研究は1980年代に入って本格的に行なわれるようになった。いくつかの調査結果をみると，基本給の中で「年功給」の割合が最も高いという結果を示している（図表4-4）。次いで「総合給」となっているが，総合給の中には年功的な要素がかなり入っていることを考えると，韓国企業の基本給は年功によって決められているといえる。

図表4-4　基本給体系　　　　　　　　（単位：％）

	年功給	業務給 （職務給）	総合給	職能給	その他
姜正大（1980）	54.6	17.3	20.9	—	7.2
朴乃会（1984）	48.0	18.0	34.2	—	—
楊雲燮（1984）	56.0	22.0	22.0	—	—
韓国経営者総協会 （1991）	48.9	2.2	41.2	2.9	—
韓国経営者総協会 （1994）	58.2	6.3	30.1	4.2	1.3
韓国経営者総協会 （1996）	52.1	8.6	31.6	4.3	3.4

出所：姜正大（1980），朴乃会（1984），楊雲燮（1984），韓国経営者総協会（1991，1994，1996）。

また，基本給体系を日本の労働省の賃金体系調査とほぼ同様の基本給体系分類にしたがって調査したものをみると，事務職，生産職ともに「単一型体系」を採用している企業が「併存型体系」を採用している企業よりも多い（図表4-5）。単一型体系では総合給が年功給を若干上回っている。併存型体系では年功・職務給が最も多い[4]。規模別でみると，規模が大きいほど年功給項目の1つで基本給が決まる単一型体系を採用している企業の割合が高く，大企業ほど年齢，勤続年数などの属人的要素によって賃金が決定されている。

このような年功給体系は基本給の昇給の決め方にも現れている。安・安（1991）の調査によると，昇給の際，最も重視されるものを上位3つまで挙げてみると，重工業を除いて事務職・生産職ともに第1位として「勤続年数」が挙げられた（図表4-6）。一般に韓国では基本給の昇給は定期昇給によって実施され，毎年賃金が上がる仕組みとなっている。しかも，この定期昇給は個々人の人事考課成績とは関係なく勤続年数によって自動的に上がる。査定昇給は

図表 4-5　基本給体系の類型　　　　　　　　(単位：%)

		単一型体系				併存型体系			
		小計	年功給	職務給	総合給	小計	年功・職務給	年功・職能給	職務・職能給
事務職	299人以下	72.7	16.7	13.6	42.4	27.3	15.2	3.0	9.1
	300－999人	52.9	26.5	8.8	17.6	47.0	23.5	14.7	8.8
	1,000人以上	66.0	47.2	7.5	11.3	34.0	20.8	9.4	3.8
	事務職平均	69.7	25.6	12.8	31.3	30.4	18.1	5.3	7.0
生産職	299人以下	72.0	21.1	12.3	38.6	28.0	10.5	7.0	10.5
	300－999人	49.9	33.3	8.3	8.3	50.0	16.7	20.8	12.5
	1,000人以上	64.1	46.2	5.1	12.8	35.8	17.9	12.8	5.1
	生産職平均	64.8	25.8	12.6	26.4	35.2	13.2	12.6	9.4

出所：安春植・安熙卓（1991），pp. 143-144 より再作成。

図表 4-6　昇給の際最も重視される要素　　　　　　　(単位：%)

	事務職			生産職		
	第1位	第2位	第3位	第1位	第2位	第3位
軽工業	勤続年数(48.8)	個人の能力(30.2)	個人の業績(14.0)	勤続年数(47.4)	個人の能力(23.7)	個人の業績(13.2)
重工業	個人の能力(32.3)	勤続年数(29.0)	個人の業績(25.8)	勤続年数(34.8)	個人の能力(28.3)	個人の業績(24.5)
その他製造業	勤続年数(40.0)	個人の能力(31.4)	個人の業績(25.7)	勤続年数(41.3)	個人の業績(32.4)	個人の能力(23.5)
金融・保険業	勤続年数(82.6)	個人の能力(8.7)	個人の業績(4.3)／学歴(4.3)	－	－	－
その他	勤続年数(52.6)	個人の能力(21.6)	個人の業績(19.5)	勤続年数(50.0)	個人の能力(27.8)	個人の業績(22.2)

出所：安春植・安熙卓（1991），p. 69。

ほとんどないといっても過言ではない[5]。人事考課は主に昇進・昇格のために行なわれているのが現状である。

　韓国では日本と同様に定期的に賞与が支払われる。賞与の種類も定期賞与をはじめ年末賞与，夏季賞与，冬季賞与，インセンティブ賞与，お盆やお正月の特別賞与，創立特別賞与，特別慰労金などさまざまである[6]。これらのうち，定期賞与が最も一般的である。しかし，その支給方法は会社や個人の業績とは

関係なく全員一律に支払われる固定賞与として支給されてきた。安（1994）の調査によると，賞与への人事考課の活用は8.2％にとどまっている[7]。

このように，韓国の賃金制度は年功給を根幹としており，とくに勤続年数が賃金決定の重要な要素となっていた。また，1987年の労働者大闘争にはじまる労働組合組織の拡大を基盤とした団体交渉による賃金決定の定着と，それによる賃金水準の急激な上昇があった。団体交渉過程において各種の手当が新設され，賃金体系も複雑化した。また，生産性向上を上回る賃上げとともに賃金の決定が個人の能力や業績とは関係なく，年功序列によって行なわれ，労働費用の負担が重くなり，従業員に対する動機づけ機能も失われていた。当時，韓国経営者総協会を中心とした経済界は能力主義賃金体系の導入を積極的に推し進めていた[8]。

韓国の使用者団体である韓国経営者総協会は，1991年に非合理的な賃金制度を改善するためのプロジェクトチームを発足させ，年功序列賃金制度の改革に取り組んだ。その成果を基に，年功主義から脱皮し能力主義へと移行すべく能力主義賃金制度を打ち出した[9]。それを契機に浦項製鉄（1990），韓国電子（1991）などで職能給が導入された。浦項製鉄は基本給を単一号俸制[10]の本俸と職能給に，韓国電子は基本給を年齢給と職能給に賃金制度改革を行なった。職務の概念が薄い韓国では職務給より能力を基準とする職能給が韓国の組織風土に適したからである[11]。また，斗山グループでは1994年に韓国で最初に管理職を対象に年俸制を導入した。

このような賃金制度改革が活発化する中で，成果主義賃金に火をつけたのが1997年の経済危機である。当時，経済再建のために企業競争力の強化が最大の課題となって整理解雇制の法制化が実現され，余剰人員の削減はこれまでの安定的な雇用を保障できなくなった。労働組合も「賃金か雇用か」の2つの選択肢に狭まれ，これまでの賃上げ要求から雇用安定に力をいれるようになった。企業競争力の強化のため賃金凍結や賃金カットも行なわれた。このような状況の中で成果主義に基づく賃金制度の改革が速い速度で行なわれるようになった[12]。

3. 成果主義と年俸制

(1) 成果主義の概念

　成果主義という用語は年功主義・能力主義との対立概念として使われる場合が多い。成果主義に類似する用語として，業績主義とか実績主義という用語も使われている。これも成果主義と同様に，業績に基づく処遇とか実績に基づく処遇の概念を示すもので，このとき成果という概念が業績とか実績の概念に一致するのであれば，すなわち「成果＝業績＝実績」であれば，「成果主義＝業績主義＝実績主義」ということになる[13]。

　ここではいくつかの成果主義の定義をみてみよう。① 笹島（2004）は「成果主義とは個人成果に基づき従業員を処遇すること」[14]であるとし，年功主義が年功を基準とする処遇の概念を，能力主義が能力を基準とする処遇の概念を示していることに対応するという。② 高橋（1999）は「成果主義の目的は，成果貢献度によって給与を決めることではあるが，単に給与コントロールの問題だけでなく，会社のビジョンに合った成果志向の強い行動を引き出すことが本来最も重要な目的である」[15]という。③ 日本経団連（2002）は「成果主義とは把握しにくい個人の能力をアウトプットされた成果（業績）を通して評価しようとするものであり，ある意味では能力主義を補完する性格をもつ[16]」という。④ 奥西（2001）は「成果主義とは賃金決定要因として，成果を左右する原因となる諸変数（技能，知識，努力など）よりも，結果としての成果をより重視すること，そして，長期的な成果よりも短期的な成果を重視すること，さらに，実際の賃金により大きな格差をつけること[17]」であるという。⑤ 玄田・神林・篠崎（2001）は「成果主義とは社員の企業に対する顕在的な貢献度を成果として評価し，それを処遇に結びつけることを人事管理の基準とする考え方をさす」[18]としている。さらに，その評価は，多くの場合，年間目標管理のように一定期間内に実現される貢献が評価対象とされ，期間が特定化されていなかったり，長期的にしか実現しない成果は，成果主義の考え方には含まれないとして潜在的な能力の水準やその長期的な成長度が評価や処遇の主な対象

とはならないことを指摘している[19]）。

　それでは年功主義・能力主義・成果主義はそれぞれどのような違いがあるのか。笹島（2002）は処遇格差の大きさと個人成果を処遇に反映するタイムスパンの角度から，三者の相互関係を示している（図表4-7）。成果主義は，個人成果を短期間に賃金に反映する傾向が強く，いわば短期決済型の賃金の考え方であるのに対して，年功主義は，長期間にわたって徐々に差をつけて，長い間には大きな処遇格差がつく，いわゆる長期勤続を前提とした長期決済型の賃金の考え方である。能力主義は成果主義と年功主義の中間的な位置にあるとしている[20]）。

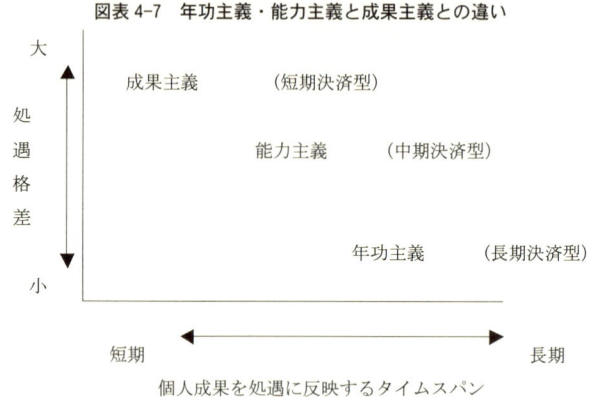

図表4-7　年功主義・能力主義と成果主義との違い

処遇格差		
大	成果主義	（短期決済型）
	能力主義	（中期決済型）
小	年功主義	（長期決済型）
	短期　←→　長期	
	個人成果を処遇に反映するタイムスパン	

出所：笹島芳雄（2002），p.36より引用。

　以上のように，成果主義に対する定義やとらえ方は人によって表現が多少違うものの，個々人の成果・業績・貢献度を評価し，それを人事処遇に反映する考え方であるといえる。また，成果主義は一般に，成果主義賃金[21]）として用いられる場合が多く，これまでの賃金制度の中の年功的要素をできるだけ排除し，仕事の成果や貢献度に基づいて賃金決定を行なう賃金制度であるといえる。

(2)　年俸制の誤解

　成果主義賃金の代表的なものとして年俸制があげられる。しかし，この年俸制をめぐって韓国では混乱が生じた。韓国で年俸制に対する諸定義をみると，

さまざまである。労働部（2002）は「年俸制とは勤労者個々人の能力・実績および貢献度を評価し，年間賃金額を策定する個人別成果給制である[22]」としており，韓国経営者総協会（1994）では「年俸制とは一定期間（普通1年）の賃金を業績や貢献度を基準に決定する賃金で，勤務年数によって賃金が上昇する自動昇給の代わりに実績評価や交渉によって毎年年俸額が決定されるものである[23]」としている。また，金スンハン（1998）は「年間ベースで賃金総額に影響を及ぼす評価を行ない，これを反映する方法の賃金制度である[24]」としており，劉圭昌・朴宇成（1998）は「年俸制とは一種の個別成果給であり，一年間受け取る総額を一定期間観察された成果（あるいは能力）に基づいて決定され，未来の成果が高まることを期待する動機づけ型賃金体系である[25]」としている。

　以上の年俸制に対する定義を総合してみると，第1に，賃金が年間で決定されること，第2に，賃金が能力・業績・貢献度によって決定されること，第3に，交渉によって決定されることである。このような年俸制は，多くの人はプロ野球の選手に適用される契約年俸制と理解し，年俸制に賛成・反対の議論がなされた。それは年俸制とは何かという正確な理解がないまま，流行的に導入されたからである。まず，年俸制の言葉であるが，米国企業は年俸制を導入していることである。果たしてそうなのか。米国企業では年俸制という言葉はどこにも見当たらない。merit pay とか pay for performance という言葉はよく使われている。米国の賃金制度は基本的に職務給である。職務等級別に一定の幅（range）をもった範囲職務給として設計されている。この職務給がいわゆる基本給で年間の賃金（年俸）で示されている。また，採用の際には，年俸の交渉が行なわれる。このような賃金制度を年俸制として捉えるのは問題がある。

　つぎに，年俸制の運用に関連しては，毎年，年俸契約書を交わすことと年俸の変動が大きいということである。しかし，米国企業では毎年年俸改正のための交渉が行なわれることはあまりない。ただし，年俸の昇給率に影響を及ぼす人事考課結果について納得できない場合は同意をしないことがある。一般的に，年俸契約が存在しているわけではなく，次年度の昇給率（額）が部門長から個々人に口頭あるいは文書で知らされる。年俸契約が行なわれる例はかなり

限られているといってよい[26]。

韓国進出の欧米企業の人事担当者は自社の賃金制度を「職務成果給」と呼んでおり，決して年俸制とは言わない。したがって，年俸制はプロ野球選手に適用される契約年俸制とは区別し，あくまで企業内の個人の賃金の決め方と上がり方を表わす賃金決定の1つの方法として捉えるのが妥当であろう[27]。

4. 成果主義賃金制度の現状

(1) 賃金制度の改革

韓国で成果主義賃金として年俸制が注目されてきた背景には，複数の要因が考えられる。その中でも最も大きな要因は年功序列賃金に対する反省である。労働政策研究・研修機構（2009）が実施した調査で，韓国企業が過去5年間で実施した賃金分野における改革内容をみると，年功ではなく個人の成果によって賃金が決定される成果主義賃金制度の導入である。すなわち，「年俸制の導入」が64.6％で最も多く，次いで「業績給・成果給の導入」（55.7％），「能力給の割合の拡大」（38.0％），「職務給・役割給の導入」（34.6％）の順で，賃金体

図表4-8　過去5年の基本給と賞与の改革と今後の計画　　（単位：％）

		過去5年	今後の計画
基本給の改革	年俸制の導入	64.6	71.3
	定期昇給の縮小・廃止	4.1	5.9
	年齢給の縮小・廃止	3.6	5.2
	昇給幅の拡大	11.3	12.2
	業績給・成果給の導入	55.7	60.5
	職務給・役割給の導入	34.6	37.6
	能力給部分の拡大	38.0	43.9
	市場の賃金水準や相場との連動を強化	27.2	28.3
	家族手当など生活手当の基本給組み入れ	20.6	21.4
賞与の改編	個人業績と連動する部分の拡大	28.6	31.9
	事業部など部門別業績賞与の導入	22.9	25.9
	一時金・報奨金制度の導入・拡大	11.5	15.0
	企業業績と賞与の連動を強化	24.2	26.1
	ストックオプションの導入	4.0	5.5

出所：労働政策研究・研修機構（2009），p.14より再作成。

系そのものを変えようとする急進的な傾向が強い。今後の基本給の改革方針も同じような結果となっている。賞与の改革では,「個人業績と連動する部分の拡大」(28.6%),「企業業績と賞与との連動を強化」(24.2%),「事業部など部門別業績賞与の導入」(22.9%) の割合が高く,今後の方向性も同様の結果となっている(図表4-8)。

このような成果主義の導入理由についてみると,「従業員のやる気を引き出すため」が63.8%と最も高く,次いで「従業員個々人の目標を明確にするため」(48.6%),「会社業績対応で人件費を調整」(43.1%),「評価・処遇制度の納得性を高めるため」(42.6%) の順となっている。「人件費削減のため」は4.3%にとどまっている[28]。

(2) 年俸制の導入状況

韓国では90年代から年功序列賃金を能力や成果を重視する賃金に改めるという認識の下で,成果主義賃金としての年俸制が広がった。労働部の「2008年賃金制度実態調査」[29]によって年俸制の導入状況をみてみよう。それによると,年俸制の導入率は1996年に1.6%であったのが2000年は23.0%,2002年は32.3%,2004年には43.0%,2006年には50.6%,2008年には57.4%へと大幅に増加してきている(図表4-9)。2008年調査を企業規模別でみると,300人未満が54.7%,300－999人が60.3%,1,000人以上では79.0%と規模に関係な

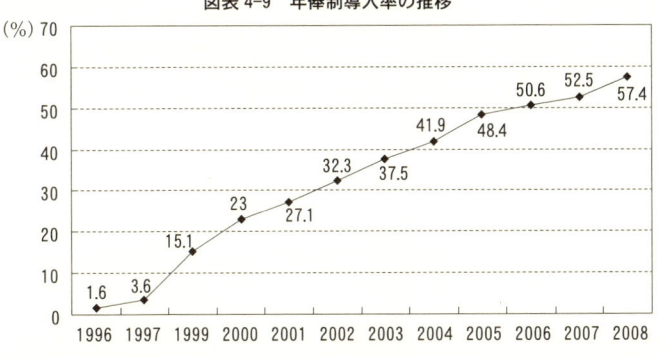

図表4-9 年俸制導入率の推移

出所:労働部(2003), p.1及び労働部(2008), p.43より作成。

く導入率が高い[30]。年俸制の適用対象は，管理・専門職に適しているといわれているが，韓国では一般社員層にまで適用されている。

年俸制の導入時期は，大韓商工会議所（1998）の調査によると，1990年以前に年俸制を導入した企業は1社もなく，「1990-95年」が26.3%，「1996-97年」が33.3%，「1998年以後」が40.4%を占め，韓国では1990年代，とくに1997年の経済危機以降に成果主義を強めてきたことがわかる[31]。

年俸制とともにさまざまな成果給制度も導入されている（図表4-10）。韓国職業能力開発院（2008）の調査によると，成果給制度の中で，特に「個人成果給」（49.0%）と「全社成果給」（52.2%）の実施率が高い[32]。「チーム成果給」や「事業部成果給」は2割強となっている。「利潤分配制度」や「利益配分制度」の実施率は少数にとどまっている[33]。

図表4-10　成果給制度の実施状況

区　　　分	割合（%）
個人成果給	49.0
チーム成果給	23.1
事業部成果給	21.8
全社成果給	52.2
利潤分配制度（profit sharing）	16.3
利益配分制度（gain sharing）	5.7

出所：韓国職業能力開発院（2008），p.126。

(3) 年俸制の類型

韓国企業で導入されている年俸制には種々の類型がある。年俸を構成する項目が企業によって多様であるということである。年俸構成項目が1つの項目になっている，いわゆる「単一型年俸制」を採用している企業と2つ以上の項目からなっている，いわゆる「併存型年俸制」を採用している企業の2つの類型がある。単一型年俸制は年俸全体を一括して決めるものであるが，このような年俸制を採用している企業は少数である。基本給，諸手当，賞与の3つの部分から構成されている従来の賃金体系を踏襲した併存型年俸制の形態が圧倒的に多い。

併存型年俸制は企業によってその構成項目の名称はさまざまである。たとえば，固定年俸と変動年俸，標準年俸と業績加給，年俸と職務給と成果給，基本

給と能力給，基本年俸と成果給，本俸と業績給，基準年俸と加減給，年俸給とインセンティブ，基礎給と奨励給などがそれである。これらの年俸構成を大分類すると，基本年俸と業績年俸となる。基本年俸は比較的に安定的な部分であり，業績年俸は変動的な部分である。この併存型年俸制の大きな特徴は，賃金の安定性を保ちながら一方では成果・業績を反映して賃金の弾力化を図ることにある。

労働部（2003）は年俸制の類型を純粋成果給，成果加給，混合型，年収型の4つに分けて調査している[34]。それによると，「混合型」が44.2％で最も多く，次いで「年収型」19.1％，「成果加給」17.5％，「純粋成果給」12.0％の順となっている（図表4-11）。したがって，韓国の多くの企業は従来の賃金体系の延長線上で，年功主義に成果主義を加味した年俸制を導入していることがわかる。

年俸総額のうち，業績年俸（変動給）の比率は「10％未満」が43.6％と最も多く，次いで「10-30％未満」（34.8％），「30-50％未満」（10.4％）の順となっている[35]。

図表4-11 年俸制の類型

	基本給（基本年俸）	業績給（ボーナス）	割合（％）
成果加給 （merit bonus）	職級・職能別同一引上率適用	非累積方式で個人別に支給	14.8
混合型	現在の基本給を基準に業績によって個人別引上率適用	非累積方式で個人別に支給	45.4
純粋成果給型 （merit pay）	基本給・業績給の区分なく全体に対して個人別引上率適用		13.2
年収型	成果による個人別の差がなく既存の基本給，手当，賞与を統合し，単純化した形態		20.6

注：非累積方式とは，前年度の支給額を基準としないで，当該年度のみの業績によって支給額の全額が変動できる形態。
出所：労働部（2003），p.4。

(4) 年俸算定のための評価方法と年俸格差

労働部（2003）の調査によると，年俸算定のための評価方法は「絶対評価と相対評価」を併用している企業が58.8％と過半数を占めている。「絶対評価のみ」と「相対評価のみ」はそれぞれ14.8％，23.5％となっている。評価基準と

しては業績考課を主に行なうが，能力考課も参考とする企業が43.9%と最も多く，次いで業績と能力を同一比重で評価する企業が38.3%となっている。業績のみを評価する企業は5.2%にとどまっている[36]。このように韓国企業の多くは年俸の決め方として業績だけでなく業績以外の能力についても評価を行なっていることがわかる。また，業績を評価する際には「個人業績と集団業績」を同時に評価している企業が74.2%と最も多い。「個人業績のみ」の評価は18.9%となっている[37]。このような評価方法を採用しているのは，成果主義による個人プレーを防ぎ，チームワークを重視した働き方の反映であろう。

業績考課による最上位者と最下位者との年俸格差はどれくらいなのか。労働部調査（2003）によると，いずれの職級においても「10%未満」が最も多い。次いで「10－20%未満」となっているが，この両者を合わせると，過半数の企業で20%未満が最も多いことになる[38]（図表4-12）。

図表4-12 業績考課による最上位者と最下位者との年俸格差 （単位：%）

	10%未満	10－20%未満	20－40%未満	40%以上
役員クラス以上	32.8	23.9	11.7	5.1
部長・課長クラス	34.8	31.5	13.6	4.9
代理クラス以下	33.1	26.3	10.0	3.4

出所：労働部（2003），p.5。

(5) 年俸制の問題点

労働部（2005）の調査によると，年俸制の問題点として「評価に対する不信」が60.6%と最も多く，「短期的な実績に偏る」（16.4%），「雇用不安意識の拡散」（12.7%），「職員間の過度な競争」（5.8%）の順となっている[39]。とくに，年俸制の問題点として「雇用不安意識の拡散」が挙げられていることは，年俸制は雇用契約ではないものの，実際には成果が不振であった場合に年俸制が退社させる圧力となるという点を反映していると解釈できる。また，宣ハンスン（2000）の調査においても，年俸制の問題点として，短期的な業績と結果のみを追求，部署別の業績の差異による部署間の違和感の醸成，個人の業績を重視する余り組織力の弱化が指摘されている[40]。

5. 年俸制の企業事例[41]

(1) A 社の年俸制

　A 社は家電，情報通信，半導体事業を行なっている従業員約 44,000 人の大手企業である。同社は 1998 年に課長以上の管理職を対象に年俸制を導入したが，1999 年には大卒以上の社員全員に年俸制を拡大した。同社が年俸制を導入した大きな理由の 1 つとして，これまでの集団的な賃金管理から業績・能力による個人別賃金管理への移行が挙げられる。これまでの年功序列による号俸制や定期昇給制を廃止し成果による報償の差別化を通して社員の動機づけを図ることをねらいとしている。年俸制導入以前の賃金は，勤続年数によって自動的に上がる部分と人事考課によって差がつく部分とに分かれていた。しかし，人事考課によって差はつけていたものの，その格差は小さく，社員の動機づけに結びつかなかった。

　同社の年俸制の特徴はそれを導入する以前の賃金体系と比較することによって明確にすることができる（図表 4-13）。旧賃金体系は大きく基本給（共通給と能力給），自己啓発費，諸手当（家族手当，管理者手当など），賞与，そしてインセンティブ（成果給）から構成されていたが，年俸制の導入によって複雑に分かれていた賃金項目は再構成された。ただし，自己啓発費については，管理職の場合は年俸に吸収したものの，非管理職については，そのまま残してある。

　同社の年俸制は基本給，能力給，賞与からなる年俸と諸手当，そしてインセンティブから構成されている。基本給は同一職級であれば同一金額で支払われるもので固定給である。同一職級では年次に関係なく同一の基本給を定額で支払う。基本給に対する査定はなく，ベース・アップによって自動的に上昇する安定した賃金項目である。基本給は毎年累積（積み上げ方式）[42]される。これを同社では基本年俸という。一方，能力給は職級別に同一金額で設定されている変動給で，個人の人事考課成績によって昇給率が加減される。これを同社では業績年俸という。定期昇給がないため年収増加を望むなら，業績を上げる努

力をするしか方法がない。年俸の格差はこれによって生じることになる。業績年俸は非累積（洗い替え方式)[43]であるため，敗者復活が可能である。

図表4-13　賃金体系の新旧比較（A社）

〈旧賃金体系〉		〈新賃金体系〉	
月給与	共通給	月給与	基本給（55%）
	能力給		
	自己啓発費		能力給（45%）
	諸手当		
附加給与	定期賞与（500%）		正月・盆の帰省旅費（200%）
	賞与加給		
	正月・盆の帰省旅費		その他手当（法定手当，資格免許手当等）
	その他手当		
	インセンティブ		インセンティブ／成果給

（右側：年俸／手当）

基本給と能力給の構成比率は基本給が55％で，能力給は45％を占めている。年俸の支払いは毎月均等に分割して支給しているが，年俸のうち正月と盆のときの賞与（200%）は別途に支払われる。年俸額は毎年3月に確定される。

年俸についての話し合いは管理職は役員クラス，一般社員は部長クラスとの間で行なわれ，年俸合意に至ると年俸契約書を作成する。年俸に異議がある場合には人事部に申し出ることができる。その際，考課者がもう一度評価結果についてレビューを行ない，年俸審査委員会で再審されることになる。

年俸の調整は一律にベース・アップを行なった後，5段階の評価等級により，個々人の昇給率が決まる。評価等級は毎年2月に前年度の業績考課と能力考課の成績で決まる。能力給の調整は評価等級別に定められている加減給を適用している。人事考課成績が最優秀の場合には最大100％が加給され，逆に最悪の場合には15％が減給される。人事部はガイドラインだけを提示し，加減給は現場にその権限が委ねられ，各部門内で行なう。

このように能力給によって年俸の減額はもちろんのこと，個人間の年俸の格差が大きく，職級間に年俸の逆転もありうる仕組みとなっている。

年俸決定のための評価は目標管理による業績考課と能力考課がそれぞれ年1回行なわれ，総合評価される。業績考課は個人業績のみを評価する。評価方法

はまず本人が点数で絶対考課を行なった後，各部門内で評価等級別に相対区分される。業績と能力の反映比率は業績60％，能力40％である。

年俸制を適用していない社員に対しては賞与についてのみ差をつけている。人事考課成績が優れた者に対してAは＋100％，Bは＋50％を加給して上半期と下半期に賞与を支給する。

同社の人事担当者は年俸制の導入によって社員の態度や組織の雰囲気も変わり，成果主義の企業文化が徐々に定着しつつあるという。反面，年俸制の鍵ともいえる人事考課制度については改善の余地があるという。

(2) B社の年俸制

B社は食品，醗酵，建設事業などを行なっている従業員約3,000人の大手企業である。同社は1995年に営業職の全員と代理以上を対象に年俸制を導入した。年俸制の適用対象者は全従業員のうち約30％（900人）を占めている。同社の年俸制導入の目的は能力中心の賃金体系の導入による社員の動機づけ，効果的な賃金管理や合理的な成果配分の実現，優秀な人材確保と維持をねらいとしている。年俸制導入以前の賃金決定は個人の能力や業績とは関係なく全社員が自動的に年功によって号俸が上がる仕組みであった。

同社の旧賃金体系は基本給，諸手当，賞与からなっていた。諸手当には勤続手当，家族手当，資格手当，職責手当などがあった。これらのうち家族手当，職責手当，資格免許手当を残してすべて年俸に吸収した。年俸制は基準給，業績給，一部手当で構成されている。基準給と業績給の構成比率は前者が70％，後者が30％である（図表4-14）。

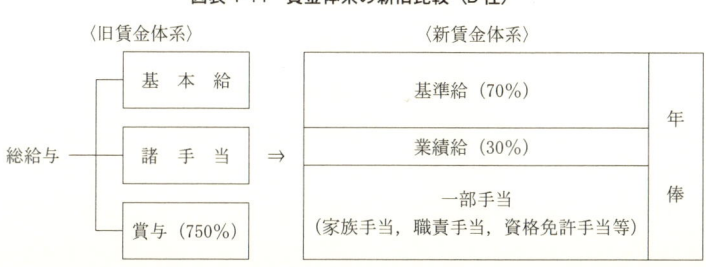

図表4-14 賃金体系の新旧比較（B社）

〈旧賃金体系〉　　　　　　　　　〈新賃金体系〉

総給与	基本給	⇒	基準給（70％）	年俸
	諸手当		業績給（30％）	
	賞与（750％）		一部手当 （家族手当，職責手当，資格免許手当等）	

同社では基準給と業績給を合わせたものを基準年俸と呼んでおり，それに諸手当を加えたものを総年俸という。基準給は同一資格等級であれば同一金額が支払われる固定給である。一方，業績給は変動給の性格で業績及び能力考課の結果によって決まる。ベース・アップは一切行なわない。

年俸の調整は個人の基準給に査定による業績給の昇給率を掛けたもので決まる仕組みとなっている。業績給の昇給率は評価結果と個人の年俸が自分の資格等級別に設定された年俸のレンジの中の位置に応じて基準給（pay band）と業績考課（performance evaluation band）のマトリックスによって決定される（図表4-15）。人事考課成績がよい人ほど，またレンジの中の位置が低い人ほど昇給率が大きくなる仕組みになっている。しかし，成績が悪くても昇給率がゼロになることはあるが減額されることはない。業績給は毎年積み上げられる。年俸の格差はこの昇給率によって差が生じる。年俸が下がることはないが成績によって年俸の逆転はありうる。

図表4-15　業績給の適用基準

pay band	I	12%	4%	1%		
	II	14%	6%	2%		
	III	16%	8%	3%	1%	
	IV	18%	10%	6%	2%	
	V	20%	12%	8%	3%	
		S	A	B	C	D
		performance evaluation band				

年俸の決定は能力と業績によって決まる。年俸制を導入した当初は保有能力を30％反映していたが，1999年に年俸制はあくまでも業績で評価しないと意味がないということで業績のみを100％反映するようになった。そして2001年からは達成度だけを評価しては結果主義になりがちであるため，目標達成に至るまでの過程も重要であることから発揮能力50％，業績50％を反映している。すなわち，結果だけでなくプロセス評価も取り入れている。

年俸を決定するための評価は年1回，能力考課と業績考課を行ない，これらを総合評価する。業績考課は目標管理制度を導入して個人業績とチーム（組織）業績をともに評価することになっている。その際，個人業績を80％，

チーム（組織）業績を20%反映している。人事担当者はチーム（組織）業績を評価するのは，個人業績だけを評価すると自己中心的になり易くチームワークを損なうおそれがあるためという。チーム評価を取り入れたことによって自分がいくら頑張って成果を上げてもチーム（組織）の業績が悪ければ年俸の昇給率は低くなることになる。評価は絶対考課で行なわれるが，年俸調整のため評価等級別に相対区分される。

年俸の改正は毎年3月に行なわれる。年俸の支払いは毎月均等に支払うが，賞与は従来の慣行にしたがって別途に支払われる。賞与を従来通り支払うことについては年俸適用者の多数の意見を尊重したことと会社側としても全社的に統一した方がいいという判断があったためだと人事担当者はいう。

年俸の契約は本人と直属上司の間で行なわれ，年俸契約書に署名することになっている。また，年俸額は本人に通知される。年俸に異議がある場合には人事部に申し出ることができる。申し出があると人事委員会で再審査される。

年俸制が適用されない社員に対しては「成果号俸制」を導入している。これは評価等級のBを標準としてSは4号俸，Aは3号俸，Bは2号俸，Cは1号俸，Dは0号俸として適用される。

同社の人事担当者は年俸制の導入による成果として，それが生産性向上にどれくらい寄与したかどうか判断は難しいが，従来に比べて仕事に対する姿勢や組織内の雰囲気が大きく変わったことを評価している。一方，評価の公正さという面においてはまだまだ問題があるものの持続的に考課者訓練を行ないながら公正な人事考課を確立していくという。

6. おわりに

以上，韓国企業のこれまでの賃金制度の特徴と成果主義賃金としての年俸制の実態についてみてきた。経済危機以前と以降とでは賃金制度が大きく変わってきていることがわかる。賃金決定において，従来のように賃金が年々自動的に上昇するという意味での年功賃金のウェイトが小さくなっている。号俸制や定期昇給の廃止，査定昇給の拡大，家族手当，生活手当などの縮小・廃止，そ

して固定賞与の廃止，業績連動賞与や成果給の導入がその例である。現在，導入されつつある年俸制が本来の年俸制であるかどうかの議論は別として，賃金決定において成果・業績が反映されるような賃金制度として定着しつつあることは評価すべきである。

　従来のような賃金が年々上がることを前提とした賃金制度と比べれば，大きな変化である。このような韓国企業の実態は日本の年俸制とかなり似通っている。それはかつて日本の人事・賃金制度などを韓国企業がベンチマーキングしてきたのと同様，年俸制も日本から大いに影響を受けているからである。

　韓国ではこのような年俸制を導入しなくても成果主義の考え方を従来の賃金制度に加えることができるのではないかという指摘もあるが，あえて企業が年俸制という成果主義の考えをより前面に打ち出しているのは，制度改革により年俸制とした方が効果が大きいからではないかと思われる。

　今後，韓国企業が年俸制を導入するか否かはともかく，賃金決定要素として年功に代わる成果主義の考え方をとり入れた業績を賃金に反映させる制度改革は続くと思われる。ただし，その際，賃金は従業員にとって生活の基本を補うものであるから生活に大きな影響を与えるような制度改革でなく，あくまでも賃金の安定性を保ちながら組織活性化に刺激を与えるような賃金制度に変革していくだろう。

　成果主義賃金の実践においていかに公正かつ公平に成果・業績を把握するかが今後の最も重要な課題となる。成果主義に基づく処遇を強めれば強めるほど，評価制度の充実は欠かせない。成果主義の成功の鍵は人の評価にある。目標管理やコンピテンシーを導入した新しい評価手法も開発されてきている。しかし，いまだ決定的な人事考課の手法はない。従業員が納得できる，できうるかぎり客観的で，公正・公平な評価手法が求められる。そのために今後とも評価方法や考課者訓練を課題にして模索が続けられることになるであろう。

［注］
1) 韓国経営者総協会が提示した年功賃金制度の改善案は，① 年功給修正導入方案，② 職能給導入方案，③ 職務給導入方案，④ 年俸制導入方案の4つである。これらの中でそれぞれの企業の実情に合わせて新たな賃金制度を導入することを提唱している。詳しくは梁炳武・安熙卓・金在源・朴俊成（1992）『韓国の賃金管理』韓国経営者総協会参照。
2) 経済危機以降の韓国の人事・雇用環境の変化や人的資源管理の変化については，朴俊成・安熙

卓（1999）『雇用管理変化とビジョン』経総労働経済研究院及び　朴宇成・廬ヨンジン（2001）『経済危機以後人的資源管理及び労使関係変化』韓国労働研究院参照。
3）　韓国では自動的に号俸が上がることで「号俸給」と呼ぶことが多い。
4）　安春植・安熙卓（1991）『韓国企業の昇進・昇給に関する研究』経総労働経済研究院，p. 67。
5）　企業内の賃金体系を分析する際には，「賃金の決め方」と「上がり方」の2つの問題を考慮しなければならないという議論がある。つまり，年齢や勤続年数によって自動的に決まる属人給と職務の難易度や職務遂行能力に応じて決まる仕事給といった場合，必ずしも実際の運用においては属人給であっても能力を反映した賃金制度であったり，仕事給であっても年功的に運用される場合があるということである。したがって，企業内賃金制度を論ずるに当たっては，考課査定と結びつけて考えなければならない。この点については，三谷直紀（1997）『企業内賃金構造と労働市場』勁草書房，第3章参照。
6）　韓国経営者総協会（1994）『韓国企業の賃金管理実態』，p. 20。
7）　安熙卓（1994）『韓国企業の人事考課実態』経総労働経済研究院，p. 55。
8）　当時の賃金体系をめぐる経済界の動きを整理したものとして，佐藤静香（2003）「韓国財閥企業における大卒ホワイトカラーの賃金管理―S化学の事例」『大原社会問題研究所雑誌』No.536，pp. 27-31参照。
9）　韓国経営者総協会の研究プロジェクトの成果は，梁炳武・安熙卓・朴埈成・金在源（1992），前掲書参照。
10）　単一号俸制とは学歴や性別そして職級に関係なく全社員に対して一律に支給される賃金項目である。いわゆる生活保障としての年功給である。
11）　職能給については，梁炳武・安熙卓（1993）『職能給の理論と実際』韓国経営者総協会を参照。
12）　年俸制の導入目的について労働者は人件費の削減や整理解雇の手段として受け止める見方が強く，企業側の導入目的と相反する結果が出されている。この点については，朴庚圭（1999）『韓国企業の年俸制設計方案』商工会議所参照。
13）　笹島芳雄監修（2004）『成果主義人事・賃金Ⅶ』社会経済生産性本部，p. 10。
14）　同上，p. 10。
15）　高橋俊介（2001）『成果主義　どうすればそれが経営改革につながるのか？』東洋経済新報社，p. 65。
16）　日経連経済調査部編（1996）『春季労使交渉の手引き』日本経団連出版，p. 147。
17）　奥西好夫（2001）「成果主義賃金導入の条件」『組織科学』Vol.34 No.3，p. 6。
18）　玄田有史・神林龍・篠崎武久（2001）「成果主義と能力開発：結果としての労働意欲」『組織科学』Vol.34 No.3，p. 18。
19）　玄田有史・神林龍・篠崎武久（2001），上掲論文，p. 18。
20）　笹島芳雄（2002）「成果主義の概念」楠田丘編『日本型成果主義人事・賃金制度の枠組と設計』生産性出版，p. 36。
21）　成果主義賃金という言葉は，アメリカではPay for Performanceが一般的に使われている。
22）　労働部（2005）『年俸制・成果配分制実態調査』。
23）　韓国経営者総協会（1994）『韓国企業の賃金管理実態』同協会，p. 99。
24）　金スンハン（1998）『K年俸制と目標管理評価システム』韓国能率協会，p. 32。
25）　劉圭昌・朴宇成（1998）「年俸制賃金制度の導入と効果に関する理論的考察」『発表論文集』韓国人事組織学会，9月26日。
26）　アメリカの場合，プロ野球選手のような契約年俸制は外部労働市場から優秀な人材を確保せねばならない必要がある場合に限られている。たとえば，経営層や管理監督職，専門技術職がそれである（安熙卓（1998）『年俸制設計と年俸評価実務』韓国経営者総協会，p. 19）。

27) 年俸制をQ&A式で解説したものとしては，安煕卓（2000b）『年俸制Q&A』韓国人事管理協会を参照。
28) 労働政策研究・研修機構（2009）『成果主義賃金制度の日韓比較』，p. 25。
29) 労働部の「賃金制度実態調査」は2005年までは「年俸制・成果配分制度実態調査」で実施されてきたが，2006年から「賃金制度実態調査」に名称変更した。
30) 労働部（2008）『2008年賃金制度実態調査』，p. 43。
31) 大韓商工会議所（1989）『年俸制導入実態と改善課題』，p. 11。
32) それぞれの成果給制度の業種別及び規模別の実施状況については，韓国職業能力開発院（2008）『人的資本企業パネル基礎分析報告書（2008）—第2次（2007）年度資料分析—』, pp. 127-129参照。
33) 利潤分配制度（profit sharing）は，全社的な利益の一部を従業員に分配することを目的とする。利益配分制度（gain sharing）は前もって決めておいたある特定の部署の生産性，品質，コスト効率性，業績指標を基に評価して利益を分配するものである。
34) 年俸制の分類基準を年俸制の賃金の適用対象が賃金の全体であるか一部であるかと年俸賃金の引き上げが累積的であるか非累積であるかの2つの区分によって年俸制を類型化したのもある。この2つの基準によって①プロ野球選手型，②成果加給，③純粋成果給，④混合型に分類されている。これらの類型の中で韓国企業が活用できる賃金制度はプロ野球選手型を除いた3つの形態の年俸制であるとされている（劉奎昌・朴宇成編（2001）『21世紀型成果主義賃金制度』明経社，pp. 25-26）。
35) 労働部（2003）『年俸制・成果配分制実態調査結果』，p. 4。
36) 同上，p. 4。
37) 同上，p. 5。
38) 同上，p. 5。
39) 労働部（2005）『年俸制・成果配分制実態調査結果』。
40) 宣ハンスン（2000）『年俸制導入の実態と課題』韓国労働研究院，pp. 57-58。
41) 事例調査は2001年3月に韓国人事管理協会の協力の下で，年俸制を導入している企業を直接訪問して人事担当者とのヒアリング調査という形で行なわれた。
42) 積み上げ方式とは，賃金改定の方法の1つで，前年度の年俸額が下がることなく，毎年累積されていくことをいう。
43) 洗い替え方式とは，個々人に対して前年度引き上げられた賃金をベースに賃金改定を行なうのではなく，引き上げる前の賃金水準をベースに賃金調整を行なうことをいう。敗者復活方式ともいう。

第5章
韓国企業の人事考課

1. はじめに

　本章の課題は，韓国企業の人事考課制度の特徴と近年どのような変化がみられるか，その実態を明らかにすることである。韓国では1997年の経済危機以降，人事制度改革を推進するに当たって，成果主義に基づく人事制度を導入する動きが急速に広がった。グローバル化が進展する中で，これまで伝統的な人的資源管理の基本思考であった年功序列主義は国際競争力の低下をもたらすという問題点が指摘され，成果主義に基づく人事制度改革が活発に行なわれた。そこで，目標管理を中心とする業績評価やコンピテンシー評価を導入する傾向が顕著となった。成果主義は当然，仕事の達成度や会社への貢献度を評価し，報酬に結びつけるものであるから短期的な視点から評価が行なわれる。成果主義を処遇に反映させていこうとすれば，その際に問題になるのが，評価の客観性・公平性・透明性・納得性が求められることになる[1]。

　人事考課は，従業員個々人の組織に対する貢献を評価する上で不可欠であり，公平な処遇を行なうための重要な役割を担っている。人事考課を公平に実施するためには，評価目的や評価基準，評価結果などを適切に告知する情報開示の問題，従業員の仕事ぶりをよく知っている考課者が，評価される側の話を含め，さまざまな事柄を正しく判断する正確性の問題，さまざまな外的な圧力を排して，評価基準を一律に，誠実・公平に，あてはめる評価の一貫性の問題の3つの点を考えなければならない[2]。

　このように，人事考課は人的資源管理の目的である人材の有効活用と従業員の仕事への満足，そして労使関係の安定や経営社会秩序の安定のための手段として重要な機能を果たしている。いかに適切に従業員を評価し，そしてそれを

人事処遇に反映させるかは，従業員のモラールと動機づけと将来の業績に大きな影響を与えることになる。特に，人事考課は能力主義や成果主義を徹底させる上で不可欠である。

以下では，韓国における人事考課制度を歴史的に概観するとともに，人事考課制度の日米韓の比較を通して共通点と相違点について検討する。そして人事考課制度の近年の動向として，成果主義に基づく新たな評価手法の導入状況について論述する。

2. 人事考課制度の歴史

公式の人事考課を最初に作り出したのは，スコットランドの紡績工場主ロバート・オゥエン（Robert Owen）といわれている[3]。彼は19世紀の初期に性格簿（character book）を各従業員に与えて，毎日の勤務状態を記録させた。これに基づいて成績の良し悪しを性格表示板（character block）に色分けして表示したといわれている。1915年にはニューヨークのロード・アンド・テーラー百貨店（Load & Taylor Department）が健康・容姿・態度・積極性・勤勉性・正確性・誠実性・協調性・責任感・知識の要素を用いて人事考課を行なった。1917年にはスコット（Scott, W. D.）を中心としてアメリカ軍隊評定尺度（the army rating scales）が作られ，配置・昇進やその他の人事管理に活用された。それ以来，心理学者を中心に人事考課の研究が行なわれ，民間企業への導入により雇用手続やその他の人事管理面において，めざましい変革をもたらしたのである[4]。

日本においては，1920年代に米国の将校品等法や評定法・品等法・評定尺度法が紹介され，実際に，人事考課制度が労務管理の中に大きく取り上げられてきたのは，戦後である。1960年に人事院が1,000人以上を対象に行なった調査によると，人事考課の実施時期は1946－1954年の間に導入した企業が70％を占めており，人事考課の実施状況は9割以上を占めている[5]。

韓国においては，いつから人事考課が生成し始めたか，それを知りうる資料は見当たらない。しかしながら，韓国企業の社史を通して歴史研究を行なった

唯一の資料がある[6]。忠州肥料では1960年2月に職員の昇進や昇給のための基礎資料として臨時評定要領を制定したが，これが同社の人事考課制度の始まりとなった。1961年8月1日には勤務評定の基準と手続きを定める勤務評定規則を制定し実施した。当時人事考課の実施上，問題となるハロー効果，中心化傾向，寛大化傾向の防止と公正な運営を図るために，次のような人事考課運営方針を定めた。

第1に，評定方法の公正さを図るため直属上司が一次評定をした後，さらにその上の上司が二次評定をするようにした。第2に，評定は点数で表示するようにし，評定者が被評定者に対して意見・参考事項・重要事項などを具体的に記載するようにした。第3に，評定結果は報告書を作成し，社長に提出され，社長はこの報告書をもとにA・B・Cで区分し，表彰・褒章・賞与の支給を行なった。

韓国電力では従業員の勤務成績を評定するために，1962年8月に勤務評定制度を制定・実施した。評価技法は評定尺度法を導入した。評定要素としては大きく勤務成績と人物評価に区分した。勤務成績要素には業務知識・責任感・創意力・判断力・協調心・実行力・指導力・実務経験・業務遂行状態・誠実度・勤勉性が用いられた。また。人物評価要素には性格・品行・教養・健康・家庭環境が用いられた。このような勤務評定を実施した結果，寛大化傾向の深化によって1965年に勤務評定を中止し，勤務評定の見直しを行ない，1967年3月に人事考課規定を制定した。この規定では評定技法として強制配分法を導入した。評定要素は幹部社員と一般社員に区分し，それぞれ14の要素が用いられた。人事考課は年2回実施された。しかし，また評定者の寛大化傾向など評定上の問題点のため，1970年にその実施が保留された。

その後，勤務評定の見直しによって1975年1月には行動標本法による新たな勤務評定制度を開発・施行した。この評定制度は管理監督職・事務職・技術職・技能職の4種類に区分され，評定要素は20個であった。この評定制度は昇進や教育訓練に活用された。しかし，相変わらず管理監督職の場合，寛大化傾向の問題で1977年1月に再び改正を行なった。管理監督職に対しては評語法による強制配分方式を導入し，一般職員に対しては行動標本を全面的に改正・補完し各要素別のウェイトや点数を再調整した。管理監督職の評定要素は

7つになっており，秀10%，優30%，良50%，可10%の割合で強制配分して評定するようにした。

浦項製鉄では1968年の創業とともに勤務評定制度を導入した。評価は相対評価とし，評点基準は非公開とした。また，1973年には勤務評定制度を見直し，メリット・システム（merit system）を強化した。ここでは評定項目別評点比率を公開した。1976年には評定項目および細部要素別の配点基準を完全公開し，評価も絶対評価にした。

政府投資企業とともに，民間企業においても人事考課が1960年代初めから導入されるようになった。金星社（現在のLG電子）では1966年2月に人事管理業務を遂行するための人事管理諸規定が制定された。人事考課規定もこれに含まれていた。この規定に従って人事考課が実施されるようになり，客観的な評価による人事業務が行なわれた。1968年3月にはグループ共通の人事考課規定が制定され，1969年4月からこの規定によって実施された。

当時，企画室が作った人事考課案は部長と課長を除いた全社員を対象とした。考課基準は人間的要素，業務遂行能力，勤務成績および将来性など3つの考課要素から区分された。人間的要素は職務知識・勤勉性・責任制・積極性・協調性・親切さ・信頼性・自己開発心・表現力・人格であり，業務遂行能力は迅速性・正確性・理解力・判断力・注意力・企画力・調査力・実行力・交渉力・創意力であり，勤務成績および将来性は考課表上に列挙された基準の中から選択するようにした。考課点数は1,000点を満点とし，第1要素が300点，第2要素が500点，第3要素が200点とした。

東一紡績ではこれまで年功序列を基本にしながらも能力主義人事を加味し，勤務成績と職務遂行能力を昇進に反映してきた。このような人事を合理化するために1965年から人事考課制度を行なってきた。この人事考課は年2回実施され，査定のための昇進・昇給・賞与・表彰と能力開発のための教育指導や適正配置の基礎資料として活用された。

韓国ユリでは1969年に人事考課制度を導入し，賃金調整・昇級査定・昇進・配置転換・教育訓練・ボーナス査定などに利用された。

大同工業では1977年から人事考課制度を導入・実施してきた。この制度の導入当時は個人別人事考課を中心に年2回に業務遂行能力・業務実績・勤務態

度などを評価し，人事管理の基礎資料として活用された。1982年からは個人の潜在的特性の活用の他に部署別・班別業績評価制度を導入し，優秀部署の最優秀従業員には海外産業視察や定期賞与の他に成果賞与金100％，特別昇級，2号俸昇給などの破格的な処遇の特典が与えられた。また，優秀な従業員には人事考課成績によって50－100％の成果賞与と1号俸の特別昇給が与えられた。

　このように人事考課制度は，1960年代初めから政府投資企業を中心に導入し始められ，徐々に産業界に普及された。ソウル大学校経営大学経営研究所が1984年に行なった調査によると，定期的に人事考課を実施する企業は全体の58.5％となっている。規模別では大企業が75.8％で，中小企業は44.4％となっている。人事考課技法は，全体としては伝統的な序列法や評定尺度法を採用している企業が多い。規模別では大企業が強制割当法や評定尺度法の導入が多いのに対して，中小企業は序列法の導入が多い[7]。

　人事考課導入初期には，考課要素や考課方法そして考課者の心理的な偏向によって生じる考課誤差の問題など多くの問題点や試行錯誤があった。1970年代後半から1980年代に入ってからは，人事考課制度の問題点を補うために，さまざまな制度が導入された。たとえば，目標管理制度・自己申告制度・自己観察制度・公開人事考課・面談制度などがそれである[8]。

3. 人事考課制度の日米韓の比較

　遠藤（1999）は『日本の人事査定』（ミネルヴァ書房）の中で，日米の査定制度の比較を通して9つの違いを明らかにしている。比較時点は1980年代に限定している。ここでは日米に韓国を加えて3カ国の人事考課制度の比較を行なう。韓国での調査は，安（1994b）が初めて行なった『韓国企業の人事考課実態』調査に基づくものである[9]。

(1) **労働組合への適用**
　遠藤（1999）は「米国では，労働組合員に適用される制度が存在しないこと

が多いばかりではなく，制度が存在しても実質的に適用されない，すなわち，労働組合員は査定されないことが多い。日本では，労働組合員に制度が適用され，したがって，労働組合員が査定される[10]」という。この点に関しては，韓国も日本と共通している。

韓国では94.2%の企業で人事考課制度が導入されている。規模別では1,000人以上の大企業が99.0%，300－999人の中堅企業が96.2%，300人未満の中小企業が88.1%と規模を問わず広く普及している。人事考課の適用対象は「全従業員」が73.5%で最も多く，次いで「事務管理職のみ」20.4%，「生産技能職のみ」0.5%となっている。このように，韓国では日本と同じように人事考課が労働組合員に対しても適用される（図表5-1）。

図表5-1　人事考課の適用対象　（単位：%）

	全体	産業別		規模別			労組有無別	
		製造業	非製造業	300人未満	300－999人	1,000人以上	有	無
全従業員	73.5	71.3	78.7	75.2	71.3	73.3	71.3	78.4
事務管理職のみ	20.4	22.7	14.8	19.1	23.5	19.0	22.7	15.2
生産技能職のみ	0.5	0.8	－	1.4	－	－	－	1.6
その他	5.6	5.2	6.6	4.3	5.2	7.8	6.0	4.8
合計	100.0	100.0	100.0	100.0	100.0	100.0	100.0	100.0

出所：安（1994b），p.35。

(2) 査定の手法

遠藤（1999）は「米国では，査定の手法としては，評定尺度法のみならず，それに批判的なチェックリスト法やMBOなども多用される。日本では，評定尺度法が支配的である[11]」という。この点に関しては，韓国も日本と同じであるといえる。

韓国では人事考課の手法としては強制割当法（31.7%）と評定尺度法（28.9%）が多く，この2つの手法を合わせると，過半数以上を占めている（図表5-2）。このほかにも序列法や目標管理法なども利用されているが，少数にとどまっている。韓国や日本でMBOの普及があまり進んでいないのは，これまで年功主義に基づく人事処遇が支配的であったためであろう。

図表 5-2　人事考課手法　　　　　　　　　（単位：％）

	全体	産業別		規模別			労組有無別	
		製造業	非製造業	300人未満	300－999人	1,000人以上	有	無
序列法	17.1	18.4	4.3	18.5	13.5	19.0	15.7	19.3
強制割当法	31.7	27.6	39.5	21.5	37.8	37.9	32.6	30.3
評定尺度法	28.9	28.9	29.4	28.5	30.6	26.7	31.0	25.2
対照法	5.0	6.3	2.5	7.7	3.6	3.4	4.1	6.7
目標管理法（MBO）	8.5	10.0	5.9	11.5	6.3	7.8	7.0	11.8
行動基準尺度法（BARS）	6.9	7.1	5.9	10.0	7.2	2.6	6.6	6.7
その他	1.9	1.71	2.5	2.3	0.9	2.6	2.9	－
合計	100.0	100.0	100.0	100.0	100.0	100.0	100.0	100.0

出所：安（1994b），p.42。

(3) 査定制度の目的

遠藤（1999）は「米国では，査定制度の主要目的は，昇給の決定・昇進の決定・上下のコミュニケーションの促進・教育訓練の決定である。日本では，昇給や賞与など賃金の決定・昇進昇格の決定であり，上下のコミュニケーションの促進は目的とすら意識されない[12]」という。この点に関しては，韓国も日本と同じである。

韓国では昇進・昇格（48.4％）や昇給（24.3％）決定といった処遇目的が多

図表 5-3　人事考課の目的　　　　　　　　　（単位：％）

	全体	産業別		規模別			労組有無別	
		製造業	非製造業	300人未満	300－999人	1,000人以上	有	無
昇進・昇格	48.4	47.6	50.2	43.5	51.7	50.9	50.1	45.1
昇給	24.3	25.6	21.7	27.8	24.6	20.6	20.1	32.2
賞与	8.2	9.6	5.4	8.1	8.2	8.9	7.9	9.0
配置転換	9.4	8.0	12.2	5.6	9.2	12.6	11.7	4.7
教育訓練	1.6	1.3	2.3	1.6	1.4	1.9	1.4	2.1
表彰	5.4	5.1	5.9	8.5	2.9	4.2	5.9	4.3
OJT	2.1	2.4	1.4	3.2	1.9	0.5	1.8	2.6
その他	0.6	0.4	0.9	1.6	－	0.5	1.1	－
合計	100.0	100.0	100.0	100.0	100.0	100.0	100.0	100.0

出所：安（1994b），p.55。

く，教育訓練やOJTといった育成のための利用はほとんど主要目的としていない（図表5-3）。したがって，韓国の場合，日本と同じように査定の目的が処遇面に偏っている点において共通している。

(4) 職務分析

遠藤（1999）は「米国では，職務分析が実施され職務記述書がよく整備されている。日本では，職務分析はあまり実施されず，職務記述書も整備されていない[13]」という。この点に関しては，職務分析の実施率のみでみると，米国と変わらない。

韓国では職務調査や職務分析を実施したことがある企業が全体で56.6％と半数以上を占めている（図表5-4）。職務分析は米国が61％，日本が19.7％で韓国は米国並みとなっている。しかし，考課要素の選定に職務調査・職務分析を利用する企業は28.3％にとどまっている（図表5-5）。4割の企業は他社の事例を参考にしていると回答している。したがって，米国のように，職務分析に基

図表5-4　職務調査・職務分析の実施　　　　　　　　　　　（単位：％）

	全体	産業別		規模別			労組有無別	
		製造業	非製造業	300人未満	300－999人	1,000人以上	有	無
ある	56.6	55.4	60.5	52.1	59.6	58.5	59.0	52.8
ない	43.4	44.6	39.5	47.9	40.4	41.5	41.0	47.2
合計	100.0	100.0	100.0	100.0	100.0	100.0	100.0	100.0

出所：安（1994b），p.53。

図表5-5　考課要素の選定方法　　　　　　　　　　　　　（単位：％）

	全体	産業別		規模別			労組有無別	
		製造業	非製造業	300人未満	300－999人	1,000人以上	有	無
職務調査・職務分析	28.3	30.6	24.0	36.7	23.3	23.9	28.7	27.9
外部専門家の助言	6.9	6.9	6.4	4.3	7.8	8.5	7.9	4.1
他社の事例参考	40.2	37.9	44.0	33.8	40.5	48.7	43.7	32.8
担当部署で作成	20.6	21.0	20.8	22.3	22.4	15.4	16.1	30.3
その他	4.0	3.6	4.8	2.9	6.0	3.4	3.5	4.9
合計	100.0	100.0	100.0	100.0	100.0	100.0	100.0	100.0

出所：安（1994b），p.45。

づいて職務記述書がよく整備されているかどうかは判断しかねる。すなわち，職務調査・職務分析は実施されたとしてもその結果は人事考課のためというより別の目的で実施された可能性が高い。なぜならば，韓国は米国のように職務中心の管理思考が定着していないからである。

(5) 査定の評価要素

遠藤（1999）は「米国における一般従業員に対する査定の評価要素は，より客観的である。日本における一般従業員に対する査定の評価要素は，より主観的である[14]」という。この点に関しては，韓国も日本と同じである。

韓国では考課要素として日本と同じように，大きく成績・情意・能力の3つに分類できる。安（1994）の調査では考課要素については，企業ごとにばらつきが大きいことから調査項目に入れていない。ただ，考課項目を大きく3つに分類して階層別の重視度のみを調査している。それによると，管理職では能力が第1位に重視されており，一般事務職・生産技能職では情意が第1位に挙げられている（図表5-6）。能力や情意は成績に比べて抽象的であるから主観的といえる。

安（1990）が事例調査を行なったある会社の具体的な考課要素をみよう。成績・情意・能力の3つに分類すると，業績の要素は「仕事の質」「仕事の量」であり，情意の要素は「協調性」「出勤態度」「責任感」「礼節」「所属意識」

図表5-6 考課項目の重視 (単位：%)

		部長クラス以上	課長クラス以上	代理クラス以上	一般事務職社員	生産技能職社員
成績	1位	44.9	39.4	40.9	29.7	33.6
	2位	36.2	43.1	35.2	25.8	28.4
	3位	18.9	17.5	23.9	44.5	38.0
能力	1位	52.9	55.9	49.4	35.5	22.8
	2位	40.9	38.8	37.0	41.9	41.3
	3位	6.2	5.3	13.7	22.6	35.8
情意	1位	4.8	6.8	10.6	37.5	45.5
	2位	22.2	21.7	30.9	37.8	34.1
	3位	73.0	71.5	58.5	24.8	20.4

出所：安（1994b），p.63。

「原価意識」である。能力の要素は「職務知識・技能」「発揮能力」「判断力」「企画力」などである（図表5-7）。人事考課表の中には，考課要素ごとに着眼点が記述され，考課者に対して評価基準を提示しているが，その着眼点は非常に抽象的といわざるを得ない。また，職群別の考課要素は同じウェイトを占めている。幹部社員に対しても成績・情意・能力が同じウェイトで評価されるので，情意・能力の要素は特に抽象的である。

図表5-7　B社の職群別考課要素

幹部社員	事務管理職	技能職
業務の量，業務の質，職務知識，発揮能力，企画力，判断力，自己開発能力，対人関係　責任感，原価意識，創造的職務改善，協調性，経営変化に対する対応姿勢，所属意識	業務の量，業務の質，職務知識，自己啓発，所属意識，出勤態度，原価意識，協調性，礼節	作業の量，作業の質，職務知識・技能，出勤態度，責任感，順応力

出所：安（1990），p.82。

(6) 査定結果の分布制限

遠藤（1999）は「米国では，査定結果を分布制限するところは少ないが，日本では，多い。すなわち日本では，第1次査定で分布制限がない絶対評価を行なっても，第2次査定以上で，査定結果が分布制限に従うよう，相対評価に「調整」を実施する[15]」という。この点に関しては，韓国も日本と同じである。

韓国では，分布制限をするか否かは，前述の人事考課手法として強制割当法

図表5-8　相対評価と絶対評価の実施状況　　　　　　　　　　（単位：%）

	全体	産業別		規模別			労組有無別	
		製造業	非製造業	300人未満	300−999人	1,000人以上	有	無
絶対評価	26.0	27.8	22.6	35.5	17.4	22.7	23.7	30.2
相対評価	39.1	33.7	50.8	27.0	45.2	48.7	43.1	31.7
相対評価と絶対評価の併用	34.6	38.1	26.6	36.9	37.4	28.6	32.8	38.1
その他	0.3	0.4	−	0.7	−	−	0.4	−
合計	100.0	100.0	100.0	100.0	100.0	100.0	100.0	100.0

出所：安（1994b），p.50。

が最も多く利用されることから分布制限を行なっているといってよい。強制割当法はあらかじめ考課等級ごとに被考課者集団をパーセントで限定しておくことである。それは相対評価を意味するのである。安（1994）の調査では相対評価（39.1％）が絶対評価（26.0％）より多い（図表5-8）。また，考課結果は人事部が部門間の全体的なバランスを考慮して調整を行なう（図表5-9）。

図表 5-9　考課結果の調整　　　　　　　　　　　　　　（単位：％）

	全体	産業別		規模別			労組有無別	
		製造業	非製造業	300人未満	300－999人	1,000人以上	有	無
調整する	70.8	69.5	73.8	55.5	74.6	84.6	76.8	58.7
調整しない	29.2	30.5	26.2	44.5	25.4	15.4	23.2	41.3
合計	100.0	100.0	100.0	100.0	100.0	100.0	100.0	100.0

出所：安（1994b），p.77。

考課結果の調整の1つとして，考課者によるエラーが大きいことにも起因する。安（1994）の調査では考課者に現れる心理的なエラーとして「寛大化傾向」（41.5％）が最も多く，次いで「中心化傾向」（23.3％），「ハロー効果」（13.1％）の順となっている（図表5-10）。したがって，人事部ではこのような考課者による評価のばらつきを調整せざるをえない理由がある。この問題が人事考課を実施するうえで，最も大きな障碍となっているといえる。

図表 5-10　考課者によるエラー　　　　　　　　　　　　（単位：％）

	全体	産業別		規模別			労組有無別	
		製造業	非製造業	300人未満	300－999人	1,000人以上	有	無
寛大化傾向	41.5	40.7	42.9	41.5	39.9	43.8	41.6	42.0
中心化傾向	23.3	24.5	21.0	23.1	22.5	23.8	22.1	26.1
ハロー効果	13.1	11.9	15.5	11.4	13.6	13.8	13.7	10.6
厳格化傾向	2.1	2.7	0.9	2.6	3.3	0.5	2.2	1.9
論理的誤差	5.0	5.7	3.7	6.9	5.2	2.9	4.9	5.3
対比誤差	4.0	4.0	3.7	6.1	4.2	1.4	3.9	3.9
時間的誤差	1.4	1.4	1.4	1.7	0.5	2.4	0.9	2.9
年功誤差	9.6	8.9	10.9	6.6	10.8	11.4	10.6	7.2
合計	100.0	100.0	100.0	100.0	100.0	100.0	100.0	100.0

出所：安（1994b），p.76。

(7) 査定結果の通知

遠藤（1999）は「米国では，査定結果のすべてが被査定者に通知されるし，査定結果を記入した書面に被査定者の署名が求められる。日本では，査定結果は被査定者にほとんど通知されない[16]」という。この点に関しては，韓国も日本と同じである。

韓国では人事考課を公開する企業はわずか15.5％にすぎない。非公開の理由としては，「上司と部下間の人間関係を阻害する恐れがあるから」（45.5％），「公開できる組織風土が造成されていないから」（35.0％）が多く，「成績が悪い場合，本人のモラール低下の恐れがあるから」は15.9％となっている（図表5-11）。このように，韓国では日本と同じように，人事考課結果を知らせないのが一般的である。また，韓国では考課結果のみならず，人事考課制度自体をまったく知らせていない企業も21.7％を占めており，人事考課規定のみを公開している企業も32.5％を占める[17]。

図表 5-11　考課結果の公開・非公開状況と非公開の理由　　（単位：％）

	全体	産業別 製造業	産業別 非製造業	規模別 300人未満	規模別 300-999人	規模別 1,000人以上	労組有無別 有	労組有無別 無
公開	15.5	15.0	16.9	19.6	9.6	17.1	11.5	24.2
非公開	84.5	85.0	83.1	80.4	90.4	82.9	88.5	75.8
非公開理由								
考課結果に対して自信がない	1.2	1.8	—	0.8	1.9	1.0	0.9	1.9
上司と部下間の人間関係を阻害する恐れがある	45.5	43.5	50.5	48.4	46.7	42.0	49.8	36.9
成績が悪い場合，本人のモラール低下の恐れがある	15.9	18.8	9.3	19.7	13.1	13.0	12.2	23.3
公開できる組織風土が造成されていない	35.0	33.2	38.3	29.5	35.5	41.0	34.5	35.9
その他	2.4	2.7	1.9	1.6	2.8	3.0	2.6	1.9

出所：安（1994b），pp. 80-81。

(8) 政府機関の使用

遠藤（1999）は「米国では，民間企業も政府機関も査定制度を使用する。日本では，民間企業は査定制度を使用するものの，政府機関はあまり使用しな

い[18])」という。

　この点に関して遠藤は日米ともに数量調査の結果を知らないといって他の情報をもとに推測している。韓国の場合も政府機関の人事考課実施率は把握されていないので，断言はできないが，昇進決定の際には何らかの基準が必要であることから，人事考課は実施されているものの，民間企業ほどではないと推測される。

(9) 雇用差別禁止法制の適用

　遠藤は「米国では，査定制度は雇用差別禁止法制の規制対象にされており，査定制度が差別的であると裁判所に認定されると，差別意図の有無にかかわらず，差別者は高額の懲罰的な損害賠償を支払わなければならない。したがって，被差別者の救済は充実している。日本では，査定制度が雇用差別の道具に意図的に使用されることもある。しかし，救済制度の建前も運用も不十分なため，被差別者の救済はきわめて不十分である[19])」という。

　この点に関しては，韓国も基本的には日本と同じ状況にあるといえる。韓国では，人事考課が形式的に行なわれる場合が多く，昇進や昇給は年功によるものが多い。したがって，人事考課を問題に裁判を起こすようなことはまれであると考えられる。韓国では男女間の人事差別はあるものの，1988年に「男女雇用平等法」が成立してから人事考課をめぐる差別事件があったかどうかは知らない。

4. 人事考課の近年の変化

　前節では，1993年に行なった実態調査に基づいて日米韓の人事考課制度の比較を行なってきた。韓国では，経済危機以降，能力主義や成果主義の普及に伴って，伝統的な人事考課方法から新たな評価手法が導入されている。目標管理 (Management by Objectives；MBO) やコンピテンシー (Competency)，バランススコアカード (Balanced Score Card；BSC) などがそれである。

(1) 目標管理の導入

目標管理制度は，年度当初に各人に半年間または1年間の業務目標を設定させて，その業務目標の達成に向けて日常の業務を計画的に遂行させる管理手法である[20]。一般に，目標設定→目標遂行→達成度評価というプロセスで行なわれる。目標管理制度のことを単に「目標管理」あるいは「目標による管理」と称したり，「MBO」と呼ぶこともある。目標管理制度は，1954年にドラッカー（P. Drucker）が「目標と自己統制による管理」を提示したことに始まるとされている。その後，目標管理の考え方はマグレガー（D. McGreger）やシュレー（E. C., Schleh）などによりさらに強化発展することとなった[21]。

韓国職業能力開発院（2008）の調査によると，目標管理は57.8%の企業で導入されている（図表5-12）。規模別でみると，1,000人以上では83.3%の企業が導入しており，100-299人の中小企業でも約5割を占めている。

図表5-12　目標管理の導入率（製造業）　　（単位：%）

区　　分		2005年	2007年
全　体		51.5	57.8
規模別	100-299人	41.0	48.6
	300-999人	50.0	58.9
	1,000人以上	74.5	83.3

出所：韓国職業能力開発院（2008），p.116より再作成。

目標管理を利用した業績考課単位も多様である。朴埈成・金換日（2008）の調査をみると，業績考課の単位は「部署及び個人単位の混用」（42.8%）が最も多い（図表5-13）。これは従業員が自分の目標達成のみを重視した働きぶりを防ぐために，組織評価を加味しているものと考えられる。「部署単位」（28.3%），「個人単位」（26.6%）だけの評価を行なっている企業は少数である。業績考課の項目としては，売上高，生産性，営業利益，コスト節約，顧客満足指標，品質関連指標，研究開発実績，経常利益，当期純利益などさまざまである[22]。しかし，目標管理の運用上の問題点として，目標レベル設定の困難や評価項目の選定の困難などが指摘されている[23]。

図表 5-13　業績考課の単位　　　　　　（単位：％）

	産業別 製造業	産業別 非製造業	計	規模別 大企業	規模別 中小企業
個人単位	27.4	25.0	26.6	30.5	206
部署及び個人単位混用	45.3	37.5	42.8	44.8	39.7
部署単位	25.6	33.9	28.3	21.9	38.2
全社単位	1.7	3.6	2.3	2.8	1.5
評価しない	0.0	0.0	0.0	0.0	0.0
合計	100.0	100.0	100.0	100.0	100.0

出所：朴埈成・金換日（2008），p. 35。

(2) コンピテンシーの導入

　目標管理制度とともにコンピテンシー評価も行なわれている[24]。コンピテンシーについては，さまざまな定義がなされている。たとえば，スペンサー＆スペンサーは，コンピテンシーとは「ある職務または状況に対し，基準に照らして効果的，あるいは卓越した業績を生む原因として関わっている個人の根源的特性」と定義している[25]。また，コンピテンシー特性として，①動因，②特性，③自己イメージ，④知識，⑤技能をあげており，これらの行動特性は職務上の業績をもたらすという[26]（図表 5-14）。

　コンピテンシーの起源は1970年代のアメリカにあるとされている[27]。アメ

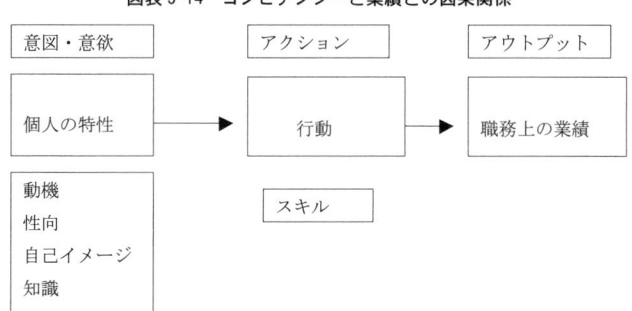

図表 5-14　コンピテンシーと業績との因果関係

意図・意欲　　　　　　アクション　　　　　　アウトプット

個人の特性　→　行動　→　職務上の業績

動機
性向
自己イメージ
知識

スキル

出所：L. M. Spencer and S. M. Spencer（1993），*Competence At Work*, John Wiley and Sons（梅津祐良・成田攻・横山哲夫訳（2001）『コンピテンシー・マネジメントの展開　導入・構築・展開』生産性出版，p. 16）。

リカ国務省の職員採用に関して，どのような選考基準が適切かが検討された際，ハーバード大学の心理学者であるマクレランド（D. McClelland）が優れた職員が行動レベルで発揮している顕在能力をモデル化し，それを選考基準としたのが始まりである。

このようなコンピテンシーは採用，昇格，人事考課，賃金，能力開発，人事異動など広範囲に活用されている[28]。ACA（American Compensation Association：全米賃金専門家団体）が1996年に行なったコンピテンシーに関する調査をみると，賃金25％，人事考課34％，能力開発28％，人員計画（採用，昇格など）30％と1分野だけで活用するのではなく複数の分野に実施されている。また，人事考課制度におけるコンピテンシーと成果の位置づけをみると，業績考課の構成はコンピテンシーと成果による評価が56％と最も多い。コンピテンシー評価の使用用途は昇給のみが42％で最も多い[29]。

米国企業の賃金制度の変化をみると，職務に対する賃金（pay for job）から業績に対する賃金（pay for performance），人に対する賃金（pay for person）へ変わってきている。1980年代日本や欧州企業の台頭による競争激化で，個人の持つ技術や人の現在価値を重視して賃金を決めるという技能給（skill based pay）が導入されるようになった。さらに，1990年代前半には企業のダウンサイジングやリストラクチャリングによる組織のフラット化により，新しい技術の増加に対応するために個人の持つ能力や人の将来価値を重視して賃金を決める能力給（competency based pay）が1990年代から注目されるようになった[30]。

以上のように，コンピテンシーは高い業績を上げている社員のもつ業績達成能力のことで，成果を生み出すために発揮されている能力を意味している。従来，人事考課では職務遂行能力を保有しているかどうかを基準とするのに対して，現に発揮されている能力を問題にしている。コンピテンシーは高い業績をあげている社員の行動特性を分析し，一般化を図り，それを社員の行動基準や評価基準に活用しようとする成果主義的な人事制度の基本概念であると理解される。

韓国企業では2000年代に入ってコンピテンシーモデルを利用した人事制度を構築する動きがあった[31]。韓国ではコンピテンシーを力量と訳している。韓国職業能力開発院（2008）の調査によると，コンピテンシー評価の導入率は，2005

年の46.0%から2007年には66.2%へと増加した（図表5-15）。規模別では大企業が90.7%と広く普及されており，中小企業でも56.5%となっている[32]。

図表5-15　コンピテンシー評価の導入率（製造業）　　（単位：%）

区　　　分		2005年	2007年
全　　　体		46.0	66.2
規模別	100－299人	32.0	56.5
	300－999人	39.2	58.1
	1,000人以上	66.7	90.7

出所：韓国職業能力開発院（2008），p.116より再作成。

(3) バランススコアカード（BSC）の導入

近年，成果管理が重視される中，BSC（Balanced Score Card）に対する関心が高まっている。このような背景には，成果主義人事制度の導入に伴って組織業績と個人業績を短期的に評価するなど，長期的な業績向上と部下育成をおろそかにするさまざまな問題点が指摘されたからである。そのために成果主義の諸問題を解決するための手法として，業績指標とともにそれ以外の指標をとり入れてより客観的な観点から業績を評価するための手法としてBSCが注目されるようになった。BSCは最高経営者がもっているビジョンと戦略を具体的な行動指標として提示し，従業員の目標設定や業績管理そして動機づけのための総合的なツールとして活用されている。BSC方式の評価項目は財務的業績，顧客満足，業務プロセス及び学習の4つの領域から構成されている[33]。

韓国職業能力開発院（2008）の調査によると，製造業のBSCの導入率は，全体では24.2%となっている。規模別では大企業が40.7%と広く普及されている（図表5-16）。

図表5-16　BSCの導入率（製造業）　　（単位：%）

区　　　分		2005年	2007年
全　　　体		16.5	24.2
規模別	100－299人	9.0	14.5
	300－999人	13.1	21.0
	1,000人以上	29.4	40.7

出所：韓国職業能力開発院（2008），p.115より再作成。

5. おわりに

　これまで韓国の人事考課制度の歴史と特徴，そして近年の変化についてみてきた。韓国における人事考課は1960年代から政府投資企業を中心に始まり，それ以降，民間企業に普及するようになった。今ではほとんどの企業において人事考課制度が確立している。人事考課は昇進・昇格や賃金決定といった処遇面への利用が多く，従業員の能力開発のための利用は乏しい。考課方法は相対考課が一般的で，しかも正規分布が取れるように強制的に評価等級別に人員を割り当てて評価する強制割当法が採用されている。考課結果は公開する企業は従来に比べて増えているものの依然として非公開とする企業が多い。人事考課は複数の上司によって行なわれるが，ライン管理者には権限がなく，最終的には人事部において調整される。人事部は各部門間のバランスを考えながら人事処遇を決める。このような人事考課は日本とほぼ同じである。
　これまで韓国企業の人事考課は能力・業績・情意考課を総合的に評価してきたが，成果主義の導入によって業績考課へとシフトしてきている。そして，その業績考課を行なう具体的な方法として目標管理制度やBSCが多くの企業に導入されている。その背景には，1990年代の後半から韓国企業の賃金制度に成果主義の考え方をとりいれた年俸制が導入されるようになったからである。
　さらに，成果主義人事が追求される中で，個々人の能力の捉え方としてこれまでは潜在能力が重視されてきたが，近年は顕在能力を評価しようとする動きも広がってきている。それがコンピテンシーである。コンピテンシーは人事考課のみに使われるのではなく，採用，昇進，配置，賃金，人材育成など広範囲に利用されている。しかし，これらの新しい評価方法は実際の運用上において，さまざまな問題点を抱えており，課題も多い。
　今後，成果主義を強めていくならば，評価の信頼性や妥当性を保つことはもちろんのこと，評価の公正さや納得性を高めるための工夫が一層必要であろう。

[注]
1) 人事考課の理論的検討については，安煕卓（1990）『韓国企業の人事評価制度―問題点と改善方向―』韓国経営者総協会，第2章参照。
2) 高橋潔（1998）「企業内公平性の理論的問題」『日本労働研究雑誌』No.460, p. 54。
3) 米国では merit rating, performance rating, employee rating, service rating, personnel rating, merit evaluation personnel appraisal, performance appraisal, performance evaluation などが使われている。近年は多くの文献の中で，performance appraisal または performance evaluation という用語が最も一般的に使われている。日本と韓国では公務員の場合は勤務評定，人事査定，民間企業では人事考課という用語が多く使われていたが，近年においては人事評価という用語が広く使われるようになった。
4) 藤田忠（1973）『人事考課と労務管理』白桃書房，pp. 10-11。
5) 同上，pp. 12-13。
6) この研究はこれまで発行された50余りの社史から史料的価値がある先進19社の社史を分析したものである（安春植（1989）「人事労務管理」韓国経営者総協会『労働経済40年史』同協会，pp. 287-292）。
7) ソウル大学校経営大学経営研究所編（1985）『韓国企業の現況と課題』ソウル大学校出版部，pp. 203-210 参照。
8) 安春植（1989），前掲書，pp. 290-292 参照。
9) 韓国で本格的に人事考課について調査が行なわれたのは，1990年代に入ってからである。それまでは年功主義による人事処遇が一般的であったために，あまり注目されなかった。韓国で初めて行なわれた調査は，（安，1994b）『韓国企業の人事考課実態』と（安，1994c）『人事考課に対する勤労者意識構造』の2つである。1994年には韓国で単行本としては最初に，（安（1994a）『能力主義時代の人事考課』が発行された。その後，2008年に（朴・金，2008）『韓国企業の人事評価制度の実態調査研究』が行なわれた。
10) 遠藤公嗣（1999）『日本の人事査定』ミネルヴァ書房，p. 68。
11) 同上，p. 72。
12) 同上，p. 75。
13) 同上，p. 78。
14) 同上，p. 82。
15) 同上，p. 89。
16) 同上，p. 97。
17) 同上，p. 79。
18) 同上，p. 106。
19) 同上，p. 107。
20) 目標管理の具体的な運用については，金津健治（1995）『目標管理の手引き』日本経済新聞社参照。
21) 目標管理の理論的考察と歴史的展開については，奥野明子（2004）『目標管理のコンティンジェンシー・アプローチ』白桃書房，第1章参照。
22) 朴埈成・金換日（2008），前掲書，p. 36。
23) 目標管理を運用する際の困難な点として，「目標レベル設定の困難」，「評価項目選定の困難」（51.5%），「評価過程管理の難しさ」，「評価単位選定の難しさ」などが指摘されている（朴埈成・金換日（2008），前掲書，p. 37）。
24) コンピテンシーのほかにコア・コンピタンス（core competence）という言葉も使われている。コア・コンピテンシーは，ハメル（Hamel, G.）とプラハラード（Prahalad, C. K.）が提唱

した概念で,「顧客に対して,他社にはまねのできない自社ならではの価値を提供する,企業の中核的な力」を意味する。それは,企業の独自性を打ち出し,長期的に競合他社への優位性の源泉となるものである。単に優れた経営資源そのものに注目したものではなく,経営資源を組み合わせて顧客価値を実現できるアウトプットを生み出す能力に着目している(中條毅編(2007)『人事労務管理用語辞典』ミネルヴァ書房, p. 76)。

25) L. M. Spencer and S. M. Spencer, *Competence At Work*, John Wiley and Sons, 1993 (梅津祐良・成田攻・横山哲夫訳 (2001)『コンピテンシー・マネジメントの展開 導入・構築・展開』生産性出版, p. 11)。
26) 詳細については,梅津祐良・成田攻・横山哲夫訳 (2001), 前掲書, pp. 12-15 参照。
27) コンピテンシーについては,次の文献を参照。① 本寺大志 (2000『コンピテンシーマネジメント』日経連出版部, ② 太田隆次 (1999)『アメリカを救った人事革命 コンピテンシー』経営書院。
28) 詳細については,本寺大志 (2000), 前掲書参照。
29) 本寺大志 (2000), 前掲書, pp. 29-32。
30) 大内章子 (2002)「アメリカ企業における賃金・報酬制度―1990年代後半の動向を中心として―」廣石忠司・福谷正信・八代充史編『グローバル化時代の賃金制度』社会経済生産性本部生産性労働情報センター, pp. 105-106。
31) 韓国企業のコンピテンシーに基づいた人事制度構築事例については,韓国人事管理協会 (2007)「特集 力量中心の人事制度設計・活用」『人事管理』11月号 参照。
32) 韓国職業能力開発院 (2008), 前掲書, p. 118。
33) 詳細については,安熙卓 (2005)「日本企業の BSC 導入と業績評価制度の改革」『賃金研究』第13巻第3号, pp. 20-38。

第 6 章
韓国企業の企業内教育

1. はじめに

　本章の課題は，韓国の企業内教育がどのように展開してきたかを概観し，経営環境変化に伴って近年の企業内教育にどのような変化が見られるのかを具体的な事例を通して明らかにすることである。韓国では1997年の経済危機以降，経営上の困難に直面した韓国企業は教育訓練費の削減を行なった。1980年代まで労働費用[1)]の約1.0%を占めていた教育訓練費の比重は1990年代に大きく増加し始め，1996年の場合2.1%まで増加したが，経済危機の影響で1998年には1.2%の減少に転じた。1999年は景気回復につれて労働費用総額対比教育訓練費が1.4%に増加したものの，経済危機以前の水準には及んでいない。しかし，その後，韓国企業はグローバルな企業活動の展開に伴い，コア人材やグローバル人材の育成などに力を注いできた。エクスパートコンサルティングが行なった「企業教育実態調査報告書」（2005）によると，労働費用総額対比教育訓練費は2003年に1.7%であったが，2004年には1.95%に増加している。

　近年，国際化・グローバル化・情報化時代においていかに他社と比べて付加価値の違いを生み出し，競争優位を獲得・維持していくべきなのかが重要な課題となっている。人的資源は企業にとってきわめて重要な資産となっており，競争優位を生み出す源泉であることが広く認識されている。また，今日は無限の知識と情報を創出できる優秀な人材をどれくらい確保し，養成するかに企業の存亡が左右される時代となっている。

　以下では，韓国企業の企業内教育を模倣・導入期，強化期，活性化期，転換期に区分してその変遷を概観する。つぎに，企業内教育の変遷を踏まえて近年の企業内教育とグローバル人材育成の動向を企業事例を交えて概観する。

2. 企業内教育の史的展開[2]

(1) 企業内教育の模倣・導入期（1960-70年代）

　近代化の初期段階である1960年代には，産業再建という大命題のもとで能率的かつ合理的な企業経営が切実に要請された。そのもとで，主として米国の経営技法導入の試みがなされた。米国で発達した科学的管理システムが軍隊を通じて積極的に導入されるようになった。当時，企業の教育訓練も米国式の教育訓練に倣って散発的に非体系的な短期教育訓練が行なわれた。

　また，1960年代には米国で開発された監督者教育プログラムであるTWI (Training Within Industry for Supervisor) や管理者教育プログラムであるMTP (Management Training Program) が紹介された。TWIは工場現場における職長，組長などの第一線の現場監督者を対象に，管理能力を向上させ能率的な作業方法を教えて生産力を高めたり，効果的な人の扱い方を教えてモラールを高めるためのトレーニングプログラムである。MTPは管理者が自分の組織を管理していくのに必要な知識・技能のすべてを研修するのではなく，主として組織の長に必要な管理の基礎を習得させるプログラムである。1960年代末には企業内に教育を担当する研修課が設置されるなど，教育訓練への関心が増大した。当時の新入社員に対する教育は会社の歴史，経営理念，社訓に関するオリエンテーションや組織適応のための教育が中心であった。

　1970年代には石油危機の影響で企業内教育が一時的には停滞したが，従業員の能力開発が不況打開のための最善の企業体質強化策であるという認識の下で，経営の合理化と能率向上という観点から，さまざまな教育訓練が推進された。集合教育も階層別・職能別に細分化されて行なわれるようになった。教養教育，語学教育，海外派遣教育，QC（品質管理）教育も行なわれた[3]。一方，職務知識と環境変化に対する適応力を高め，良好な人間関係を維持でき，技術を習得できる人物を養成しようとする全人主義を志向し，資質中心の精神教育に重点が置かれていた。特に，新入社員教育では組織への速い適応と一体化を目指し，企業文化教育が多かった。

教育訓練プログラムは，画一的で一定の場所に集合して教育を受ける集合教育が中心であった。教育訓練方式はほとんどの企業が Off・JT や講義形式の理論的な教育が中心であった。階層別教育は，人事異動が行なわれた後，新任課長，新任部長，新任役員を対象とした教育課程など昇進に伴う教育を行なうのが典型的なものであった[4]。

　以上のように，1960－70年代は米国の教育訓練技法を模倣・導入し，教育訓練のプログラムの体系化が行なわれ，多様な教育訓練技法を韓国企業に普及させる企業内教育の模倣・導入期と位置づけることができる。

(2) 企業内教育の強化期（1980年代）

　韓国で企業内教育が本格的に活性化したのは，1980年代以後大企業を中心に財閥グループ研修院が設立されてからである。三星人力開発院が1982年，現代総合研修院が1986年，大宇人材開発院が1987年，LG仁和院が1988年それぞれ設立された[5]。このように，財閥の研修院の設立とその運営に積極的になったのは，いままで系列企業別にそれぞれ実施されてきた研修課程を統括し，これをグループ全体の総合的な研修プログラムとして再発足させることによって，グループ全体としての効率を図るためでもある。さらには，長期的・総合的な社内訓練（研修）投資計画を樹立することにより，グループ内全体の人材を効率的に管理し，また，総合的な社内訓練を通じ，財閥独特の経営理念と創業精神への追従を徹底させることにより，一層の愛社心をかきたてることを狙ったものである[6]。

　社内訓練とは別に韓国特有の社外（野外）教育訓練として注目されるのが，大企業を中心に克己訓練[7]や自社製品の広報・販売などを実施する企業が多かったことである。また，コンピュータの普及によって多くの企業の研修課程においてコンピュータ教育は必須科目となった。企業によってはコンピュータ教育が終了した後，社内資格証を与える制度を導入し，全社員のコンピュータ要員化を推進した。

　企業内教育は，他律的・画一的方式で行なわれる中央集権的な集合教育が一般的であった。集合教育を補うものとして，通信教育が普及し始めた。教育訓練技法としてブレイン・ストーミング，ロール・プレイング，感受性訓練など

が紹介・導入された。また，大企業では主要大学と提携し，外部委託教育も行なわれた。従業員の能力開発のために職務遂行上，必要な自己啓発目標を自ら設定させ，自学自習する自己啓発制度が導入された。

さらに，1987年の民主化のうねりのなかで大型の労使紛争が頻発したため，労使協力と生産性向上のための労働教育が活発に行なわれた。労使紛争を予防するために，管理・監督者を対象とした労使関係の教育が活発に行なわれた。

以上のように，1980年代の企業内教育は，財閥企業の相次ぐ研修院の設立によって企業内教育が重視される企業内教育の強化期と位置づけることができる。

(3) 企業内教育の活性化期 (1990年代)

1990年代には国際化・開放化・情報化などによる企業を取り巻く環境変化に対応するため，教育訓練の重要性がより強調された。職務関連の最新情報や体系的な専門知識を習得させる専門化教育が行なわれた。大企業を中心に戦略的な視野を重視する管理者教育に重点が置かれた[8]。国際化の進展に伴い，MBA (Master of Business Administration) などの海外留学制度と国内外の語学研修制度が広く普及した[9]。当初は海外要員育成に向けた語学研修が中心であったが，徐々に異文化理解を含めた体系的かつ計画的な海外要員育成制度に発展した。海外体験研修教育，海外有名大学と連携したMBAへの派遣が積極的に展開されたのもこの時期である。

1990年代は人的資源開発の重要性をより明確化し，人的資源開発活動が企業経営のパートナーとしての企業のビジョンや価値の共有，戦略的コアコンピテンシーの開発，事業成果増進のための専門技能教育などの企業教育本来の機能を重視し始めたのは，1990年代に入ってからであるといえる。職務遂行能力の強化のため職能教育や専門教育と呼ばれる教育課程を通じて財務，マーケティング，人事，広報などの専門技能教育が行なわれたのも1990年代に入ってからである。また，経営層を対象とした教育が活発に行なわれた[10]。

1997年には経済危機を契機にコスト削減のため賃金や福利厚生などあらゆる部門で見直しが行なわれた。企業内教育も例外ではなく，多くの企業が教育訓練費を削減した。企業内教育のアウトソーシングも行なわれた。1998年の

産業教育の調査によると，1997年対比1998年の教育訓練費が減少した企業は7割を占める。また，多くの企業はリストラクチャリング（事業構造の再構築）やリエンジニアリング（業務革新）など，経営体質の改善・強化に取り組んだ。その一環として，人事制度の改革とその再構築が行なわれ，それは企業内教育にも影響を及ぼすことになった。

多くの企業で生産性向上のための教育が実施された。また，これまでの年功序列人事に代わる能力主義・成果主義人事の導入に伴って成果・業績達成に向けた年俸制や目標管理制度が導入された。このような流れの中で，企業内教育も従来の企業内訓練から人事制度や賃金制度と連動した能力開発という幅広い概念で捉えられるようになった。

以上のように，1990年代の教育は，国際化に対応した教育と階層別・職能別の専門教育そして生産性向上教育が積極的に展開された企業内教育の活性化期と位置づけることができる。

(4) 企業内教育の転換期（2000年代）

2000年代はグローバル化・世界化という環境変化の中で，どの企業も優秀な人材確保と育成に力を入れるようになった。人材戦争という言葉が使われるほどであった。国内外の競争がますます激しくなる中で将来の経営幹部を早期に育成する専門能力を備えたコア人材やリーダー中心の育成に取り組む企業が多かった。2008年に全国経済人連合会とHRコンサルティングが共同で実施した調査によると，コア人材の確保・育成が最も重要な人的資源管理の政策・戦略として挙げられている。

グローバル化に伴って海外事業を成功に導くためのグローバル・ビジネス人材の育成も重視されるようになった。このためグローバル・コミュニケーション能力の強化プログラム，海外駐在員の育成プログラム，海外現地人材の育成プログラムを導入する動きが活発であった。国内外の大学と連携し，MBA派遣など会社の負担で人材育成が行なわれた。

最近，特に注目されるのがコア人材の育成のための教育課程である。経営環境の変化と危機増大による経営者の価値創出力量とリーダーシップが重要になってきた。ビジネス機会を早期に発見し，ここに資源を適切に投入するビジ

ネスリーダーの役割は企業の死活を左右することから,戦略的に思考し,革新を主導するリーダーの養成が求められた。

教育訓練方法も伝統的な集合教育のほかにオンライン教育やe-ラーニングといった教育が行なわれた。経済危機以降,韓国企業の原価意識が高まったため,費用効率的でありながら便利な学習方法であることから注目されたものである。

e-ラーニングの活用方法としては,一般的に基礎知識の習得を大多数の従業員に行なうことが多いが,企業によっては集合教育と組み合わせたブレンディド・ラーニング（Blended Learning）[11]を実施している例もある。例えば,三星グループは次世代リーダー育成プログラムでITを活用したブレンディド・ラーニングを実施している。多忙な幹部候補を長期間拘束するのは賢明な育成方法ではないとして,集合研修とIT活用の併用で最適な研修プログラムの実施に取り組んでいる。

以上のように,2000年代の教育は21世紀という国際競争が激化する中で人材の重要性が強調され,グローバル人材やコア人材の育成,そしてITを活用した次世代のリーダー育成に重点を置いた企業内教育のパラダイムの転換期と位置づけることができる。

3. 企業内教育の近年の変化

企業が保有する人材の価値が会社の価値を示す時代である。経営環境がデジタル化し,知識と情報が重要な経営の要素となり,人材の重要性がますます強調されている。企業における人事と教育のパラダイムもこのようなデジタル化時代にあわせて変化している。従来の終身雇用に対する意識も薄くなり,人的資源管理も集団的管理から個別的管理へ,年功序列重視から能力・成果重視へとパラダイムが転換している。また,人材開発のための教育も会社主導の教育から本人主導の自己啓発中心に変化しており[12],集合教育中心からオンラインと集合教育を併用したブレンディド・ラーニングに,人事教育部署中心から現業部署中心に変わってきている。人的資源管理も紙ベース（p-HRM/HRD）

から電子化 (e-HRM/HRD) に変わってきている。

　従来,企業内教育の焦点は大きく教育訓練,組織開発,経歴開発に区分されていた。しかし,近年においては知識情報化社会の到来で根本的なパラダイムの変化がみられる[13]。

　第1に,従来の人材開発は教育訓練 (Training & Development) の意味で行なわれてきた。伝統的教育では,会社主導で職務遂行に必要な知識やスキルを身に付けさせる他律的な意味の教育訓練 (Training) が一般的であったが,デジタル化時代の到来によって自らが速い環境変化に適応し問題を解決していく学習 (Learning) へとパラダイムが転換されている。このように伝統的教育訓練は会社の教育計画によって教育を行なうレベルではなく,経営現場の問題解決に具体的に役立つ成果改善 (Performance Improvement) に焦点がおかれている。

　第2は,従来の伝統的な組織開発 (Organizational Development) は該当組織を診断し,教育的解決方法を提供する程度にすぎなかったが,近年は知識経営 (Knowledge Management),学習組織 (Learning Organization) の構築などにより範囲が拡大しており,情報技術の発達は具体的なソリューションを提供している。また,従来は個人やチームに焦点が当てられていたが,デジタル化時代の近年は組織や企業レベルでの組織学習に焦点が当てられている。

図表6-1　企業内教育の変化

従来の企業内教育	近年の企業内教育
① 教育訓練 　 (Training & Development)	① 学習と成果 (Learning & Performance) ・自己主導型学習 ・e-Learning 時代の拡大 ・成果中心の評価強化
② 組織開発 　 (Organizational Development)	② 学習組織 (Learning Organization) ・組織学習 (個人→チーム,組織) ・知識経営 (Knowledge Management)
③ 汎用的経歴開発 　 (Career Development)	③ 専門的経歴開発 (Career Development) ・専門家 (Specialist) 養成 ・多技能的人材 (Multi-Professional) ・国際化人材

出所:宋ヨンス (2002), p.6。

第3に，従来の経歴開発（Career Development）は多様な職務を経験させ育成するゼネラリスト（Generalist）を重視してきたが，近年は専門性を持ったスペシャリスト（Specialist）が重視されてきている。それだけでなく，多様な分野において専門性をもつ多技能的人材（Multi-professional）や国際化人材が重視されている（図表6-1）。

4. グローバル人材育成の動向

自由貿易体制の拡大と開放化の動きがますます強まる中で，グローバル経営は1つのトレンドとして定着しつつある。特に，国内市場の成長限界によってこれまで内需市場に集中してきた企業さえ，危機克服の一環としてグローバル経営に力を入れている。特に，韓国企業は中国やインドなどの新興市場を中心に生産法人や販売法人数を増加させるなどグローバル化が急速に進展している。グローバル経営はいまは選択の問題ではなく，生存のための必須条件となっている。グローバル戦略を効果的に実践していくためには，これを支えるグローバル人材の確保が不可欠である。グローバル経営を計画し，実行する主体が人であるからである。

(1) グローバル人材の要件と資質

グローバル人材とは国家，地域を越え，世界的レベルで市場を洞察し開拓していく人材といえる。すなわち，自分の意識と行動を常にグローバル経営環境にあわせ，必要な専門能力を開発し，強い推進力で設定した目標を実行できる人材である。このようなグローバル人材が備えなければならない要件と資質としては次の点が挙げられる[14]。

第1に，グローバル・マインドと国際的視野そして思考能力を備えることである。したがって，世界市場，主力事業のトレンド及びパラダイムの変化に対する持続的なモニタリング活動を展開すると同時に各国の文化，政治，社会などを理解する能力が求められる。

第2に，不確実性に対する対応能力と調和能力を備えることである。グロー

バル経営者が直面する最も大きな問題の1つが不確実性である。それは一国家でない多様な地域および国家で活動することで不確実でかつ複雑につながっている無数の情報に直面しているからである。したがって，最適の意思決定タイミングを逃さない判断力が求められる。また，現在のグローバル市場は「グローバル統合」と「ローカル観点の差別化」という2つの軸によって行なわれている。したがって，グローバル経営の中で地域及び国家別に標準化するものと差別化するものとを把握し，これらの均衡・調和を図る能力が求められる。

第3に，社会的関係形成の力量を備えることである。グローバル人材は現地人に対して関心を持ち，事業慣行及び個別文化間の差異などを積極的に受容する開放的態度をもたなければならない。

第4に，グローバル人材はグローバル市場においてビジネスチャンスを見通してそのチャンスの効果的な活用のために必要な人的・物的資源を導く洞察力を備えなければならない。すなわち，自国中心のビジネス・マインドから脱却し，世界市場を価値創出の舞台として認識し，ビジネス機会を的確に見通す能力が求められる。

(2) グローバル人材育成の事例
1) A社の人材育成[15]

A社の人材像は創意（creativity），挑戦（challenge），熱情（passion），協力（cooperation），グローバル・マインド（global mind）の5つである。このうち，グローバル・マインドは最も基本となる力量項目であり，外国語能力だけでなく国際ビジネス感覚とグローバル視野を持った無限競争で生き残れる人材を意味する。同社は全社員を対象とする教育訓練体系とは別に未来のリーダー育成のための選抜教育体系がある。グローバル人材育成体系の内容は，次のとおりである（図表6-2）。

① 社内MBA課程

これはグローバル人材育成の基本課程である。生産，人事・組織，R&Dなどの部門で優秀な人材を対象に国内の大学と連携して行なわれており，主に統合的経営管理能力の開発及び各分野の専門性の強化に重点が置かれている。

② 地域専門家課程

これは新市場の進出または同社の未来成長に重要な地域を対象とした専門人材の育成課程である。現在中国で運営されているこの課程は現地での早期適応及び教育成果の極大化のため1年間の課程で実施される。その内容は国内での現地適応のための語学課程，現地での語学課程，ミニMBA，中国内現地法人でのOJT，そして研究課題の遂行から構成されている。

③ 経営修士課程

これは現在国内大学で提供しているグローバルMBA課程に国内及び海外法人の現地採用人員のうち，優秀な人材を選抜し参加させる課程である。この課程では一方的にグローバルを志向するのではなく，グローバリゼーションと

図表6-2　グローバル人材育成体系

区分	課程	育成目的	特徴
教育プログラム	国内外最高経営者課程	経営戦略の樹立及び経営管理能力を保有した次期経営者を育成するための役員育成	・全社的な経営視野の形成 ・社内外のネットワーキングの支援
	社内コアMBA課程	現在及び未来のリーダーを育成するためにリーダーシップ及び経営知識を備えたコア人材の育成	・挑戦課題の解決を通じた実践的学習の支援・リーダーシップ及び経営知識の涵養
	地域専門家課程	グローバル経営の加速化に対応するため地域別専門家の育成	・未来進出地域の言語能力及び文化的理解の強化
	海外技術研修	未来の事業成長に必要な技術を確保するために領域別に技術専門家の育成	・技術課題解決のプロジェクトの遂行及び結果の活用可能性の向上
	経営修士課程	経営の複雑性の増大に対応するために領域別経営専門家育成	・経営領域（人事・財務等）別の専門性を強化する学位取得課程
	工学修士課程	複合技術の融合ニーズに対応するための複合技術専門家の育成	・技術領域別の専門性を起用化する学位取得課程
現業課題遂行課程	海外法人循環勤務	海外オペレーションに対する理解向上を通じたグローバル人材育成及び動機づけ	・海外法人の経営懸案に対する解決－海外法人のニーズを反映した職務別適任者の選抜， ・海外法人派遣（2カ月）
	海外現地採用者の循環勤務	・海外法人の現地採用者のうち優秀人材に対する育成及び動機づけ ・本社と海外法人間の相互理解の向上	・本社に配置、勤務（2カ月） ・本社及び海外法人のイシュー中心の解決課題の定義及び課題遂行

ローカリゼーションの調和に重点をおいて，100％英語講義，自社に特化したカリキュラムの開設などを特徴としている。また，この課程では最新の経営理論及び実務知識の習得，他社国内外の優秀な人材とのネットワークの構築などグローバル専門家としての資質向上を図っている。さらに，国内と現地で採用した人を共同に参加させ，相互間の理解増進も図っている。

④ 循環勤務制度

これは国内と現地採用の人材のうち優秀な人材を対象に行なわれる。本社の優秀な人材の海外循環勤務は現地法人の経営状況と懸案問題を体系的に理解させると共に，これを通じて動機づけや能力向上を目的に，2カ月間海外法人に派遣する。また，海外の現地採用者は本社と海外法人との相互理解を目的に本社に配置され，2カ月間勤務する。

2) B社の人材育成[16]

B社は人材第一の経営哲学に基づき，企業の競争力の源泉である人材の育成に力を入れてきた。特に，グローバル競争が激化する中でグローバル人材育成に力を注いでいる。同社のグローバル人材像は3つに集約される。第1に，創造的，挑戦的，実践的な変革家である。第2に，自己分野の本質を理解し，現場中心の最新の専門知識を保有している専門家である。第3に，全世界のビジネスの流れを見通すグローバル・ビジネス人材である。

これまでのグローバル人材育成戦略は，全社員がグローバル経営に対する理解と国際化感覚を向上させるのに重点が置かれていた。しかし，近年のグローバル教育プログラムは，具体的な目的と中長期事業計画を基にグローバル人材を養成するための自社独自のプログラムで運営している。

① グローバル語学課程

この課程はプレミア外国語生活館，一般外国語生活館，その他語学教育から構成されている。特に，プレミア外国語生活館では最高級の外国語使用能力，討論スキル，交渉能力などに重点をおいた課程である。グローバル・ビジネスの中で経験される各種状況を解決できるよう実践中心に行なわれる。また，一般外国語生活館は一定水準の現地の外国語能力の習得と異文化理解を目的とした課程である。この他にも海外法人長養成課程，駐在員養成課程，グローバル・ビジネス実務課程も運営している。

② 海外ビジネス・スクール連携課程

　この課程は，国内人材を海外現地に派遣し養成する海外研修プログラムである。この課程は海外現地法人の事業運営と連携しており，同社の米国法人とハーバード大学が提携して実施している Executive Leader Course (ELC) が代表的な課程である。ELC 課程は現地の幹部のマーケティング，リーダーシップ能力の向上のための課程である。この課程には国内の幹部人材も参加し，現地のマネジャーとの意見交換や課題解決などを通してグローバル・ビジネス感覚を向上させている。現地の主要大学と連携したプログラムは米国以外にもフランス，中国，シンガポールの大学にもある。

③ 地域専門家・現場専門家の派遣

　海外で中長期的に行なわれる研修課程には地域専門家制度がある。この制度は国内で若手の優秀な人材を選抜し，海外に1年間派遣し，現地を経験させる制度で，派遣期間中は現地の語学及び文化の習得とともに自由に旅行をしながら現地人との人脈を形成する機会を提供する。費用は会社が全額負担しており，1人当たり，約1億ウォンかかる。

　この制度は真の国際化を目指し，社員に海外の文化や習慣を習熟させ，その国のプロとなる人材を育てる目的で1990年に導入された。入社3年目以上の代理，課長クラスの社員が対象となり，毎年200－300人が選抜され，アジア，欧米，中東，ロシアと世界各国に派遣されている[17]。

　初期は先進国を中心に派遣してきたが，近年は中国，インド，ロシアなどに拡大している。2004年からは地域専門家制度とは別に，6カ月間海外現地法人に派遣され，仕事と現場体験を併用する現場専門家制度を実施し，国内グローバル人材プールをさらに拡大している。このような課程を修了した人材は，将来海外事業や駐在活動などで大きな役割を果たすことになる。

④ 海外修士・博士学位課程への派遣

　次世代リーダー養成のため海外の主要大学に人材を選抜し派遣する学術研修制度や MBA 研修課程を実施している。学術研修制度は変化する技術，グローバル・トレンドの習得と多様な人脈の確保のために先進国に若い研究員を4－5年間派遣するものである。これらの人材は技術革新の主導的役割を果たしており，そのうち相当数が役員に抜擢される。MBA 研修課程は，最新の経営ト

レンドやマーケティング，そして管理分野の主要技法を習得し，海外ビジネス人材とのネットワークを形成させるために行なわれるものである。

⑤ 海外人材のグローバル力量強化の課程

海外現地コア人材を選抜し韓国の MBA 課程に派遣，養成するプログラムは本社が支援する代表的な課程である。同時に，戦略国家コア採用対象者に対する入社前養成課程で国内主要大学と連携した Global Scholarship Program (GSP) を運営しており，対象者は課程を終え，本社勤務後，海外現地法人でグローバル人材として活躍する（図表6-3）。

図表 6-3　グローバル人材育成課程

国内人材課程	海外人材課程
・グローバル語学課程 　－プレミア外国語生活館 　－一般外国語生活館 　－その他語学教育（On-line, Off-line） ・海外法人長／駐在員養成 ・グローバルビジネス実務課程 ・海外ビジネススクール連携課程 ・地域専門家／現場専門家 ・海外学術研修および MBA	・韓国 MBA 及び学部課程派遣 ・Global Scholarship Program ・韓国地域専門家 ・海外ビジネススクール連携課程 ・異文化適応教育 ・その他語学教育

中国では現地人材を韓国に派遣し，韓国語と韓国文化を理解できるよう「韓国地域専門家課程」を実施している。いわゆる「逆地域専門家制度」ともいえる。この制度は海外採用人材を韓国内で教育し，再び現地に派遣するものである。このプログラムは海外法人を現地化させるため，5年以上勤務した幹部クラスの現地社員を韓国内に招致し 10 カ月間，生産，人事，R&D などの業務知識と共に韓国語や伝統文化を教育する[18]。

5. おわりに

以上，韓国企業の企業内教育の史的展開過程と企業内教育の近年の動向についてみてきた。韓国企業の企業内教育は歴史的にみると，1980年代までは訓練（Training）の時代，1990年代は教育及び開発（Education & Development) の時代，2000年代からは学習（Learning）の時代に集約できる。近年の企業内教育の変化としては，情報技術の発達によって集合教育を基本としながらも，e-ラーニングをはじめとするインターネット学習が普及しており，会社主導から本人主導の教育も広がっている。また，グローバル化の進展によってグローバル人材の育成にも多様な教育プログラムを導入して積極的に取り組んでいる。

今後，将来の企業競争力の確保やグローバル市場をリードしていくためには，コア人材とリーダーの必要性は欠かせない。韓国企業の人材育成のための企業内教育は，これまで以上に強化されると考えられる。人材格差が企業格差を生むといわれる今日，人材育成の担当者はこれまでの教育担当者から脱皮し，現場の問題を発見・分析し，代案を作り出し，問題を解決していく成果改善の専門家に変わらなければならない。また，人材開発の担当組織は，環境変化に対応しながら未来型人材を育成する戦略的な役割を果たすことが求められる。

[注]
1) 労働費用は，使用者が勤労者を雇用することによって発生する諸費用で，賃金以外に法定及び法定外福利厚生費，教育訓練費，募集費がすべて含まれる。
2) この部分は次の文献に依拠している。① 卓煕俊 (1992)『韓国大企業の社内職業訓練に関する研究』国民経済教育研究所，pp. 33-39，② 慎侑根 (1998)「韓国企業の人的資源管理の評価と展望」韓国労働研究院『21世紀韓国の労働』，pp. 18-21，③ 安煕卓 (1998)「韓国における教育訓練管理の歴史と現状(1)」九州産業大学『経営学論集』第9巻第1号，pp. 4-5，④ 崔鐘泰 (1993)「韓国の教育・訓練管理」佐護譽・安春植『労務管理の日韓比較』有斐閣，pp. 115-117。
3) 金星社では日本をはじめとした5カ国に3-6カ月にわたり派遣を実施した（安春植 (1989)「人事・労務管理」韓国経営者総協会『労働経済40年史』韓国経営者総協会, p. 304）。
4) 同上，p. 307。
5) 金在久 (1999)『韓国企業教育・訓練の現況と課題』韓国労働研究院，p. 15。
6) 韓義泳 (1988)『韓国企業経営の実態』東洋経済新報社，pp. 140-141。
7) 克己訓練とは韓国企業独特の研修の1つで挑戦精神の涵養，積極的思考の高揚を目的に軍隊に入って2-3日の合宿形態で行なわれるものである。
8) たとえば，金星社の「ビジョン実現の責任を負う管理者育成」，三星生命保険の「販売指導力と国際的眼目を備えた保険人の育成」，浦項製鉄の「21世紀先進企業を志向する管理能力の育成」，東部製鋼の「経営感覚で武装した行動型管理者を育成」などである（慎侑根 (1998)「韓国企業の人的資源管理の評価と展望」韓国労働研究院『21世紀韓国の労働』，p. 21）。
9) 韓国のMBA課程は全日制のMBA課程のほかに仕事と学業を併行する夜間MBAと週末MBA，1年間のMBAがあり，同じ会社の社員だけで構成し，別途のMBA課程を開設する場合もある。詳しくは 趙ヨンジュ (2005)「MBAの現況と新たなTREND」韓国人事管理協会 (2005)

第 6 章　韓国企業の企業内教育　　125

　　　『人事管理』6 月号，pp. 18-21 参照。
10)　このようなプログラムとして例えば，三星グループの「21 世紀 CEO 課程」，LG グループの「LG 最高経営者育成課程」，大宇グループの「21 世紀経営者育成教育」，鮮京グループの「EMD (Executive Management Development) プログラム，浦項製鉄の「IMPAC 海外経営研修課程」などがある。（慎侑根（1998），前掲論文，p. 21）。
11)　ブレーディド・ラーニングとは，オンライン上の e-ラーニングと対面学習や OJT 等のオフライン上での対面教育を組み合わせて行なう教育方法である。
12)　自己啓発費を支援する企業は 58%である。自己啓発費の支援方式は毎月一定額限度内で支援するが 50%で最も多く，次いで定額制 22%，全額支援は 10%にとどまっている。自己啓発費の支援内容は語学が 35%で最も多く，次いで職務関連教育 24%，情報化教育 16%の順である。1 人当たり，月平均自己啓発費は全体で 91,071 ウォンである（韓国職業能力開発院（2008）『人的資本企業パネル基礎分析報告書（2008）』。
13)　宋ヨンス（2002）「企業の人材育成趨勢と方向—HRD のトレンドを中心に—」『賃金研究』第 10 巻第 4 号，pp. 5-7。
14)　金ボムヨル（2007）「多国籍職務遂行，グローバル事業遂行を経験させることにする」韓国人事管理協会（2007）『人事管理』10 月号，pp. 20-21。
15)　李スンシク「グローバル人材育成は徹底した未来リーダー育成のための選抜教育」韓国人事管理協会『人事管理』2007 年 10 月号，pp. 23-25 から抜粋したものである。
16)　安スンジュン「グローバルスタンダードで働き，新たなグローバル経営の標準を提示できる力量を向上させる」韓国人事管理協会『人事管理』2007 年 10 月号，pp. 28-30 から抜粋したものである。
17)　2008 年の地域専門家の派遣先をみると，アジア 2,112 人，ヨーロッパ 663 人，北米 506 人，中南米 211 人，その他 66 人となっている。また，これまで派遣した人数は 3,328 人，2007 年に派遣した人数は 250 人となっている。（李美善（2009）「サンスン電子の「新経営」の展開—ブランド戦略と人材戦略を中心に—」『名城論叢』，p. 188)。
18)　李美善（2009），前掲論文，p. 187。

第7章
韓国の雇用慣行と定年延長

1. はじめに

　本章の課題は，経済危機以降，韓国の労働市場と雇用慣行にどのような変化があったのか，その実態を明らかにするとともに，高齢化に伴う定年延長の方法として韓国企業はどのような取り組みを行なっているかを検討することである。韓国の労働市場はこれまで非流動的であり，長期雇用慣行であることが特徴づけられてきた。しかし，1997年の経済危機を契機に整理解雇をはじめとする人員削減，雇用調整が行なわれるなど，それまで長期雇用が当たり前のようになっていた雇用慣行が崩壊し，雇用の流動化が急速に進んだ。

　このような状況の中で，韓国では長期雇用破壊を表わす新造語が多くのサラリーマンの間で使われるようになった。たとえば，45歳になると定年対象になるという「四五停」，56歳にもなって会社に残っていれば泥棒だという「五六盗」の他に，「38線」という言葉もある[1]。韓国移動通信会社のKTFが希望退職を実施したところ，応募者57人のうち30歳代が19人で全体の3分の1を占めたことで，リストラの対象年齢が40代以上から30代へと変わり，いまは「四五停」時代から「38線」時代（38歳になるとリストラの対象になるという意味）が到来したことを表わすさまざまな言葉が流行した。

　一方，中高年齢者の不安定な雇用に対して中高年齢者が定年まで働き続けるための賃金配分方法として，賃金ピーク制が議論されている。賃金ピーク制とは，中高年齢者の雇用を延長あるいは雇用を保障することによって発生する企業側の追加的な人件費の負担がないよう，一定年齢で賃金カーブを調整するものである。これは韓国の年功賃金に起因するところが大きい。

　以下では，韓国の雇用問題を中心に，韓国の労働市場と雇用調整，雇用慣行

の変化について概観する。つぎに，定年制と退職金制度の現状を踏まえて定年延長の取り組みについて検討する。

2. 労働市場の柔軟化と雇用調整

韓国では1997年と1998年の労働法改正で整理解雇と労働者派遣の法制化がなされた。この結果，1997年の経済危機で大量の失業者が発生した。1998年の失業率は1997年の2.6%から7.0%まで一気に上昇した。失業者も1997年の56万人から1998年には149万人まで急増した。これらの失業者のうち多くは中小企業の在職者と日雇い職労働者に占められていた。また，政府の構造改革4大課題として位置づけられていた公共部門，金融部門，大手企業グループ（上位30社）で多くの人員削減が行なわれた。

このような状況の中で，政府は新規雇用の創出と社会安全網の拡充に重点をおいた新たな失業対策を打ち出した。また，雇用保険制度は当初の趣旨である「積極的な労働市場政策」よりは「緊急避難措置としての失業対策（消極的な労働市場政策）の主な手段として位置づけられ，1999年4月からは全事業所に拡大適用されるとともに，失業者の救済と雇用の安定に重点がおかれるようになった。そして，外国人産業研修生制度による外国人労働者の受け入れ規模は縮小され，国内労働者への代替が奨励されるようになった。

韓国は日本と同じように大企業の場合，内部労働市場が発達し，安定的な長期雇用と良好な労働条件の下で働いていた男子正規労働者も例外なくリストラの対象となり，臨時職，日雇い労働者などの非正規労働者に置き換えられていたのである。そのため，非正規労働者が急激に増大した。経済危機は韓国の労働市場や雇用慣行に大きな変化をもたらした。

雇用調整の類型にはさまざまな形態があるが，崔康植・李奎容（1999）によると，1998年4－10月に調査対象企業の355社のうち304社（85.6%）が何らかの形で雇用調整を行なっている。雇用調整を類型別でみると，賃金の調整が78.9%，人員の調整は69.6%，そして労働時間の調整は56.1%である。多くの企業が人件費削減に最も効果的な方法で雇用調整を実施したことがわかる（図

表 7-1)。

図表 7-1 雇用調整の類型と実施状況 （単位：%）

	1998 年 3 月調査		1998 年 10 月調査
	1997 年 1－11 月	1997 年 12 月－ 1998 年 3 月	1998 年 4－10 月
労働時間の調整	20.0	36.7	56.1
・残業時間の短縮	6.0	17.3	23.1
・所定労働時間の短縮	1.3	4.3	6.2
・隔週休務など休日の増加	9.0	9.7	16.3
・年月次休暇の積極勧誘	13.7	31.3	47.6
・一時休業	1.3	2.7	7.3
・一時休職制の実施	－	1.0	4.5
人員の調整	19.7	43.7	69.6
・正規職を非正規職に代替	2.3	5.0	15.8
・採用凍結または縮小	15.0	38.7	56.1
・名誉（早期）退職の実施	5.7	8.0	23.4
・非正規職の減縮	3.7	12.7	17.5
・整理解雇（勧告辞職）の実施	7.0	17.3	24.5
機能的調整	12.7	24.3	29.9
・社内及び社外教育訓練	1.7	4.0	9.0
・配置転換の実施	10.3	20.0	23.4
・社外派遣（出向）	0.3	0.7	3.1
・系列会社・関係会社に転出（転籍）	2.3	4.3	8.7
企業組織再構築	6.0	11.3	30.7
・下請や外注加工の拡大	2.0	3.0	11.5
・事業場の閉鎖または海外移転	1.0	2.0	9.0
・企業買収・合併	0.3	－	5.4
・事業部署（生産ライン）縮小	3.0	7.0	16.1
・分社化，企業回生救済の実施	1.0	1.3	6.5
賃金の調整	10.7	38.7	78.9
・賃上げの凍結	6.7	25.0	61.1
・賞与などの賃金削減	6.0	28.7	57.7
・賃金体系の見直し	0.3	3.3	11.8
・その他労働費用の削減			47.3
雇用調整実施企業数	97(32.3)	181(60.3)	304(85.6)
調査対象企業数	300(100.0)		355(100.0)

出所：崔康植・李奎容（1999），p.17。

韓国では，雇用調整の1つの手段として名誉退職制度（日本では早期退職優遇制度という）が広く実施されている。名誉退職制度とは，企業が定年年齢に

到達する前に一定の基準（勤続年数や年齢）を満たした労働者の自発的意思によって退職する制度である。名誉退職の場合には，通常の退職金に割増しという形で退職金が優遇されるのが一般的である。

　企業が名誉退職制度を導入するのは，割増退職金を支払うのが早期退職に対するインセンティブになる一方，同じ従業員を定年年齢まで雇い続けるのと比較すると，人件費コストの大幅な削減につながるからである。また，どの企業でも従業員の高齢化が進行して，役職昇進の遅れが生じている。役職者が定年を待たずに退職すれば，それだけ早く管理職の新陳代謝を進めることができ，組織の活性化を図ることができるなどのメリットがある。

　名誉退職者の対象基準として韓国では，勤続年数や年齢が最も多く利用されている[2]。企業によっては，名誉退職対象者の範囲を拡大し，年齢や勤続年数が短い30代の若年層まで下げているところもある。韓国労働研究院（2002）の調査でも名誉退職者の選定基準として「勤続年数」が68.4％，「年齢」が55.5％となっている[3]。名誉退職者の選定において年齢を基準とする場合，何歳以上を基準とするかをみると，「50歳以上」が25％で最も多く，次いで「40歳以上」12.6％，「55歳以上」10.2％となっている[4]。このような傾向は整理解雇の場合もいえる。

　このような背景には韓国の賃金制度と深い関係がある。すなわち，日本と同様に韓国の賃金制度は基本的に年功序列賃金である。年齢や勤続年数が増えるにつれて賃金が上がる仕組みになっている。したがって，企業は当然ながら人件費負担の高い人を対象としているのである。

3. 雇用慣行の変化

　韓国では，経済危機以降，景気不況で雇用不安が高まっている中，人員削減や構造調整などによるサラリーマンの危機感も強まっている。インクルート（www.incruit.com）が2009年サラリーマン1,075人を対象に行なった「現在の職場での予想定年についての調査」によると，サラリーマンの平均予想定年は平均43.9歳で，2008年に調査した48.4歳より4.5歳下回っている。年齢別

では20代が36.0歳，30代43.9歳，40代53.2歳，50代以上は58.9歳と年齢が低いほど予想定年が低く，とくに20代の場合40歳にもなる前に現在の職場をやめるという結果となっている[5]。

これは職業生活を終了することではなく離職・転職を考えていることと受け止められる。それでは職場生活において離職・転職を何回考えているかの予想質問に対して，「1回」が33.4％と最も多く，次いで2回27.0％，3回24.3％で，年齢別では20代の場合，3回が31.3％で最も多く，2回が31.0％を占め，多くの20代が離職・転職を考えていることがわかる[6]。このような調査結果は，年齢が高くなるほど扶養家族が増え，責任感が重くなり離職・転職に対して保守的な立場をとるからであろう。

ジョブコリアが2003年に行なった調査をみると，「定年まで雇用の安定を保障される」と考えている人は18.4％にすぎない。61.3％は「保障されないであろう」と回答している。また，企業に対する「定年退職年齢まで働く職員がどの程度いるか」という質問に対して，48.8％が「ほとんどいない」と回答している。一方，「定年まで働く」と回答したのは2.3％にすぎない[7]。

このように，韓国では定年制はあるものの多くのサラリーマンは自分の定年年齢をそれより短く認識しており，雇用保障についても否定的な見解が多数を占めている。早期退職が自発的なのか非自発的なのかについては議論があろうが，両方を含んでいると考えられる。すなわち，韓国では1997年以降，企業の構造調整と成果主義による人事・賃金制度の構築が同時に行なわれてきた。そこで，社内の見えざる圧力や会社からの勧告による非自発的退職と抜擢昇進などの逆転人事によって年齢を重んじる文化的要因による自発的退職が行なわれてきた。韓国において年齢は人間関係において大変大きな意味をもっており，年齢要素は人的資源管理においても多かれ少なかれ影響を及ぼしている[8]。

張ジョン（2003）によると，企業が採用のとき年齢上限を設ける理由は何かを設問し，2つを選択させたところ，65％の人が「上級者より年齢が高い下級者を不便に感じる文化的要因のため」をあげており，次いで40％の人は「年齢が高い人は低い賃金で採用しにくいから」を年齢制限の理由としてあげている[9]。このような組織文化の特性は組織内でもよくみられる。75％の人は「会社内で会った人に対して年齢を尋ね，序列をつけ応対する態度を決定する」

ことがあると答えている。会社内だけでなく,「仕事で知り会った人の間でも年齢を尋ね,序列をつけ応対する態度を決定する」という人も60%もいる。このように韓国社会では人間関係において年齢は重要な要因となっている(図表7-2)。また,「年齢が若い上級者がくると,年齢の高い下級者は職場を変える」ことがあるは47.4%,「勤続年数が短い後輩が上級者にくると,昇進できなかった先輩は職場を変える」は56.0%にものぼる[10]。

以上のように,韓国では雇用の流動化や能力主義・成果主義の進展ならびに韓国的組織文化の特性によって長期雇用に執着することなく,早期退職する傾向が高まっている。

図表7-2 職場内序列決定に対する意識 (単位:%)

	とてもよくある	よくある	あまりない	ほとんどない	全体
A	27.5	47.6	19.6	5.3	100.0
B	14.7	46.3	30.6	8.4	100.0
C	8.0	39.4	41.8	10.8	100.0
D	10.0	45.9	36.5	7.6	100.0
E	22.0	41.8	28.0	8.2	100.0

注:A=会社内で会った人に対して年齢を尋ね,序列をつけ応対する態度を決定する
B=仕事で知り会った人の間でも年齢を尋ね,序列をつけ応対する態度を決定する
C=年齢が若い上級者がくると,年齢の多い下級者は職場を変える
D=勤続年数が短い後輩が上級者にくると,昇進できなかった先輩は職場を変える
E=チームを組んで仕事を行なう際,年齢が低い人がもっとたくさんの仕事をする。
出所:張ジョン(2003), p.118より再作成。

4. 定年制と退職金制度

(1) 定年制の導入状況

韓国でも日本と同様,一定の年齢に達すると強制的に退職する定年制度[11]がある。定年に関しては,通常,就業規則または労働協約に明記されている。韓国生産性本部(1987)が行なった調査によると,定年制の実施根拠について,「就業規則の規定による」が67.8%で最も多く,次いで「就業規則と労働協約の統合規定による」27.7%,「労働協約の規定による」4.5%となっている[12]。定年制は労働者が決められた年齢に達したとき,労働者と使用者の間に結ばれ

ていた労働契約が自動的に終了するという制度である。しかし，この定年以前に，使用者が労働者を解雇したり，労働者が退職したりしてはいけないということを意味するのではない。

定年による退職は使用者の一方的な意思表示による解雇でもなく，労働者の一方的な意思表示による退職でもない。また，労使双方の合意による労働契約の解除でもない。つまり，定年制に基づく退職は，当事者の意思表示がなくても，労働関係が自動的に終了するものである。したがって，退職についての意思表示があらためて行なわれなくても，当然に労働契約が終了するところに，定年制の特徴がある[13]。

欧米の場合は年金受給の開始年齢が退職年齢となっており，定年と年金が密接に結びついている。米国では雇用における年齢差別法が1967年に成立し，40歳から65歳までの人々を雇用のあらゆる領域において差別することが違法とされた。その後，数回の改正を経て65歳から70歳に引き上げられ，1986年の改正によって年齢の上限が廃止され，現在では40歳以上すべての年齢の人々が法律の対象になっている[14]。

一定の年齢で一律に退職することを定めた定年退職制度（mandatory retirement）も禁止されている。また，レイオフや解雇を実施する場合に，40歳以上の中高年従業員だけを対象にすることは違法となる。したがって，中高年従業員を削減したい場合には，早期優遇策を制度化して早期に退職するよう誘導する必要がある[15]。

韓国の定年制は，いつ，どのような形で始められたかは明確ではない。しかし，韓国経営者総協会（1978）が行なった「企業定年制の現況」調査をみると，1949年以前に定年制を制定した企業は0.7％にすぎない。1950年代は3.7％，1960年代は32.8％となっている。この調査結果から韓国では定年制が1950年代に生成し，60年代から普及し始められたといえる[16]。

韓国経営者総協会が1995年に行なった調査によると，92.5％の企業が定年制を導入している。規模別では300人以上の大企業が99.4％，300人未満の中小企業では88.6％となっている[17]。定年制の類型は一律定年制が73.3％で最も多く，次いで職級別定年制12.7％，職種別定年制10.6％の順となっている[18]（図表7-3）。一律定年制を導入している企業の定年年齢の分布をみると，55歳

定年が54.8%と最も多く，58-59歳は約2割で，60歳以上は1割強となっている。韓国では60歳定年を努力義務としており，国民年金受給開始年齢も60歳となっていることを考えると，定年年齢の延長に対して企業の消極的な対応がみられる。

定年延長は企業の人的資源管理にさまざまな問題点をもたらすことになる。定年延長の阻害要因として，たとえば，年功賃金による人件費負担の増大，ポスト不足による人事停滞，退職金の増大などが考えられる。とくに，定年延長に対して韓国の企業が消極的なのは，韓国独特の賃金制度や退職金制度に起因するところが大きい。

図表7-3 定年制の類型　　　　　　　　　　（単位：%）

一律定年制	職級別定年制	職種別定年制	その他	合計
73.3	12.7	10.6	3.4	100.0

出所：労働部（2008），p.14。

(2) 退職金制度

韓国の退職金の支給は戦前からあったものの強制ではなく慣行として支払われてきた。退職金制度は「退職勤労者に対する老後の所得保障」という趣旨の下で1953年の勤労基準法の制定に伴って導入されたが，当初は任意制度であった[19]。しかし，1961年同法の改正によって退職金制度は強制制度となり，対象企業は従業員規模30人以上となった。その後，強制退職金制度の対象範囲を拡大し，1975年には従業員規模16人以上の企業，1987年には10人以上，そして1989年には5人以上となった。1997年には勤労基準法の改正とともに現行の退職金制度の任意化についての議論もあったが，労働組合側の反対で強制制度のまま維持されている。その代わりに，退職金中間清算制度と退職年金保険制度が新設された[20]。

前述したとおり，韓国の勤労基準法では常用労働者5人以上を雇用している雇用主はその従業員に退職金を支給するための退職金制度を設けることが義務づけられている。勤労基準法第28条には「使用者は継続勤労年数1年に対して30日分以上の平均賃金を退職金として退職する勤労者に支給できる制度を設定しなければならない。但し，勤労年数が1年未満である場合にはその限り

ではない」と，退職金制度を法律で強制している。しかし，企業側としては非常に大きな負担とならざるをえない。それは退職金の算定基準が平均賃金となっているからである。勤労基準法でいう平均賃金は基本給，賞与，諸手当だけでなく，使用者の任意あるいは慣例的に支給されるあらゆる賃金及び現物給与までも含むとされている[21]。韓国企業が定年延長に消極的なのは法定退職金制度が1つの要因となっている。

　退職金制度は一般に，退職金規定，団体協約，就業規則などに定められている。退職金の支払方法は法律に定められた基準に従って支払う法定率方式と勤続年数の増加に伴って累進的に上がる累進率方式がある。朴（1991）の調査によると，退職金の算定の際，法定率方式を採用する企業が62.8％，累進率方式を採用する企業は37.2％となっている（図表7-4）。累進率方式は1978年には5.8％，1982年には21.6％，1991年には37.2％と年々増加傾向にある[22]。この背景には，労働運動の活性化や経済発展による企業の支払能力の拡大そして勤労者の福祉需要の増大などに起因するものと推測される。

　役員に対する退職金は勤労基準法では別途の規定が設けられていないが，多くの企業が一般社員よりも高い累進率を適用している。

図表7-4　退職金の支給方法　　　　（単位：％）

	1978年	1982年	1991年
法定率	94.2	78.4	62.8
累進率	5.8	21.6	37.2
合計	100.0	100.0	100.0

出所：朴ヨンボム（1992），p.45から再作成。

図表7-5　勤続年数別退職金支給平均月数　　（単位：カ月）

勤続年数	全体企業			累進率適用企業		
	1982	1991	1996	1982	1991	1996
5年	5.4	5.3	5.3	6.4	6.5	6.1
10年	10.9	11.0	10.8	14.6	14.7	13.3
15年	16.9	17.0	16.6	24.2	23.8	21.6
20年	23.1	23.2	22.5	34.3	34.1	30.3
25年	29.2	29.4	28.4	44.5	44.8	39.0
30年	35.2	35.7	34.3	54.5	55.3	47.9

出所：方ハナム（1998），p.34。

累進率を適用している企業の支給率をみると，若干の変化がみられる。1982年から1991年まではわずかながら増加しているものの，1996年は退職金支給月数が減少している（図表7-5）。これはこれまで累進率の適用で経営上の負担を感じていた企業が退職金に対する累進率を見直してきたからであろう[23]。

　以上のように，韓国の退職金制度は，法定退職金を特徴としながらその算定基準が退職前の3カ月に勤労者に対して支給された賃金の総額をその期間の総日数で割った平均賃金であることに大きな特徴がある。現在の法定退職金制度は，国民年金（1988年）や雇用保険制度（1995年）の社会保障制度と重複するところがある。これらの制度が導入されたことによって法定退職金制度が一部担っていた社会保障の機能はかなり分担あるいは縮小された。それにもかかわらず，法定退職金制度が企業に強制・義務化されていることは企業の競争力低下，企業のコスト上昇などにも影響を及ぼしている。したがって，現在の法定退職金制度の社会保障の機能は国による保険制度の強化と企業年金制度に転換し，法定退職金制度を任意化するか縮小・廃止する方向へと改善する必要がある。

5. 定年延長と賃金ピーク制

(1) 高齢化の推移

　韓国では出生率の急激な減少，平均寿命の延長などによって急速に高齢化が進んでいる。UNは全体の人口の中で65歳以上の人口が占める割合が7%以上を高齢化社会，14%以上を占めると高齢社会，20%以上を占めると超高齢社会と定義している。韓国は2000年に7.2%を占める高齢化社会に入り，2019年には14.4%を占め，高齢社会を迎えると予測されている。さらに，2030年には23.1%，2040年30.1%，そして2050年には34.4%に達し，超高齢社会時代が到来すると予測されている。

　韓国の高齢化の進展は他の先進諸国に比べても進行速度が速い。日本に比べても韓国のほうがもっと速い。たとえば，日本の場合，65歳人口の全人口に占める割合が1970年の7%から1994年の14%に達したのに24年かかった。また，14%から20%までは12年かかった。ところが，韓国の場合，日本より

もっと速いスピードで高齢化が進む。すなわち，65歳以上の高齢人口が全人口に占める割合は，2000年に7%に達したが，2019年には14%に達すると見込まれており，また，2026年には20%に達すると予想される（図表7-6）。

図表7-6　高齢化進展の国際比較　　　　　　　　（単位：年）

	65歳人口の全人口に占める割合と到達年度			増加所要年数	
	7%	14%	20%	7%→14%	14%→20%
韓国	2000	2019	2026	19	7
日本	1970	1994	2006	24	12
アメリカ	1942	2013	2028	71	15
ドイツ	1932	1972	2012	40	40
フランス	1864	1979	2020	115	41
イギリス	1929	1976	2021	47	45
イタリア	1927	1988	2007	61	19

出所：張ジョン（2003），p.14。

このように韓国の高齢化は世界で類を見ないスピードで進展しているが，その要因は65歳以上の人口の増加以外に，65歳未満の人口が65歳以上の人口に比べて相対的に減っていることにある。その最も大きな要因は出生率の低下である。韓国の出生率は1970年に4.53だったものが，1980年に2.83，1990年に1.59，2000年に1.47，2008年には1.37と急減している。韓国の出生率は主要先進諸国と比べて最も低い[24]。

出生率の低下とともに平均寿命の延長も明らかである。韓国統計庁によると，韓国人の平均寿命は1971年に62.3歳から2000年には75.9歳，2008年には79.9歳へと大幅に延びた。2008年の男女の平均寿命は男性が76.5歳，女性が83.3歳である。平均寿命の延長は今後，人口の高齢化に拍車がかかるとみられる[25]。

このような高齢化の進展は定年延長の社会的要請と退職金制度の運用や年功賃金という2つのジレンマに陥っている。

(2) 定年延長と高齢者の雇用促進

韓国では1991年に「高齢者雇用促進法」が制定された。高齢者雇用促進法では，「事業主が勤労者の定年を定める場合にはその定年が60歳以上になるよう努力しなければならない」（高齢者雇用促進法第19条）と規定している。ま

た,「事業主は定年に到達した者が,その事業場に再び就業を希望する場合は その職務遂行能力に適した職種に再雇用するよう努力しなければならない」 (同法第 21 条)としている。定年をはるかに低い水準で定めた事業主に対して 定年延長の計画を作成して提出することを要請し,その計画が適切ではない場 合,計画の変更を勧告することができる。しかしながら,企業にこの勧告を受 け入れさせる強制力もなく罰則規定がないため遵守されておらず,60 歳以上 の定年制を導入している企業はほとんどいないのが実態である。

2009 年には「高齢者雇用促進法」が改正され,「雇用上年齢差別禁止及び高 齢者雇用促進に関する法律」に変更され,これまで年齢を理由に高齢者が不利 益を受けるような雇用差別は少なくとも法律上では是正された。

労働部の調査によると,高齢者の平均雇用率は 2000 年 3.4%,2001 年 3.0 %,2002 年 3.7%,2003 年 3.9%,2004 年 4.5%,2005 年 4.9%,2006 年 5.5% と増加推移となっている。規模別では 300－499 人が 8.9%,500－999 人 8.3 %,1,000 人以上 3.8%と規模が大きいほど高齢者雇用が低い[26]。韓国政府は高 齢者雇用促進のために,高齢者雇用促進奨励金,定年延長奨励金,定年退職者 継続雇用奨励金を実施しているがあまり効果がないのが実態である。定年延長 の必要性は高齢化の問題だけでなく,年金支給とも関連がある。韓国では 2013 年から国民年金の受給開始年齢が 61 歳に調整され,その後 5 年ごとに 1 歳ずつ引き上げられ,2033 年には 65 歳から年金が受給されることになる。

労働組合も企業内従業員の高齢化に伴って定年延長を求めている。すでに, 現代自動車は労使合意で定年年齢を 56 歳から 58 歳へと延長しており,韓国電 力も 2010 年に 58 歳の定年を 60 歳に定年延長を行なった企業もある。

韓国企業において,高齢者を忌避する最大の理由は,年功賃金による高齢者 に対する賃金負担が大きいことである。賃金が年功によって決定されるとすれ ば,高齢層になるにつれて賃金水準が生産性より高くなる。韓国では年功賃金 が支配的であっただけに企業は生産性を上回る賃金コスト問題を解決するた め,高齢者を優先的に雇用調整の対象とするのである。年功賃金は若いときに は生産性より低い賃金を支払うが,年齢が高くなると生産性を上回る賃金を支 払う賃金管理の考え方である。年功賃金は高齢者雇用に大きな阻害要因となっ ている[27]。

一般に，雇用調整を避け，雇用を維持していくもっとも望ましい方法は賃金の柔軟性を高めることである。この観点からすると，高齢者の雇用を維持させるためには，高齢者に対して生産性に見合った賃金を支給する賃金体系が必要である。その1つとして，高齢者の雇用延長に伴う賃金配分をどうするかということで，2003年から賃金ピーク制度が導入されるようになった。

(3) 定年延長としての賃金ピーク制度
1) 賃金ピーク制度とは

労働部の定義によると，「賃金ピーク制度（salary peak system）とは勤労者の継続雇用のため労使間の協議を通じて一定年齢を基準に賃金を調整し，所定の期間の雇用を保障する制度である[28]」と定義されている。すなわち，賃金ピーク制度は賃金の柔軟性を保ちながら雇用を維持しようとする制度であるといえる。

賃金ピーク制度は最初はワークシェアリングの一環として議論されていた。しかし，ベビーブーム世代（1955-1963年生まれ）が引退し始め高齢層の失業増加が見込まれる中，高齢者に対する再就業と年金など社会安全網が充実していない状況の中で，賃金ピーク制度は，高齢者雇用延長の対策のひとつとして最も現実的な代案として注目されている。

労働部（2008）が従業員100人以上を対象に行なった賃金ピーク制度の導入状況をみると，全体で16.2％となっている[29]。賃金ピーク制度の導入理由をみると，「人件費の軽減」が59.4％と最も多く，次いで「高齢者の経験とノウハウの活用」（50.0％），「中高年人力の雇用不安の解消」（35.4％），「高齢者の士気向上」（22.6％），「人事停滞の解消」（18.4％），「構造調整の代案」（18.4％）

図表7-7　賃金ピーク制の類型　　　　　　　　　　　（単位：％）

定年保障型	定年延長型	雇用延長型
52.5	57.8	34.9

注：① 定年保障型とは，現在の定年を保障する代わりに，定年前の一定年齢から賃金を削減する類型，② 定年延長型とは，現在の定年年齢を延長する代わりに，一定年齢から賃金を削減する類型，③ 雇用延長型とは，定年退職した後，再雇用という形で一定期間雇用を延長する代わりに賃金を削減する類型。
出所：労働部（2008），p.18。

の順となっている[30]。

　賃金ピーク制度の導入類型としては，「定年延長型」(57.9％) と「定年保障型」(52.5％) が多く，「雇用延長型」(34.9％) の導入率は低い（図表7-7）。賃金ピーク制の導入は労使間の協議事項であるため，労働側としてはできるだけ雇用の安定と雇用期間の延長を求めていることがうかがわれる。

　賃金ピーク制度を導入している企業の定年延長期間と賃金水準の調整との関係をみると，雇用延長型の場合，延長年齢は58－60歳が多く，賃金調整の年齢は54－55歳からが多い。一方，定年保障型の場合は55－58歳まで定年を保障しながら定年2－3年前から賃金調整を行なうケースが多い[31]。雇用を延長した場合の賃金水準は定年以前と比べて平均7割強となっている。賃金カーブの屈折年齢は55歳が最も多い[32]。

　雇用延長型賃金ピーク制を導入した企業の雇用延長対象者の選定方法をみると，「会社が特別に必要とする者」が54.5％で最も多く，次いで「原則的に希望者全員」22.7％,「会社が定めた基準に適する者」18.2％と実質的には会社の都合によって雇用延長の対象者が選別されていることから高齢者雇用が徹底していないのが現状である（図表7-8）。このような傾向は300人以上の企業で強い。雇用延長対象者を選定する際の重視基準としては，「専門的な資格技術」が77.3％と最も多く，次いで「能力」59.1％,「健康」54.4％の順である[33]。

図表7-8　雇用延長対象者の選定方法　（単位：％）

		原則的に希望者全員	会社が定めた基準に適する者	会社が特別に必要とする者	その他
全体		22.7	18.2	54.5	4.5
規模別	1－99人	20.0	20.0	60.0	0.0
	100－299人	11.1	22.2	66.7	0.0
	300人以上	37.5	12.5	37.5	12.5

出所：労働部 (2008), p. 49。

　韓国政府は2006年から賃金ピーク制度を支援するために，導入企業に対して賃金負担の緩和を目的に「賃金ピーク制の補填手当」を新設した。政府は支援要件として，企業では労使合意に基づいて次のような賃金ピーク制度を導入・実施しなければならないとされている。つまり，①最初55歳以上の年齢まで雇用を保障，②一定年齢，勤続年数，賃金を基準にピーク年齢・賃金設

定，③ 賃金水準が下落する下向型賃金ピーク制度，④ 実施に当たっては団体協約や就業規則などを通じて書面での確認が可能でなければならないとされている[34]。

賃金ピーク制の補填手当の支援条件は，55歳以上の年齢まで雇用を保障する事業場において，18カ月以上勤務し，賃金が10%以上削減された54歳以上の勤労者に削減された賃金の50%を支援する。支援期間は事業場別の賃金調整時期および雇用保障年齢によって最初1年から最大6年までであり，55歳まで雇用保障する場合は1年，56歳まで雇用保障は2年，57歳までは3年，58歳までは4年，59歳までは5年，60歳までは最大6年間支援が受けられる[35]。

賃金ピーク制度の導入をめぐっては労使間の認識のギャップも大きい。労働側は賃金が最大50%も減少することに対して受け入れがたいという立場であるのに対して，経営側は人件費節約のためには雇用調整が不可欠であるという立場である。「賃金か雇用か」の選択が求められる中，労働部が行なった調査によると，やむを得ずに名誉退職と賃金ピーク制度のどちらかを選択するとしたらどうするかという設問に対して，過半数以上の82.1%が賃金ピーク制度と回答している[36]。これはある程度の賃金削減はやむをえないとして雇用の安定を重視しているといえる。

2) 賃金ピーク制の企業事例[37]

ここでは賃金ピーク制度を導入している3社の運営事例を紹介する。まず，A社は経済危機以降，企業成長の鈍化に伴い，昇進機会が減少するなど人事停滞問題が生じた。名誉退職制度を導入していたが，本人の意思とは関係なく勧告という形で行なわれ，雇用不安感をもつ社員のモラール低下や早期退出に伴う社会的な副作用がもたらされた。そこで，人事停滞の解消や名誉退職による副作用を軽減させる対策として2003年に労使合意によって賃金ピーク制度を導入するようになった。それに伴ってA社は定年年齢を58歳から59歳へと延長するとともに，満54歳をピーク年齢に設定し，55歳から段階的に賃金が減少するようにした。年齢が多いほど賃金が高まる年功序列賃金から脱却し生産性に見合った賃金を支給するためである。定年延長による賃金は55歳にはピーク賃金の75%，56歳及び57歳には55%，58歳には35%へと賃金水準

が下がる。賃金が減少すると，退職の際の退職金に影響を及ぼすので，A社は退職金が減少されるのを防ぐために，これまでの退職金の中間清算はもちろん賃金ピーク制度の実施後も毎年変更された賃金を基準に退職金を中間清算している。

B社は企業成長の鈍化や年功賃金制度の下で従業員の平均勤続年数が同業他社に比べて長いことから整理解雇の必要性があった。2003年に労働組合が満57歳の定年保障を条件に賃金ピーク制度の導入の提案があり，会社がこれを受け入れ，2003年から賃金ピーク制を実施するようになった。さらに，B社は2005年に定年年齢を満59歳へ延長した。B社の賃金ピーク制度はその基準が年齢ではなく賃金を基準としているところに特徴がある。日給31,000ウォンをピーク賃金に設定し，これを上回る生産職勤労者は職務を勘案し，ピーク賃金以下に調整する。また，賃金ピーク制度の対象者のうち，満50歳以上は

図表7-9 賃金ピーク制度の導入事例

事例	導入時期	適用年齢	運用
A社	2003	55歳	55歳：75%，56・57歳：55%，58歳：35%の賃金支給
B社	2004	56歳	58歳の定年年齢を59歳へ延長 ピーク賃金の56歳：80%，57歳：70%，58歳：50%の賃金支給
C社	2005	55歳	55歳から3年間80%，60%，40%の賃金支給
D社	2005	55歳	定年58歳から59歳へ延長 55歳から3年間85-90%の賃金支給
E社	2005	55歳	55歳から72%の賃金支給 実績によって2年間72%または57%の賃金支給
F社	2005	56歳	56歳から2年間50%賃金支給
G社	2005	55歳	定年を58歳から59歳へ延長。 55歳から1年次70%，2年次60%，3・4年次40%の賃金支給
H社	2004	53歳	53歳から賃金上率を鈍化させ，定年の57歳以降からは賃金率を減少させながら継続雇用
I社	2006	55歳	定年を58歳から59歳へ延長 1年次80%，2年次70%，3年次55%，4年次40%の賃金支給
J社	2005	55歳	1級59歳基準，定年4年前から適用 —1年次90%，2年次80%，3年次70%，4年次60%賃金支給 2級58歳基準，定年3年前から適用 —1年次90%，2年次80%，3年次70%の賃金支給

出所：朴鐘熙（2006），pp.42-43から抜粋引用。

定年（満57歳）まで調整された賃金を凍結し，満50歳以下は毎年労使合意による賃金引上率が適用される。

　C社は高齢化時代を迎えて雇用安定の必要性が増大していることや青年失業の社会問題化による企業の社会的責任の分担のために，2005年に賃金ピーク制度を導入した。C社は賃金ピーク制度を定年は保障するが，一定年齢に到達すると賃金を削減し，削減された人件費に見合った新規採用を行なうというワークシェアリングとして捉えている。賃金ピーク制度の運用をみると，定年年齢を58歳から59歳に1年延長する代わりに満55.5歳になると，契約職に身分が転換される。そして契約職になってから定年退職までの賃金は1年目は年俸の90％，2年目は75％，3年目は60％，4年目は30％が支給される。賞与とインセンティブは支給しない。退職金は規定によって支給する。

　以上の3社のほかに，近年，韓国で導入されている賃金ピーク制度の導入事例を示すと，図表7-9のとおりである。

6. おわりに

　以上，韓国の労働市場や雇用慣行の変化，そして定年制の現状と定年延長の近年の動向についてみてきた。韓国では，経済危機以降，整理解雇，名誉退職（早期退職）などの人員削減や賃金削減，労働時間の調整などさまざまな雇用調整が断行された。それによって，韓国の労働市場や長期雇用慣行も大きく変わるようになった。労働者の意識にも変化がみられ，生涯職場から生涯職業へと変わった。若いうちに転職を考えている人も少なくなく，会社と従業員との関係が大きく変わってきている。このような傾向は能力主義・成果主義人事制度の導入によってさらに強められた。

　一方，韓国では平均寿命の延長や出生率が低下しており，高齢化が急速に進展している。高齢化を背景に高齢者の雇用問題として定年延長ないし雇用延長の動きがある。これまで韓国では，高齢者問題はあまり議論されてこなかった。それは人口全体に占める65歳以上の高齢者の占める割合が少なかったからである。しかし，いまは急速に高齢化社会へと進んでおり，高齢者に安定し

た雇用機会を確保することが重要な課題となっている。韓国政府はこのような高齢者問題を解決するために，1990年代に入り，高齢者雇用対策を行なうとともに，年金政策，国民基礎生活保障政策を本格的に展開している。また，高齢者の雇用促進を図るため事業主に対する援助措置を実施するなど，さまざまな高齢者の雇用対策の充実を図ってきた。

高齢者の定年延長・雇用延長は当然，退職金をはじめ年功賃金による企業の人件費負担につながることになる。高齢者の雇用を維持させるためには，退職金制度の改善とともに生産性に見合った賃金を支給する賃金体系が必要である。そのために，韓国では高齢者の雇用を延長あるいは雇用を保障することによる企業側の追加的人件費の負担が生じないよう一定年齢（ピーク年齢）での賃金（ピーク賃金）を基準に賃金額を削減していく，いわゆる賃金ピーク制が導入されている。

今後，高齢者の活用は不可欠である。しかし，企業側の高齢者の雇用や雇用延長については，消極的である。それは高齢者を雇用するコストと，高齢者の生み出す生産力とを比較すると，コストが生産力を上回ることが多いからであると考えられる。したがって，高齢者を活用していくためには，賃金制度の見直しが必要である。能力に応じた賃金や仕事に応じた賃金が実現すれば，生産力の対比で高齢者雇用に消極的となる要因をかなり取り除くことができるといえる。

[注]
1) 「四五停」は西遊記に登場する「沙悟浄」，「五六盗」は釜山沖の島で「五六島」と発音が同じであり，「38線」は北朝鮮と韓国の軍事境界線を意味している。
2) 詳しくは，金ガンシク（1996）「韓国企業名誉退職制度の現況と課題」『賃金研究』第4巻第2号，経総賃金研究センター，p.14及び 安煕卓（1996c）『韓国企業の人的資源管理制度革新事例』韓国経営者総協会，p.86。
3) 名誉退職者の選定の際，その年齢基準は50歳以上が25％で最も多く，次いで40歳以上12.6％，55歳以上が10.2％となっている。詳しくは張ジョン（2003），『高齢化時代の労働市場と雇用政策（Ⅰ）』韓国労働研究院，pp.97-98 参照。
4) 張ジョン（2003），前掲書，p.97。
5) インクルートの2007年にサラリーマン3,876人を対象に行なった「予想定年と退職形態についての調査」では，サラリーマンの予想定年は平均45.5歳で，年齢別では20代が38.5歳，30代が45.5歳，40代52.8歳，50代以上61.8歳であった。性別では男性が47.1歳，女性が39.4歳となっている（佐藤静香（2008）「韓国における大卒ホワイトカラーのキャリア管理と早期退職」『大原社会問題研究所雑誌』No.596, p.40）。

6) インクルートの 2009 年の調査をみると，予想定年が短くなることで定年後を準備しているサラリーマンも増えている。定年後の計画については，貯蓄，年金などの老後のための財テク (42.1%)，第 2 の職業（職種）に対する準備 (36.3%)，同業他社への離職のための専門性の確保 (19.8%) の順となっている。
7) 詳しくは，佐藤静香 (2008)，前掲論文，pp. 39-40 参照。
8) 韓国企業の人的資源管理の中で，年功的要素の重要性については，多くの本や論文から指摘されている。この点に関しては，とりあえず佐藤静香 (2002)「韓国財閥企業における大卒ホワイトカラーの昇進管理—S 化学の事例」東北大学研究年報『経済学』，および 安煕卓 (2009)「韓国企業ホワイトカラーの昇進管理」九州産業大学『経営学論集』第 20 巻第 1 号参照。
9) 張ジョン (2003)，前掲書，p. 117。
10) このような年齢や勤続年数に対する態度は，世代によって差が生じており，20-30 歳代よりも 40-50 歳代のほうが強い（張ジョン (2003)，同書，pp. 116-118）。
11) 韓国では「定年」の漢字が日本で使われているのと違って「停年」という漢字が使われているが，本稿では定年という漢字を用いる。
12) 韓国生産性本部 (1987)『定年制度に関する研究』同本部，pp. 108-109。
13) 日本労働協会編 (1979)『定年制』同協会，pp. 3-4。
14) 詳しくは，竹内一夫 (2001)『人事労務管理』新世社，pp. 317-320 参照。
15) 判例では早期退職制度の実施条件として，①制度について十分な情報を従業員に与えていること，②従業員が早期退職の得失について十分に考える時間が与えられていること，③早期退職が完全に任意であって，早期退職を強要しないことなどとなっている（竹内一夫，同上書，p. 319）。
16) 安春植 (1989)「人事・労務管理」韓国経営者総協会『労働経済 40 年史』同協会，pp. 302-303。
17) 韓国経営者総協会 (1995)『企業の定年制及び退職管理実態調査』，p. 15。
18) 労働部 (2008)『賃金ピーク制実態調査』，p. 14。
19) 韓国の退職金制度の歴史については，方ハナム (1998)『韓国企業の退職金制度研究』韓国労働研究院，第 2 章参照。
20) 同上，第 4 節参照。
21) 朴ヨンボム (1992)『韓国企業の退職金制度』韓国労働研究院，pp. 12-15 および p. 41。
22) 同上，pp. 43-45。
23) 1997 年の改正勤労基準法では，退職金の中間清算制が導入された。この制度は勤労者が要請する場合に退職前であっても勤続期間に対して発生した退職金を清算出来るようにした制度である。このような退職金中間清算制の導入趣旨は企業の継続的な累積退職金の負担を減らすとともに，働いている間に勤労者の資金の必要性を充足させるためである。退職金の中間清算の損益計算については，方ハナム (1998)，前掲書参照。
24) 各国の合計特殊出生率をみると，2008 年の基準で米国 2.12，フランス 1.98，イギリス 1.84，スウェーデン 1.85，イタリア 1.35，日本 1.37，韓国 1.19 となっている（国立社会保障・人口問題研究所 (2009)『人口統計資料集 2009』）。
25) 推計によると 65 歳人口が 2050 年には 2000 年に比べて 4.5 倍増加すると予想されており，20−49 歳の人口は同じ期間に半分に減少すると予想される。詳しくは，張ジョン (2003)，前掲書，第 1 章第 2 節参照。
26) 労働部 (2008)『賃金ピーク制実態調査』，p. 5。
27) Lazear, E. P. "Why is There Mandatory Retirement?", Journal of Political Economy, 89(6), pp. 1261-1284.（尹チョンヨル (2006)「高齢化低成長雇用維持方案としての賃金ピーク制」『賃金研究』第 14 巻第 2 号，pp. 11-12）。
28) 労働部 (2003)『事例で知る賃金ピーク制マニュアル』，p. 2。

29) 労働部（2008），前掲書，p.18。
30) 同上，pp.25-26。
31) 高ジンス・金ハンイル（2007）『賃金ピーク制の合理的導入方案と政策課題』労働経済研究院，p.40。
32) 労働部（2008），前掲書，pp.34-36 及び p.55。
33) 同上，p.50。
34) 李シンジェ（2006）「賃金ピーク制導入必要性と政府の支援制度」『賃金研究』第14巻第2号，p.116。
35) 同上論文，pp.116-119 参照。
36) 申チョンシク（2006）「韓国型賃金ピーク制導入と運用マニュアル」『賃金研究』第14巻第2号，p.96。
37) 賃金ピーク制の導入事例については，労働部（2003）『事例で見る賃金ピーク制マニュアル』；労働部（2008）『賃金ピーク制実態調査』2008年；経総労働経済研究院「特集　賃金ピーク制」『賃金研究』第14巻第2号，2006年に依拠している。

第8章
韓国の労働組合と労使関係

1. はじめに

　本章の課題は，韓国の労働組合の現状と非正規雇用や複数組合及び専従者をめぐる近年の労使関係の変化を明らかにすることである。近年，韓国における労使関係の争点は非正規雇用の問題と複数組合の問題，労働組合専従者に対する給与支給の禁止の3点に集約できる。経済危機以降，韓国では労働市場の柔軟化と労使関係の先進化が進められた。韓国で柔軟化をめぐる議論はIMF（国際通貨基金）が救済融資の条件として整理解雇を含む労働市場の柔軟化を強く要求したのがきかっけとなって始まった。1998年2月に整理解雇制が，1998年7月には労働者派遣制が導入されるなどそれまでの雇用保護規制は大いに緩和され，非正規雇用が急増し，深刻な社会問題となった。そのため，2007年7月には非正規雇用の処遇改善や非正規雇用の正規雇用への転換を促進するために非正規雇用保護法が施行されるようになった。

　また，2010年1月には労働組合法が改正された。その内容は同一事業場内の複数組合を認めることと労組専従者に対する給与支給を禁止するものであった。韓国ではこれまで組織対象を同じくする複数の組合を禁止していた。その一方において，専従者に対する給与は労使間の慣行としてこれまで使用者が支払ってきた。この2つの問題をめぐって労使の主張の溝が埋まらず，数回にわたって猶予され，迂余曲折の末，複数組合は2011年7月から，労組専従者に対する給与支給禁止は2012年7月から施行されることになった。

　以下では，韓国の労働組合の組織状況と団体交渉の特徴について概観する。つぎに，労使関係の争点となっている非正規雇用や複数組合・専従者をめぐる諸問題について検討する。

2. 労働組合と団体交渉

(1) 労働組合の組織状況

現在，韓国には韓国労総（韓国労働者総連盟）と民主労総（全国民主労働組合総連盟）の2つの総連盟（ナショナルセンター）が存在している。一般に，韓国労総は穏健で，民主労総は戦闘的といわれている。2009年労働組合組織実態をみると，韓国労総傘下には2,513組合，740,335人の組合員（全体の45.1％）が，民主労総傘下には553組合，588,394人（全体の35.9％）の組合員がそれぞれ所属している。また，どちらにも加盟していない1,623組合，311,605人（全体の19.0％）が存在している。

韓国の場合，労働組合の組織形態は日本と同様に企業別組合が基本である。9割以上が企業別に組織されており，産業別組合はごく少数にすぎない。しかしながら，民主労総傘下の産業別労組の組合数は少数でありながら，組合員数は46万強と多い。それは2006年以後，現代自動車などの大企業労働組合が産業別組織に加わったためである（図表8-1）。

1980年代から90年代にかけて，失業者や非正規労働者などの増加によって先進諸国の労働組合組織率は低下する傾向にある[1]。韓国においても1990年代から労働組合組織率が低下する傾向にある（図表8-2）。労働組合組織率の低下にはさまざまな要因があるが，特に，重要な要因としては，1990年代とりわけ97年の経済危機以降から中小企業労働者や非正規労働者が占める割合が増加したのに対して，大企業正規労働者を中心に組織している労働組合が，中小企業の労働者や非正規労働者の組織化を積極的に展開しなかったためである。大企業の正規労働者が非正規労働者を「自分たちの雇用安定の安全弁」とみなし，非正規労働者の組織化を怠ってきたこと，また，韓国の場合，中小企業に非正規労働者が多いが，従業員100人未満の企業では労働組合が組織されている割合が低いことが背景にある。

実際，2003年時点で組合員500人以上の大規模労働組合に所属している組合員は全体の70.2％であるのに対して，組合員50人未満の小規模労働組合に

図表 8-1　労働組合の組織現況　　（単位：カ所, 人, %）

総連盟別	組織形態	組合数	組合員数
韓国労総	企業別労組	2,369 (94.3)	442,673 (59.8)
	地域業種労組	107 (4.3)	80,101 (10.8)
	産業別労組	16 (0.6)	217,561 (29.4)
	産業別連盟	20 (0.8)	0
	総連盟	1 (0.0)	0
	小計	2,513	740,335
民主労総	企業別労組	467 (84.4)	114,577 (19.5)
	地域業種労組	43 (7.8)	8,218 (1.4)
	産業別労組	33 (6.0)	465,599 (79.1)
	産業別連盟	9 (1.6)	0
	総連盟	1 (0.2)	0
	小計	553	588,394
未加盟	企業別労組	1,518 (93.5)	214,617 (68.9)
	地域業種労組	78 (4.8)	6,897 (2.2)
	産業別労組	13 (0.8)	90,091 (28.9)
	産業別連盟	14 (0.9)	0
	小計	1,623	311,605
全体	企業別労組	4,354 (92.9)	771,867 (47.1)
	地域業種労組	228 (4.9)	95,216 (5.8)
	産業別労組	62 (1.3)	773,251 (47.1)
	産業別連盟	43 (0.9)	0
	総連盟	2	0
	全体	4,689	1,640,334

出所：労働部（2010）『全国労働組合組織現況』。

所属している組合員は組合員全体の 3.6% にすぎない[2]。

　非正規労働者の増加は，1997 年の経済危機以降，企業の倒産や雇用調整などによって大量の失業者が発生するなど労働市場の不安定の中で，企業が 1999 年以降の景気回復による人員不足を人件費の安い非正規労働者で埋められるようになったからである。

　しかし，非正規労働者の増加に対して労働組合による非正規労働者の組織化はあまり進んでいない（図表 8-3）。2009 年 8 月時点で常用労働者の労働組合組織率は 20.5% を占めているのに対して，非正規労働者に相当する臨時労働者・日雇労働者の労働組合組織率はそれぞれ 1.0%，0.4% と極めて低い[3]。

図表 8-2　労働組合組織率及び組合員数の推移

年度	組合員（千人）	組織率（%）	年度	組合員（千人）	組織率（%）
1980	948	14.7	1999	1,481	11.7
1985	1,004	12.4	2000	1,527	11.4
1990	1,887	17.2	2001	1,569	11.5
1991	1,803	15.4	2002	1,538	10.8
1992	1,735	14.6	2003	1,550	10.8
1993	1,667	14.0	2004	1,537	10.3
1994	1,659	13.3	2005	1,506	9.9
1995	1,615	12.5	2006	1,559	10.0
1996	1,599	12.1	2007	1,688	10.6
1997	1,484	11.1	2008	1,666	10.3
1998	1,402	11.4	2009	1,640	10.1

注：労働組合組織率は全体の組合員数を組織対象労働者数で割った数値。
出所：労働部（2010）『全国労働組合組織現況』。

図表 8-3　雇用形態別労働組合組織率　　　　（単位：千人，%）

	2008 年 8 月			2009 年 9 月		
	賃金労働者数	組合員数	組織率	賃金労働者数	組合員数	組織率
常用労働者	9,107	1,955	21.5	9,472	1,943	20.5
臨時労働者	4,970	86	1.7	5,117	52	1.0
日雇労働者	2,027	10	0.5	1,890	8	0.4

出所：韓国労働研究院『2010 KLI 労働統計』，p.142。

(2) 産業別組合への動き

　韓国では経済危機以降，韓国労総と民主労総は，組合組織の組織体形を企業別組合から産業別組合へと転換させようとする動きが活発になってきた。その背景には，労働組合組織率の減少，労組専従者に対する給与支給禁止，複数組合の許容など，労働界内部の危機意識が高まったからである。すなわち，労働界は既存の企業別組合の限界を克服するため，産業別労組の中央組織に予算と人力を集中させ，組織力と政策能力を強化し，労働時間短縮や非正規雇用の問題など，個別企業で解決が難しい労働界の要求を貫く狙いがある。
　産業別組合は企業別組合に比べて闘争力が強いため使用者側との交渉において優位に立つことが考えられるので，使用者側としては大きな負担とならざるを得ない。
　産業別組合は産業別連盟とは区別される。産業別組合は個々の労働者が直接

加入する組織であり，独自の規約，交渉権及び統制権を持つのに対して，産業別連盟は当該産業の個別企業，職種または地域単位で組織された単位労組が構成員となり，これによって交渉権と統制権は当然ながらその構成員である単位労組にあることに大きな相違点がある。また，産業別連盟が交渉権を持つためには，単位労組が交渉権を委任しなければならない。

このような違いから韓国における労働組合の産業別化は，さまざまな制約を抱えている。韓国の産業別組合は他の国の産業別組合とは異なり，最下部組織が企業別組合であるため，企業別組合を維持したまま産業別組織に編成しているのが現状である。

民主労総では金属3組織[4)]の統合による全国金属産業労働組合連盟（金属産業連盟）の結成を中心に言論・公共・金融・化学の分野で産業別連盟の組織統合化が図られてきた。そして，1998年2月には民主労総傘下で初めての単一産業組合である全国保険医療産業労働組合が結成し，2001年2月には金属産業連盟の傘下に全国金属労働組合という単一産業別組合が結成されるなど，産業別組織への編成がさらに進んだ。一方，韓国労総では公共サービス・公共建設・政府投資機関・教員・食品などの産業別連盟を新規で加入させることで組織を多角化させる戦略を採っており，2000年3月には単一産業別組合である全国金融産業労働組合が結成された[5)]。

韓国の場合，前述のように完全な産業別組合ではないため，産業別組合への移行には交渉対象の重複による二重交渉の問題，個別企業の規模や業種などを考慮しない一律的な交渉，個別企業の支払い能力を考慮しない一律的な賃上げ要求など，さまざまな問題点が多い。特に，企業レベルの懸案問題より社会的なイシューや政治的な争点が交渉や争議対象となって交渉そのものが長期化される恐れもある。実際，そのような問題が現れているのが現状である。

さらに，韓国では産業別組合のパートナーとして使用者団体が設立されていない現実から産業別組合は個別企業にとって大きな負担となる。なぜならば，産業別組合が設立されたとしても団体交渉を企業別にやるか，産業別にやるかは労使が自律的に決定する事案であるにもかかわらず，多くの産業別組合はこのような現実を無視して産業別中央交渉と産業別中央協約の貫徹のためストライキを起こすなど，産業別交渉をめぐる葛藤が頻繁に生じている[6)]。

(3) 団体交渉の構造

団体交渉の構造と関連して最も重要なのは，交渉水準と団体交渉の中央化・分権化である。団体交渉方式には企業別交渉，統一交渉（中央交渉），産業別交渉，共同交渉，集団交渉そして対角線交渉などがある[7]。朴宇成（1998）は交渉に参加する労働組合と使用者の性格によって，交渉方式の集中化と分散化の程度を5つに分類している。交渉方式のうち，最も集中化が高いのは統一交渉であり，そのつぎに集中化が高いのが集団交渉・対角線交渉である。企業別組合は分散化が最も進んだ交渉形態であり，共同交渉は分散化と集中化の程度が複合的に行なわれる交渉形態に区分できる（図表8-4）。

図表8-4 交渉方式と集中化・分散化

	個別使用者	多数使用者	使用者団体
	←分散化		集中化→
企業別労組 ↑分散化	企業別交渉		
多数労組	共同交渉	集団交渉	
産別連盟（労組）または連合団体 ↓集中化	対角線交渉		統一交渉

注：(1) 企業別交渉：特定企業とその労働者から構成された労働組合が当事者となって交渉する形態
(2) 統一交渉：全国的（地域的）規模の産業別（職種別）労組または交渉権を委ねられた上級団体とこれに対応する使用者団体または交渉権を委ねられた使用者代表が交渉する形態
(3) 対角線交渉：産業別（職種別）労働組合または交渉権を委ねられた上級団体が個別企業と交渉する形態
(4) 共同交渉：企業別労働組合と上級団体が共同で個別企業の使用者と交渉する形態
(5) 集団交渉：いくつかの企業別労働組合が集団化して共同で使用者側の集団と交渉する形態

出所：朴宇成（1998），p.43。

韓国の場合，日本と同様，企業別組合の組織形態であることから，賃金交渉をはじめとする団体交渉は企業内で行なわれる（図表8-5）。ナショナルセン

ターや経営者団体が全国レベルで締結する賃金協約は存在せず，賃上げ率のためのガイドラインを提示することはある。企業別組合は企業レベルでの協約が締結される。特に，正規労働者にのみ労働協約が適用されるため，同種産業の他企業の労働者や非正規労働者は協約の適用範囲から除外される。したがって労働協約適用率は低くなる。韓国は企業別交渉が中心であるため，労働協約適用率は10%を超える程度に過ぎない[8]。

図表8-5　賃金交渉の構造

賃金交渉の構造	企業別交渉	業種別共同交渉	地域別共同交渉	多角線交渉	産業別交渉
割合（%）	78.1	12.5	2.8	3.0	3.6

資料：韓国労働研究院『KLI労働統計2005』。
出所：朴昌明（2006），p.24。

　韓国の労働組合は，1987年の民主化運動の高揚に伴う労働運動の成長に伴い，これまで低賃金で抑えられていた大幅な賃上げ要求を求めてきた。しかし，経済危機以降は雇用か賃金かの選択に迫られ大幅な賃上げ要求を自制し，譲歩交渉を行なうことに旋回した。ところが，経営上の理由により整理解雇，希望退職等，リストラを行なう企業が急増したため，韓国労総と民主労総は譲歩交渉が結果的に現場闘争力と組織力の弱化をもたらし，雇用安定協約が締結された企業でさえ雇用調整が断行されるなど，譲歩交渉による実益がなかったと判断，再び，労働組合は大幅賃上げ要求路線に回帰し，労働争議が増加した[9]。

　図表8-6をみると，使用者側と労働側の賃上げ要求率・提示率には大きな隔たりがあり，全体的に名目賃金上昇率が協約賃上げ率よりも高い。このように，協約賃上げ率と実際の賃上げ率との乖離は，年末の特別成果給の支給などによるものであり，大企業と中小企業間の賃金格差の拡大をもたらしている[10]。

　韓国では賃上げや賃金・団体協約をめぐる労使紛争も増加している。労働部（2009）によると，労使紛争は1998年の129件，2000年250件，2002年322件，2004年には462件に達し，2008年には108件に減少している。使用者団体である韓国経営者協会は，賃上げに対して生産性向上と企業の支払い能力を強調し，労働組合の賃上げ要求に対応してきた。

図表8-6 主要労使団体の賃上げ要求率と提示率 (単位:%)

年度	賃上げ要求率・提示率 韓国経総	韓国労総	民主労総	協約賃上げ率 賃金総額基準	通常賃金基準	名目賃金上昇率(注8)
1997	賃金総額凍結	11.2	7.6−13.6	4.3	4.2	7.0
1998	人件費20%削減	4.7	5.1−9.2	−2.7	0.0	−2.5
1999	凍結又は削減(注1)	5.5	7.7(±1.5)	2.1	2.1	12.1
2000	5.4	13.2	15.2(±2)	7.6	7.2	8.0
2001	3.5	12.0	12.7(±2)	6.0	6.0	5.1
2002	4.1	12.3	12.5(±1.5)	6.7		11.2
2003	4.3	11.4	11.1(±2)	6.4		9.2
2004	3.8 又は凍結(注2)	10.7	10.5(±2)	5.2		6.0
2005	3.9 又は凍結(注3)	9.4	9.3(±2)	4.7		6.6
2006	2.6 又は凍結(注4)	9.6	8.0−12.6	4.8		5.7
2007	2.4 又は凍結(注5)	9.3	9.0	4.8		5.6
2008	2.6 又は凍結(注6)	9.1	8.0	4.9		3.1
2009	労使民政の合意により提示しない	労使民政の合意により提示しない	4.9(注7)	1.7		−1.2
2010	凍結	9.5	9.2	—		—

注:1) 構造調整が完了した企業は賃金凍結を,進行中の企業は賃金削減を提示。
2) 従業員300人以上の企業は賃金凍結を,300人未満の企業は3.8%賃上げを提示。
3) 従業員1,000人以上の企業は賃金凍結を,1,000人未満の企業は3.9%賃上げを提示。
4) 収益性が低下される企業と全産業平均賃金の1.5倍を上回る高賃金大企業の賃金凍結を主張。
5) 大卒初任給および高賃金の大企業は賃金凍結。
6) 高賃金の大企業は賃金凍結。
7) 民主労総の要求案4.9%を根拠に各加盟・傘下組織別に独自の要求案の樹立。
8) 非農家全産業の5人以上の事業体基準。
9) 2005年から労働界の要求率は正規職要求率を基準としたもの。
出所:韓国労働研究院(2010)『2010 KLI労働統計』p.147。

3. 非正規雇用の動向

(1) 非正規雇用保護法案の制定

近年,韓国では非正規労働者を保護するための非正規雇用保護法案が制定された[11]。非正規雇用の処遇改善や非正規雇用の正規雇用への転換促進などを目指し,「期間制及び短時間勤労者保護等に関する法律」と「派遣勤労者保護等に関する法律」のいわゆる「非正規雇用保護法」が2007年7月1日より施

行された。ただし，従業員300人未満の事業場は2008年7月1日以降に段階的に適用される。同法では ① 非正規雇用に対する「合理的理由」（具体的な基準は労働委員会で策定）のない差別処遇を原則禁止する，② 期間の定めのある労働者を2年以上雇用すれば，事業主は「期間の定めのない労働契約」（正規雇用）を結んだとみなす，③ 派遣労働に関しては2年経過後，事業主に直接雇用を義務づける，などが規定されている。また，「合理的な理由」なしに差別を受けた非正規労働者は労働委員会にその是正を求めることができ，労働委員会が差別と判断した場合には事業主に是正命令が下される。また，差別禁止規定を不履行の場合は，事業主に対して最高1億ウォンの罰金が科せられる[12]。

非正規雇用保護法の施行によりさまざまな問題が浮き彫りになった。企業によっては，労使協議に基づき非正規労働者を正規労働者に転換したケースはあったものの，契約期間が経過する前に解雇したり，外注を行なったりするケースがみられた。たとえば，流通大手のイーレンド・ニューコアが労働者を雇ってから2年になる前に非正規労働者を解雇したり，既存の正規労働者が担っていた業務を外部委託するなどの動きがあった[13]。

非正規労働者の保護という趣旨から導入された非正規雇用保護法案が非正規雇用を量産する逆効果をもたらし，非正規労働者の雇用不安が増している。そのため，政府は非正規雇用保護法を再改正する動きがある[14]。

労働組合は非正規雇用の問題を賃金・団体交渉の主要争点とし，正規雇用への転換を使用者側に要求するなど労使間の対立が目立った。さらに，民主労総は非正規雇用保護法の再改正を求めた。その要求内容は，① 非正規雇用濫用の抑制のための使用者事由制限の導入，② 同一価値労働同一賃金原則の明文化，③ 労働組合に差別是正申請権の付与，④ 常時的・持続的業務に対する外注禁止である。

(2) 非正規雇用の現状と増大要因

韓国では1997年の経済危機以降，雇用状況が悪化し，日本よりも非正規労働者が増加した。とくに，新自由主義的経済政策の結果，「社会の両極化」と呼ばれる格差と貧困の広がりが深刻化している。ワーキングプアは韓国でも大きな社会問題としてクローズアップされた。この状況は日本と極めて類似して

おり，共通点が多い。

非正規労働者の規模については，定義の仕方によって大きく異なる。韓国ではこの定義をめぐって研究者，政府，労働組合の間で論争が続いてきた[15]。そこで，労使政委員会の合意により非正規労働者を次のように分類した。すなわち，雇用の継続性（の有無）を基準にした限時的労働者（contingent worker）や期間制労働者，労働時間を基準にしたパートタイマー，そして労働提供方法を基準にした非典型労働者（派遣，用役，特殊雇用職，在宅労働者）が含まれることになった[16]。しかし，非正規労働者に対する概念は統一されたものの，政府と労働組合が発表する非正規労働者の数や割合には大きな隔たりがある。その理由は，非正規労働者の定義が異なるからである[17]。

図表 8-7 は非正規労働者の推移を示したものであるが，政府側と労働側の差が大きいことがわかる。たとえば，2009 年政府の発表では，全体の賃金労働者数は 16,479 千人でこのうち正規労働者が 10,725 千人（全体の 65.1％），非正規労働者が 5,754 千人で全体の 34.9％を占めている。一方，労働側の発表では 52.8％を占め，両者の間に 17.9％（約 300 万人）の誤差がある。

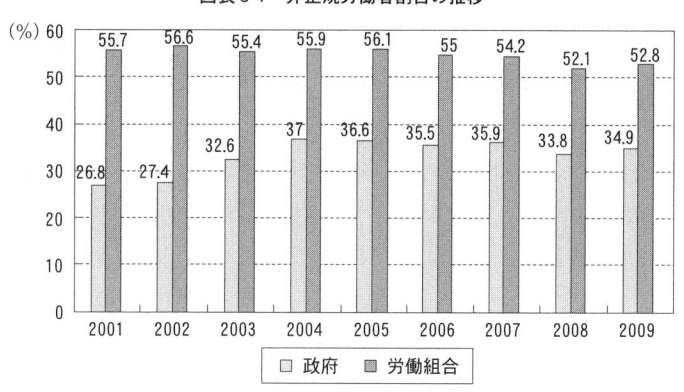

図表 8-7　非正規労働者割合の推移

年	政府	労働組合
2001	26.8	55.7
2002	27.4	56.6
2003	32.6	55.4
2004	37	55.9
2005	36.6	56.1
2006	35.5	55
2007	35.9	54.2
2008	33.8	52.1
2009	34.9	52.8

資料：統計庁『経済活動人口調査』，各年度。
出所：大沢真知子・金明中（2010），p.97 より追加作成。

このようなギャップは臨時・日雇労働者が 4－5 割を占めているのに，政府は雇用契約が反復・更新される臨時・日雇労働者をいわゆる「長期臨時職」と

して正規労働者に分類する一方,労働側はそれを非正規労働者に含めているからである[18]。いずれにしても韓国では経済危機以降,非正規労働者が増大してきたことは労働市場や労使関係に少なからぬ影響を及ぼしている。

非正規労働者の数も2002年は3,839千人であるのに対して,2009年は5,754千人に増加している。雇用形態別でみると,限時的労働者（いわゆる契約労働者）が3,507千人（60.9％）と期間制労働者（いわゆるパートタイマー）が2,815千人（48.9％）多い（図表8-8）。契約労働者は有期契約を更新する形で勤続期間が維持されているが,雇用契約が終了する場合,使用者の任意で雇用関係が打ち切られることがあるという点で,他の非正規雇用形態とあまり違いはなく深刻な雇用不安にさらされている。

このような非正規労働者の増大要因としては,次の点が指摘されている[19]。第1に,1990年代後半以降,韓国企業は人員削減（downsizing）,外注化（outsourcing）,分社化（spin off）,そして非正規労働者の活用の拡大などを通じて雇用関係の外部化を進めてきたことである。そのねらいは人件費の抑制と景気変動による雇用量の調整を図るためである。第2に,非正規労働者が現行の正規労働者中心の企業別組合に組織されないという点を狙い,労働組合の組織を萎縮させようとする使用者の戦略的意図が働いていたことである。第3に,国内外の市場における競争激化を促すグローバル化という外的な環境変化である。韓国は1990年代初め以来,グローバル化,開放化のなかで,国際競争力を向上させるための労働市場の柔軟化を進めてきた。特に,経済危機をきっかけに「労使政合意」を引き出し,使用者の整理解雇と派遣労働者の活用を許容する労働法の改正を断行した。第4に,政府主導の新自由主義的構造改革と企業の短期利益中心の経営方式により,非正規労働者の活用が大きく増大したにもかかわらず,それを阻止・規制しようとする労働組合の対応が消極的であった。

正規労働者と非正規労働者との間では労働条件面で大きな格差が存在する[20]。まず,賃金格差をみると,2000－2007年の期間を通して非正規労働者の賃金は正規労働者に比べて5割強にとどまっている（図表8-9）。このように,韓国の非正規労働者は正規労働者に比べて相対的に低賃金を強いられている。それだけでなく非正規労働者は,社会保険をはじめとする他の労働条件においても,正規労働者と比較して非常に劣悪な労働条件の下で働いている。

図表 8-8 雇用形態別非正規職の割合　　　（単位：千人，％）

年度	正規労働者	非正規労働者	限時的労働	期間制労働	時間制労働	一日労働	特殊労働	派遣労働	用役労働	家内労働
2002	10,190 [72.6]	3,839 [27.4]	2,063 (53.7)	1,536 (40.0)	807 (21.0)	412 (10.7)	772 (20.1)	93 (2.4)	332 (8.6)	236 (6.1)
2003	9,542 [67.4]	4,606 [32.6]	3,013 (65.4)	2,403 (52.2)	929 (20.2)	589 (12.8)	600 (13.0)	98 (2.1)	346 (7.5)	166 (3.6)
2004	9,190 [63.0]	5,394 [37.0]	3,597 (66.7)	2,491 (46.2)	1,072 (19.9)	666 (12.3)	711 (13.2)	117 (2.2)	413 (7.7)	171 (3.2)
2005	9,486 [63.4]	5,483 [36.6]	3,615 (65.9)	2,728 (49.8)	1,045 (19.1)	718 (13.1)	634 (11.6)	118 (2.2)	430 (7.8)	141 (2.6)
2006	9,894 [64.5]	5,457 [35.5]	3,626 (66.5)	2,722 (49.9)	1,135 (20.8)	667 (12.2)	617 (11.3)	131 (2.4)	499 (9.1)	175 (3.2)
2007	10,180 [64.1]	5,703 [35.9]	3,546 (62.2)	2,531 (44.4)	1,201 (21.1)	845 (14.8)	635 (11.1)	174 (3.1)	593 (10.4)	125 (2.2)
2008	10,658 [66.2]	5,445 [33.8]	3,288 (60.4)	2,365 (43.4)	1,229 (22.6)	818 (15.0)	595 (10.9)	139 (2.6)	641 (11.8)	65 (1.2)
2009	10,725 [65.1]	5,754 [34.9]	3,507 (60.9)	2,815 (48.9)	1,426 (24.8)	883 (15.3)	637 (11.1)	165 (2.9)	622 (10.8)	99 (1.7)

注：1)　[ ] は賃金労働者対比割合，( ) は非正規労働者対比割合。
2)　非正規労働者：1次的に雇用形態によって定義されるもので，① 限時的労働者（長期臨時労働），② 時間制労働者（パートタイマー），③ 非典型労働者などに分類される。したがって，雇用形態別就業者をすべて合算した数値ではない。
3)　限時的労働：労働契約期間を定めた労働者，または定めてはいないが何回もの契約更新によって継続的に働ける労働者と非自発的な事由によって継続的に勤務が期待できない者。いわゆる長期臨時労働・契約労働。
4)　期間制労働：労働契約期間を設定した労働。いわゆる契約労働。
5)　時間制労働：所定の労働時間が正規労働者の所定労働時間より1時間でも短い労働者で，週36時間未満で働くもの。いわゆるパートタイマー。
6)　派遣労働：派遣主が労働者を雇用した後，雇用関係を維持しながら労働者派遣契約によって派遣先で指揮・命令を受けながら働く雇用形態。
7)　用役労働：用役業体に雇用されて，この業体の指揮の下にその業体と用役契約を結んだ他の業体で働く形態。
8)　特殊労働：独自の事務室，店舗，または作業場を有さず，非独立的な形態で業務を遂行しているが，労働提供の方法，労働時間などは独自に決定し，個人的に募集・販売・配達・運送などの業務を通じて顧客を求め，商品やサービスを提供し，仕事をしただけ所得を得る勤務形態。いわゆる独立請負労働。
9)　家内労働：在宅勤務，家内下請などのように作業場ではなく，家内で作業が行なわれる形態。

10) 一日労働：労働契約を定めず，仕事口ができた場合，何日あるいは何週単位で働く形態。いわゆる呼び出し労働。
資料：統計庁『経済活動人口調査』各年度。
出所：韓国労働研究院『2010 KLI 労働統計』，p. 35。

図表 8-9 正規・非正規労働者の月例賃金の格差

（単位：万ウォン，％）

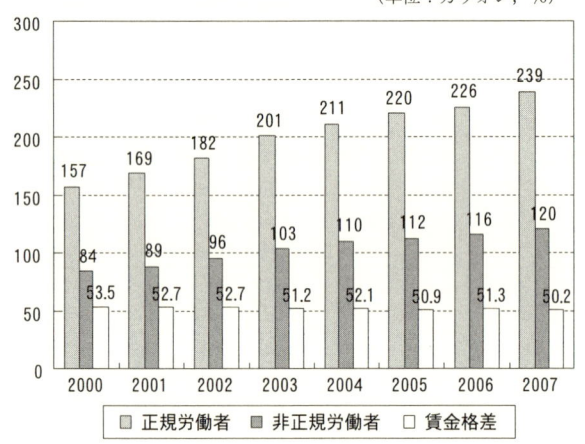

年	正規労働者	非正規労働者	賃金格差
2000	157	84	53.5
2001	169	89	52.7
2002	182	96	52.7
2003	201	103	51.2
2004	211	110	52.1
2005	220	112	50.9
2006	226	116	51.3
2007	239	120	50.2

資料：統計庁『経済活動人口調査付加調査』。
出所：李秉勲 (2010), p. 127 より引用。

李秉勲 (2010) は，韓国の非正規労働者の特徴として次の2点を指摘している[21]。第1に，非正規職の雇用は次の正規職へ移行する「橋渡し (bridging stone)」の機能より，1度非正規職に陥ってしまうと，そこから抜け出すことができない韓国の労働市場における正規職と非正規職間の移動がほとんど遮断されている分節的構造が，固着化していることである[22]。第2は，非正規労働者の相当数が非自発的に現在の雇用形態に就いていることである。非正規労働者の過半数が非自発的に現在の仕事に就いており，生計上の圧迫と正規雇用の仕事がないことがその動機となっている。

このような非正規労働者の非自発的な就業実態は，職務満足にも影響を及ぼしている。ある研究によると，非正規労働者が正規労働者に比べて著しく低い職務満足度を示していることが明らかになっている。

4. 労使関係の近年の変化

(1) 複数労働組合の許容
1) 複数組合許容の経緯

　韓国では2010年1月1日に「労働組合及び労働関係調整法」の改正に伴い，2011年7月1日から事業場で労働者は労働組合を自由に設立することができるようになった。韓国ではこれまで労働立法によって，組織対象を同じくする複数の労働組合の存在を禁止してきた。しかし，ILO（国際労働機構），OECD-TUAC（OECD労働組合諮問委員会），ICFTU（国際自由労連）などの国際組織から国際労働基準の順守を強く求められるようになった。そこで，1996年「労使関係改革委員会」（以下労改委という）が発足され，本格的な議論が行なわれた。その後，1996年末の立法改正を経て複数労働組合を認めることになった。

　ただし，1997年「労働組合法及び労働関係調整法」は経過措置として，「一つの事業または事業場に労働組合が設立されている場合には，労働組合法第5条の規定にかかわらず，2001年12月31日まで，その労働組合と組織対象を同じくする新たな労働組合を設立してはならない」（同法付則5条1項）と定められていた。そのため企業別組合は2002年から複数組合が容認されることになった。ただ，「一つの事業または事業場」レベルの組合ではない産業別組合や総連合体（ナショナルセンター）は法施行時よりすでに複数組合が法的に容認されていた。

　複数組合が存在する場合，団体交渉が大きな問題となるが，労働部長官は2002年以前に団体交渉の窓口の単一化に必要な事項を整えようとした。この問題は「労使政委員会」で継続して議論されたが，合意に至らず，結局2001年3月28日に労働組合法の附則が改正され，専従者に対する給与支給禁止と複数組合の許容は2002年から2006年12月31日に5年間再び猶予された。労使政委員会は民主労総を参加させるため「労使政代表者会議」を別途に構成した。2006年9月11日「労使政代表者会議」で労使は　労働組合及び労働関係

調整法で明示している専従者給与を即時に禁止し，複数組合を即時に許容することは難しいということに意見一致し，2009年12月31日まで再び3年間適用することを猶予した。

2) 団体交渉窓口の単一化

複数組合が併存する場合，労働条件などをめぐる団体交渉が問題となる。米国では排他的交渉制度を導入しており，日本では米国とは対照的に自律交渉制度を採っている[23]。

韓国では，改正労働組合及び労働関係調整法では1つの事業または事業場レベル（企業レベル）に複数組合が存在する場合，交渉代表組合を通じて交渉を行なう交渉窓口を単一化することを原則とするが，一定期間（自律的交渉代表決定期間）内に使用者が同意する場合には組合別に個別交渉を可能にした。該当期間内に使用者の同意がなければ交渉窓口の単一化を原則とすることである[24]。

複数組合が存在する場合，交渉窓口の単一化の手続きは4段階となっている。第1に，複数組合が自律的に交渉代表組合を決定する。第2に，過半数労働組合に交渉代表組合の地位を与える。一定期間内に使用者の自律交渉に対する同意がなく，組合間の自律的に単一化に失敗した場合，過半数労働組合に交渉代表権を付与する。過半数の労働組合がなくても2つ以上の労働組合が委任または連合などの方法で過半数になる場合は過半数組合と認め，交渉代表組合の地位を認定する。第3に，過半数労働組合がない場合，共同交渉代表団を構成する。この場合，まず，労働組合間で自律的に共同交渉代表団を構成するが，これに参加できる組合の資格は交渉窓口単一化の手続きに参加した労働組合の全体の組合員の中で組合員が100分の10以上を占める労働組合に制限する。第4に，労働組合間で自律的に共同交渉代表団を決定できなかった場合は，当該労働組合の申請によって労働委員会が組合員の比率を考慮し，交渉代表団を決定する。

このように，複数組合間に交渉窓口単一化が成立した場合，交渉代表組合の代表者が全体の労働組合及び組合員のため使用者と交渉し，団体協約を締結する権利を有する。すなわち，交渉代表組合の代表者が署名することで団体協約が締結される。

3) 複数組合の設立許容が労使関係に及ぼす影響

　複数組合の許容によって，現場の労使関係にどのような変化が現れるだろうか，また，複数組合がどれくらい新設するかは予測しがたい。複数組合の許容によって，すでに労働組合が設立されている事業場では組合活動の基本方向すなわち，労働運動の路線の違いから組織分裂が現れることもあろう。労働組合内部の路線の違いで労使対立的路線の労働組合から協力的路線の労働組合に分裂されるか，あるいはその反対方向に労働組合が分裂される可能性は排除できない。これは戦後，日本の労働運動の経験からも示唆される[25]。

　また，これまで労働組合がなかった事業場に労働組合が設立されることもありうる。この場合は，最初から複数の労働組合が設立される可能性が高い。韓国労総と民主労総の2つのナショナルセンターの支援の下で主導権の争奪が展開されると予想されるからである。そして韓国の場合，ブルーカラーを中心に労働組合が結成されているため，ホワイトカラーを中心とした労働組合が設立される可能性もあり，さらに，正規労働者に比べて雇用不安と労働条件の格差が大きい非正規労働者を中心とした労働組合が組織される可能性もある。

　一事業場内に複数組合が存在するとすれば，組合間の路線競争で労労間の葛藤だけでなく，労使間の葛藤がこれまで以上に激しくなり，労使関係が不安定になることが予想される。また，複数組合が存在することによって，組合間の鮮明性競争によって労働争議がこれまで以上に発生する可能性が高い。その過程で組合の分裂が考えられる。

　使用者が複数組合に対して特定の労働組合を差別的に取り扱う問題も予想される。たとえば，特定の労働組合に対しての人事上の優遇，組合事務室の提供，専従者の扱いや組合活動に対する差別が考えられる。

　さらに，団体交渉方式をめぐって労使間の葛藤が予想される。改正労働組合法では交渉窓口の単一化を原則としている。したがって，交渉代表の労働組合の構成をめぐって労労間の葛藤によって団体交渉が長期化する可能性がある。

(2) 組合専従者に対する給与支給の禁止

1) 専従者への給与支給禁止をめぐる動き

　複数組合の設立の自由化とともに2010年からは組合専従者に対してこれま

で使用者側が支給していた給与支給が禁止されることになった。法改正では組合専従者に対する給与支給を禁止した上，使用者の給与支給行為を不当労働行為として罰則付きで禁止した。

　1987年以前の労使関係においては，大多数の労働組合はその専従者給与を会社側に依存し，会社側もそれに対して拒否的な行動をとることなく受け入れていた。このため専従者給与の会社側負担は労使間の慣行として次第に根づいていった。組合専従者は企業別組合が支配的な韓国では労使協力を促進する目的で使用者の便宜提供から始まった。しかし，1987年の「民主化宣言」後，労働運動が高揚する中で，労働組合の設立に伴って専従者の数をめぐる問題が労使紛争の原因となるケースが増加した。争点は組合専従者給与の負担に関することではなく，その中心は専従者給与の会社側負担を前提とした組合専従者の数の問題であった。組合は専従者の数を多く要求し，会社側は組合専従者の数を抑えようとする点で両者が衝突した。

　組合専従者に対する給与支給と関連した労働法制は，大きく労使自律時期（1997年3月13日以前），組合専従者給与全面禁止・施行猶予時期（1997年3月13日－2010年6月30日），そして組合専従者給与原則的支給禁止・例外的許容時期（2010年7月1日）に区分される。

　1997年3月13日に制定された「労働組合及び労働関係調整法」は組合専従者に対する給与支給を全面的に禁止するが，中小企業のような労働組合の脆弱な財政などを考慮し，2009年12月までその施行が猶予された。三度目の猶予時期の最後の年である2009年12月4日に労使政（民主労総は除く）は組合専従者・複数組合制度関連の労使政合意文を導き出した[26]。事業場単位の複数組合は2年6カ月猶予し，20011年7月から施行し，組合専従者に対する給与支給禁止は2010年7月から施行するが，勤労時間免除制度を導入することに合意した。

　労働組合は組合専従者への給与支給問題は立法としてではなく，労使自律の原則を尊重し，労使自律で決定される問題であると反発した[27]。

2) 組合専従者の実態

　金チョンハン（1998）の調査によると，1組合当たり専従者は2.1人で，専従者1人当たりの組合員は183.4人である。組合専従者の数は組合員の規模に

比例して増加するが,組合員が100人に満たない組合でも1.1人の専従者がいることが注目される(図表8-10)。

図表8-10 組合専従者数

	組合数	組合員	専従者	労働組合1組織当たりの専従者	専従者1人当たりの組合員
100人以下	2,128	114,878	2,387	1.1	67.9
101－300人	1,624	274,035	2,632	1.6	117.8
301－1,000人	602	311,143	1,936	3.2	175.5
1,001－3,000人	167	272,911	1,115	6.7	262.2
3,000－10,000人	44	234,373	684	15.6	348.8
10,001人以上	12	261,013	640	53.4	523.1
計／平均	4,577	1,468,353	9,394	2.1	183.4

資料:金チョンハン(1998)『労働組合の財政自立に関する研究』韓国労働研究院。
出所:日本労働研究機構(2001),p.59。

日本の場合,組合員数規模が小さいところでは専従者を置かない場合が多い。連合(2008)の調査によると,1,000人以上の規模ではほぼ100%専従者をおいているが,300人以上では80%,299人以下では27.9%となっている。また,組合専従者数をみると,組合員数規模が大きいほど専従者数が多く,299人の0.3人に対して10,000人以上では40.8人を占めている(図表8-11)。一般に,日本の中小企業の場合,専従者がいないところがほとんどである。これは労働組合が組合費から専従者給与を支給するため,組合予算がある程度の規模にならないと専従者給与を負担できないためである。日本と比較して韓国の労働組合は規模に関係なく専従者が多いことが注目される。

労働組合の活動範囲,活動内容等は組合予算によって制約される。したがって,予算規模は労働組合のあり方を規定する極めて重要な要因である。組合費の流れは日本の労働組合の場合と同様に,企業別組合→産業別連合体→全国中央組織(ナショナルセンター)の3層構造になっている。企業別組合レベルでは組合費はチェックオフ(check off)によって徴収され,その一部は上納金として所属する産業別連合体に納められる。そして各産業別連合体は加盟労組の組合員総数に応じた組合費を全国中央組織に納めている。

韓国では労働組合が組合員の組合費のみで運営されるならば,組合専従者は政治闘争より組合員に対するサービス向上のための組合活動に注力してきたで

図表 8-11　日本の組合専従者の状況　　　（単位：％，人）

組合員数	専従者がいる企業の割合	専従者数	専従者1人当たり組合員数
299人以下	27.9	0.3	175.3
300人以上	80.0	1.6	354.0
1,000人以上	96.7	5.4	431.7
5,000人以上	100.0	13.5	492.4
10,000人以上	100.0	40.8	763.3

資料：連合（2008）『第16回労働組合費に関する調査報告』。
出所：安煕卓（2010），pp.110-111より作成。

あろうという指摘もある。専従者への給与を組合が支給している日本の労働組合の支出内訳をみると，人件費が34.7％を占めている。一方，韓国の労働組合は人件費が2.7％にすぎず，活動費が57.8％を占めている[28]。

このように，韓国では労働組合の専従者の数が多く，しかも会社が給与を支給してきた。このため労働組合は専従者数を競争的に増やしてきた背景がある。

3） 勤労時間免除（Time-off）制度の導入

組合専従者に対する給与支給禁止規定は2010年7月1日から適用された。改正労働組合法では，労組専従者の給与は原則的に禁止する代わりに勤労時間免除（Time-off）制度を新たに導入し，勤労時間免除限度内で行なわれる組合活動については有給とする，いわゆる「組合専従者給与の原則的支給禁止・例外的許容」原則が形成された。

労働部の「勤労時間免除限度適用マニュアル」では組合専従者と勤労時間免除者を明確に区分している。組合専従者は労働組合法第24条の第1項及び2項によって「労働組合業務にだけ従事する者」で使用者の給与支給が禁止された者を指し，業務範囲と人員数は労使が自律的に決定する事項であるが，給与は労働組合の財政から負担せねばならない者と規定している。

一方，勤労時間免除者は労働法第24条第4項によって「団体協約で定めるか使用者の同意で勤労時間免除限度内で労働組合法または他の法律で定める勤労時間免除対象に該当する業務を遂行できるよう指定された者」を指し，勤労時間免除者の活動に対して有給処理が可能である点で組合専従者と区分される（図表8-12）。

図表 8-12　組合専従者と勤労時間免除者の相違点

	組合専従者	勤労時間免除者
定義	労働組合の業務に専ら従事する者	定められた時間内で勤務免除を受け，労働組合法に規定された勤労時間免除対象に属する業務を遂行できるよう指定された者
業務範囲	組合業務として制限なし	○使用者との協議・交渉，苦情処理，産業安全活動など労働組合法または他の法律で定める業務 ○健全な労使関係発展のための労働組合の維持・管理業務 －労働組合法第2章第3節の規定による組合管理業務 －その他事業場内の労使共同の利害関係に属する労働組合の維持・管理業務
給与支給	無給	勤労時間免除の限度内で有給処理可能
人員数	労使が協議して決定	勤労時間免除の限度内で労使が決定

出所：労働部（2010b），p.5。

　改正労働組合法では労使が合意する場合，組合専従者を置くことはできるが，使用者の組合専従者に対する給与支給は禁止し，労働組合が自ら負担しなければならない。勤労時間免除制度は，既存の組合専従者とは別に交渉・協議，苦情処理，産業安全活動など改正労働組合が定めた所定の活動に対しては賃金の損失なしに組合活動ができるという制度である[29]。

　労働部は2010年5月14日に勤労時間免除限度を公示した（図表8-13）。主要特徴は，勤労時間免除の限度を組合員の規模によって時間・人員の限度とその上限を規定していることと，組合員15,000人以上では2012年7月1日からは最大36,000時間（フルタイムで最大18人）を上限に設けてあることである[30]。勤労時間免除の限度を定めるため，労働部は「勤労時間免除審議委員会」を設置し，3年ごとに適正性を再審議して決定する。勤労時間免除審議委員会は労・使・公益委員の各5人から構成される。

　組合専従者に対する給与支給の禁止・例外的許容を主な内容とする勤労時間免除制度の施行は，今後，韓国の労使関係にさまざまな問題をもたらすと考えられる[31]。

　第1に，勤労時間免除限度の範囲を事業または事業場単位で設定することによって，専従者（勤労時間免除者）の活動範囲が企業や事業場単位に縮小されることが予想される。勤労時間免除限度時間を上部団体活動，連帯活動，市民団体活動，政治活動に主に使用する場合，使用者側から問題提起されることが

図表8-13　組合員規模別の時間限度及び使用可能人員限度

組合員規模	時間限度	使用可能人員
50人未満	最大1,000時間以内	○組合員数300人未満の区間：パートタイムで使用する場合，その人員はフルタイムで使用可能な人員の3倍を超過することはできない。 ○組合員数300人以上の区間：パートタイムで使用する場合，その人員はフルタイムで使用可能な人員の3倍を超過することはできない。
50～99人	最大2,000時間以内	
100～199人	最大3,000時間以内	
200～299人	最大4,000時間以内	
300～499人	最大5,000時間以内	
500～999人	最大6,000時間以内	
1,000～2,999人	最大10,000時間以内	
3,000～4,999人	最大14,000時間以内	
5,000～9,999人	最大22,000時間以内	
10,000～14,999人	最大28,000時間以内	
15,000人以上	2012年6月30日まで：28,000時間＋3,000人ごとに2,000時間ずつ追加した時間以内	
	2012年7月1日以降：最大36,000時間以内	

出所：労働部（2010b），p.9。

あり，これによって外部活動と連帯活動が萎縮され，組合員も事業場の外部活動よりは内部活動への専念を要求するとみられる。

　第2に，組合専従者に対する給与支給の禁止によって単位労組では役員を除いては，上部団体への派遣を躊躇する可能性が高く，派遣専従者の賃金水準が採用職員（外部活動家）に比べて高いことを勘案すると，派遣専従者の数は縮小されると考えられる。

　第3に，非公式専従者（ヤミ専従者）の支援要求による労使間の葛藤が予想される。日本においても1949年労働組合法の改正によって専従者に対する給与支給を使用者の不当労働行為と規定したが，近年，ヤミ専従者の問題が社会問題化したことを勘案すると，ヤミ専従者の問題が存続する可能性は否定できない。

　第4に，労働組合の財政の透明性と効率性が高められると考えられる。労働組合の財政の相当部分が専従者の賃金に当てられる場合，組合員の組合費の使用に対する関心の増大によって労働組合の財政の透明性が確保されるし，労働

組合も事業費の執行など財政運営の効率性を図ろうという努力を注ぐと考えられる。

第5に，勤労時間免除限度の配分をめぐる労労葛藤及び労使葛藤が発生すると予想される。複数組合が存在する場合，労働部が公示している組合員の規模別限度内で配分しなければならないため，少数組合は勤労時間免除限度や専従者配分において相対的に不利益を受ける可能性が高い。少数労組の不利益を実質的に救済する方案がないため，交渉代表組合をめぐる葛藤が予想される[32]。

第6に，勤労時間免除制度の導入は専従者数の減少をもたらし，労働組合が専従者の給与を負担するとしても人件費負担の加重とともに事業費比重の低下によって組合活動が萎縮されると予想される。企業単位の組合の財政悪化は上部団体（産別連盟，総連盟，地域組織等）の財政逼迫及び活動萎縮となり，労働運動全般に悪影響を及ぼすことになる。

5. おわりに

以上，韓国の労働組合と労使関係の近年の動向についてみてきた。労使関係の変化の中でも複数組合の許容と組合専従者に対する給与支給禁止は韓国労使関係に大きな変化の1つとして評価できる。2011年7月から施行された企業単位の複数組合の許容，2010年7月から施行された組合専従者に対する給与支給の禁止・勤務時間免除限度制度の導入は，今後，労使間の主要焦点になることが予想される。また，複数組合の許容と組合専従者に対する給与支給禁止は，企業レベルの労使関係だけでなく全国単位の労使関係まで拡大し，この過程において労使または労労間の葛藤も予想される。労働界は組合専従者や複数組合関連の労働組合法の再改正を求め，政府に対して圧力を強めている。合理的な労使関係慣行を定着させるためには，政府の役割が何よりも重要である。これまで政府の労働政策は一貫性がなく，政治的要因に左右されてきたことは否定できない。今後，韓国の労使関係がどのような方向に展開されるかが注目される。

[注]
1) 主要先進諸国の労働組合組織率をみると，組織率が低下傾向にある。

年度	米国	英国	ドイツ	日本
1986	17.5	48.7	39.3	28.2
1990	16.1	38.0	37.5	25.2
1995	14.9	32.4	36.0	23.8
2000	13.5	29.8	22.4	21.5
2005	12.5	28.6	―	18.7
2009	12.3	27.4	―	18.5

2) 朴昌明（2006）「経済危機以降の韓国労使関係」『大原社会問題研究所雑誌』No.572, p.21。
3) 韓国では一般的に臨時労働者と日雇労働者が非正規労働者とみなされている。統計庁の調査によると，2009年8月現在，非正規労働者の中で占める割合は臨時労働者が60.9%を占めている。
4) 金属3組織とは，全国民主金属労働組合連盟，自動車連盟，現代グループ労働組合総連盟の3つである。
5) 朴昌明（2006），前掲論文，p.22。
6) 産別交渉及び産別交渉の実態については，趙性載（2010）「産別労組及び産別交渉の実態と評価」禹宗杬『韓国の経営と労働』日本経済評論社，pp.89-118。
7) 団体交渉の構造については，朴宇成（1998）『複数労組と団体交渉構造』韓国労働研究院。
8) 朴昌明（2006），前掲論文，p.24。
9) 同上論文，p.25。
10) 同上論文，p.25。
11) 1990年代以降の雇用関係をめぐる法制度については，李点順（2008）「韓国における雇用関係の柔軟化とその補整─1990年代以降の雇用関係をめぐる法制度の変化を中心に─」『現代社会文化研究』No.43参照。
12) 李点順（2008），前掲論文，p.30。
13) 非正規労働者の解雇をめぐって労働者が売り場の一部を占拠し，警察の介入を招く事態に至った。
14) 政府の非正規雇用保護法の改正案の骨子は，①期間制及び派遣労働者の使用・派遣期間を2年から4年に延長，②差別是正申請期間を3カ月から6カ月に延長，③正規職に転換した場合，4大保険の減免支援などとなっている。
15) この点については，横沢伸子（2003）「韓国における労働市場の柔軟化と非正規労働者の規模の拡大」『大原社会問題研究所雑誌』No.535, pp.36-54参照。
16) 大沢真知子・金明中（2010）「経済のグローバル化にともなう労働力の非正規化の要因と政府の対応の日韓比較」『日本労働研究雑誌』No.595, p.97。
17) 非正規労働者の定義をめぐっては，呉学殊（2006）「日韓労使関係の比較」『大原社会問題研究所雑誌』No.576, pp.6-7。
18) 大沢真知子・金明中（2010），前掲論文，p.98。
19) 詳しくは，李秉勲（2010）「非正規労働の現状と課題」禹宗杬『韓国の経営と労働』日本経済評論社，pp.128-131。
20) 詳しくは，安ジュヨップ他（2003）『非正規勤労の実態と政策課題（Ⅲ）』韓国労働研究院を参照。

21) 李秉勲（2010），前掲論文，p.125。
22) 非正規労働者のわずか1％のみが恒久的に正規雇用への転換に成功しているものの，80％以上は非正規雇用を抜け出しても，2年以内に再び非正規労働者に戻ることが明らかにされている（李秉勲（2010），前掲論文，p.125）。
23) 排他的交渉制度とは，労働者過半数で組織されている組合に団体交渉権を与えるものであり，自律交渉制度とは，それぞれの組合に団体交渉権を与え，交渉を行なうものである。
24) 鄭ミョンスク他（2006）『複数労組環境下の労使関係研究』韓国労働研究院。
25) 詳しくは，安熙卓（2010）『日本の複数労組と労組専従者に関する研究』韓国経営者総協会。
26) 民主労総は労使政合意文について，手続き的正当性や内容的正当性が欠如した野合であると批判した。
27) 韓国経営者総協会（2009）「労組専従者と労使関係政策討論会資料」10月29日。
28) 同上。
29) 勤労時間免除制度について，民主労総は「勤労時間免除者」の概念は法律的根拠がなく，この概念を使用するのは勤労時間免除制度の使用対象を拡大し，使用対象業務を制限するための意図があるものとして批判している。
30) 詳しくは，金チョンハン（2011）「第3章勤労時間免除制度」李スンヒ他『複数労組及び専任者実態と政策課題』韓国労働研究院参照。
31) 同上，pp.156-158。
32) 労働組合法には，交渉代表労組と使用者は交渉窓口単一化の手続きに参加した労組またはその組合員間に合理的な理由なしに差別してはならないと規定している（2010.1.1新設，2011.7.1施行，第29条の4第1項）。差別を受けた少数労組は公正代表義務違反で3ヵ月以内に労働委員会に是正要求が可能であり（第29条の4第2項），労働委員会の是正命令を不履行した場合，3年以下の懲役または3千万ウォン以下の罰金（第89条第2号），法院の命令違反時500万ウォン以下の過怠金（第95条）が科せられる。罰則規定のみあって施行命令を強制できる手段がないという問題点を抱えている（同上論文，p.158）。

第9章
韓国企業の職務重視の人的資源管理

1. はじめに

　本章の課題は，韓国企業の職務重視の人的資源管理，とりわけ賃金制度を中心にその背景と実態を明らかにすることである。1990年代後半以後，韓国企業の人的資源管理トレンドは人重視から成果重視に，さらに2000年代に入っては職務重視に変化しつつある。韓国大企業を中心に職務体系の整備や成果とコンピテンシーに基づいた評価，報償，昇進などを決定する職務重視の人事制度への転換が試みられている。

　韓国における職務重視の人的資源管理への動きは，これまでの年功昇進・年功賃金を基本とする年功序列型人事慣行からの脱却を目指すものである。その中心は職務給である。また，職務給導入は非正規社員の賃金差別と関連して議論が行なわれている。韓国では非正規社員に対する賃金差別を禁止する「非正規労働者保護法」が施行されたことにより，正規社員と非正規社員との賃金差別の根拠を同一労働同一賃金（equal pay for equal work）の原則に基づく職務給に求めているからである。

　職務給を導入するためには，職務分析や職務評価など制度的なインフラの構築が不可欠である。これまで人を重視してきた韓国企業において職務を基準とした人的資源管理は定着するであろうか。

　以下では，職務基準人事制度の人的資源管理上の位置付けを検討する。それを踏まえて韓国企業の職務重視の賃金制度の導入背景とその実態を事例を交えて明らかにする。

2. 職務基準人事制度の人的資源管理上の位置づけ

　人事基準には大きく職務基準，職種基準，人基準に分かれる。米国の場合，基本的に職務基準を特徴としている。すなわち，職務を決めて契約によって人を採用し，職務で処遇をする職務等級制であり，賃金も職務で決める職務給である[1]。このように，米国の場合は基本的に職務に人をつける職務基準人事であるといえる。米国企業では，1930年代まで従業員の賃金を使用者または職長（master）といわれる下請業者が任意に決定していた。このような専制的で恣意的な人事管理を客観的に行なうのが当時の労働組合の主な任務であった。したがって，だれもが納得できる賃金決定の基準として「同一労働同一賃金」または「同一職務同一賃金」を要求し続けてきた[2]。その結果，1960年代－70年代に米国企業に定着するようになった。このように，米国における職務給ないし職務中心の人事システムが導入されたのは，賃金をめぐる差別と恣意性を防ごうとする労働界の要求と闘争の産物である[3]。

　労働組合の立場からすると，組合員に最も客観的な賃金決定基準を採択するのが最善であったが，成果を基準にすると事務職では成果の測定が困難であり，数名による協働作業では個人への成果配分が難しく不満が生じる恐れがあった。能力を基準にすると，能力という目に見えないものを測定し，評価するのは主観的判断が介入するという批判を生じかねないことがあった。また，年功は米国社会において最初から賃金決定基準として用いられたことがなかった。したがって，米国の労働組合と使用者は職務を相対的に最も客観的な基準とみなし，それに基づいてすべての人的資源管理を行なうことに合意したのである[4]。

　1963年には出身国・宗教・年齢・性別・人種などの属人的要素による処遇上の差別を禁止した「公民権法」の成立で職務重視の人事システムは強化された。人の要素が入り込まないよう，職務内容を詳細に定義し，その内容を評価することで社内序列を決定し，処遇に結びつける職務主義が浸透した[5]。

　職務基準人事制度を構築するためには，職務に関する情報を分析し，評価し

なければならない。また，すべての下位人事システムを職務中心に再編する必要がある。大きな流れとしては，職務分析の実施→職務記述書や職務明細書の作成→職務評価の実施→職務等級制度の構築となる。

職務分析（job analysis）とは，各職務が必要とする職務遂行要件を明らかにし，どのような資質，能力をもった従業員が必要であるかを明らかにするための一連の手続きであり，職務記述書（job description）は，職務分析から

図表 9-1　職務記述書・職務明細書の例

I	確認事項	職 務 名 称：秘書 1　　　　　　　コード番号：C-1022
		代替的名称：な　し　　　　　　　　課　：コントローラー
		分析年月日：1953 年 11 月 1 日　　　部　：総務部
II	職務の概要	総務部長の直接の監督のもとで，タイプ，口述筆記，応接，秘外資料の保管，郵便物の整理，電話応対，総務部長が手間をはぶくために，これに類したその他の仕事などの秘書および事務的業務を遂行する。
III	遂行される仕事（職務内容）
	・定型的ないしは日常的業務
	1. 会社役員の雑用および事務的業務を軽減する総務部の仕事の遂行（3 時間）。
	2. 口述筆記，ノートからの転写，エジイフォーンの使用（1 時間）。
	3. 総務部長に面会を求めてくる人びとの応接，面会者の用件の重要度の決定，総務部長の面接時間の決定（1 時間）。
	4. 総務部長に面接および他の会合の約束をとりつけ，またそれを報告する（30 分）。
	5. 自分の一存で日常的な文書をタイプにうつこと。秘外文書の作成準備（1 時間）。
	6. 電話交換手の手間をはぶいて電話の応対。
	7. 総務部の私的な郵便物の整理と配分。
	・定期の業務
	1. 総務部長に毎週の社内の会合，社内報告，計画にもとづいてつくられた記録および統計を通知する。
	2. 毎週の社内の会合に総務部長に同伴して出席し，それをノートにとる。
	・不定期の業務
	1. 秘外文書の整理
	2. 総務部長から命じられたその他の類似の業務を遂行する。
IV	最小限の職務資格要件（職務明細書）
	学　歴：ビジネススクール（秘書養成学校）卒業
	性　別：女　性
	年　齢：20 歳～35 歳
	経　験：秘書あるいはこれに関係のある仕事の経験 1 年ないし 2 年。
	能　力：すべての標準的な事務用機械を操作できること，口述筆記能力 1 分間 100 語，タイプ 1 分間 60 語。
	責　任：100 ドルまでの設備，市民との接触，定例的・定期的文通
	知　識：会社組織のしくみ，および重役の構成

出所：田島司郎・江口伝・佐護譽（1981），p. 107。

得られた情報を整理したものである。職務明細書（job specification）は，さらに，その職務を遂行するのに必要な職歴，経験年数，必要な教育水準などの資格要件を記述したものである（図表9-1）。

また，職務評価（job evaluation）とは，企業内に存在するさまざまな職務の価値を評価するもので，職務評価の結果として得られるものは全職務の職務価値に応じた序列づけ，あるいは同程度の価値をもつ職務を同じグループあるいは同じグレードに分類することである。職務評価に基づいて職務の価値を困難度・責任度などに応じてグループ分けしたのが，職務等級制度（job grade system）である。職務等級制度の下では，職務と等級が対応し，担当する職務が配置・移動・昇進などの運用基準となる。この職務等級制度をベースとした賃金が職務給である。

3. 職務重視賃金制度の導入背景

韓国では1960-70年代に職務給が導入されたが，ほとんどの企業で年功的に運用されるなど，定着することはなかった[6]。しかし，職務重視賃金制度が導入されるようになったのは，何よりも年功主義からの脱却である。韓国企業では伝統的に年功序列慣行が支配的であった。年功主義は勤続年数が長い人ほど組織への貢献度が高く，その功労を認めてより多くの報償を行なうという考えである。その代表的な賃金制度が年功給（韓国では号俸給ともいう）である。入社時期が早い人を年功序列に基づいて優遇したいがために，入社時期が遅い人より高い賃金が支払われ，その格差は号俸という形で現れる。

また，年功主義の下では入社年度が早い人から特に問題がなければ昇進が優先される。したがって，人事考課は形式的で参考程度にとどまっていた。人事考課を正確に行なうと先輩より後輩が高い点数をつけられることもあるので，それを避けてできるだけ入社年度の早い昇進候補者に高い点数を与える人事考課を行なってきたのが実態である。

このような年功序列慣行は1970年代の石油危機と1980年代後半の労働運動の活性化によって企業にとって大きな人件費負担をもたらし，企業の競争力を

弱化させる非効率的なものとみなされた。年功序列主義の下では，先輩であれば能力がなくても先に昇進し，管理職ポストに就けられた。また，能力や業績とは関係なく賃金は，職級と号俸上昇によって毎年上昇した。しかも経済危機以前の約10年間にわたり，韓国労働者の名目賃金は毎年平均10％ずつ引き上げられてきた。このような現象は2000年代に入っても繰り返された。2000年から2007年までの名目賃金上昇率は平均7.2％であるのに対して，労働生産性の増加率は平均3.3％と賃金上昇率の半数にも満たない。2000－2007年までの賃金上昇率が労働生産性の増加率のほぼ2倍を上回っている（図表9-2）。このように，韓国では生産性の向上を伴わない賃上げが続いた。

図表9-2 労働生産性増加率と名目賃金上昇率の比較（2000－2007）

年	労働生産性増加率	名目賃金上昇率
2000	4.1	8.0
2001	1.9	5.1
2002	4.3	11.2
2003	3.0	9.2
2004	2.7	6.0
2005	2.6	6.6
2006	3.8	5.7
2007	3.8	5.6

資料：韓国生産性本部（2009）『生産性国際比較』，労働部『事業体賃金勤労時間調査』各年度。
出所：韓国経営者総協会（2011），p.43。

1990年代初めには日本の多くの企業で導入されている職能給・職能資格制度の導入が試みられた[7]。日本企業は1970年代に年功主義から能力主義に移行する過程で，これらの制度を導入した。賃金と昇進が職務遂行能力（職能）によって決定するもので，能力開発を前提として，このような人事システムが構築された。日本企業は，1950年代に米国で一般的に採用されている職務給を手本に，生活給に代えてこれを導入しようとする試みを日経連を中心に推進した[8]。しかし，職務給の前提条件が欠けていたため定着することはなかった[9]。そこで，職務給の原理に代わる日本独特の賃金決定システムを生み出

した。それが 1970 年代に導入された職能給である。

　韓国でも 1990 年代に入って日本の制度を導入する動きがあったが，職能給や職能資格制度は主観的な判断が介入しやすく，従来の韓国企業が採用していた年功給（号俸給）や職級制度とあまり変わらないことから多くの企業に普及することはなかった。職能給は職務遂行能力を評価して賃金を決定するものではあるが，能力の習熟に伴う定期昇給が行なわれ，年齢や勤続年数とともに賃金が上昇する年功的要素を残していたため，真の能力主義的な賃金ではなかったからである。能力主義への制度改革の気運が芽生える中，経済危機が発生し，年功序列主義を克服するために使用者と研究者の間で雇用の柔軟性や賃金の柔軟性を求めるようになった。韓国企業は日本の職能給ではなく，米国の職務給に関心が寄せられ，職務給制度が人件費の大幅な上昇を緩和させることができるということで，職務重視の人事・賃金制度が導入されるようになった。

4. 職務重視賃金制度の動向

　職務を基準とする賃金管理のためには，前述したとおり職務分析や職務評価が欠かせない。職務評価の実施についての調査は見当たらない。職務分析は 4 割強の企業で実施されており，とくに，大企業では半数以上を占めている（図表 9-3）。職務分析の結果が何に利用されるかの調査は行なわれていないのでわからないが，その目的の 1 つとして賃金が考えられる。

図表 9-3　職務分析実施状況　　　　（単位：％）

区分		実施する	実施しない
全体		42.2	57.8
業種別	製造業	42.7	57.3
	金融業	51.4	48.6
	非金融業	37.9	62.1
規模別	小規模（100-299 人）	38.2	61.8
	中規模（300-999 人）	42.1	57.9
	大規模（1,000 人以上）	50.5	49.5

出所：韓国職業能力開発院（2008），p. 105 より再作成。

韓国職業能力開発院（2008）によると，職務給を導入している企業は15.2%である。規模別では1,000以上の大企業が24.7%と最も高く，300－999人の規模で10.4%，100－299人の規模で15.2%となっている。業種別では金融業が31.4%と他業種に比べて導入率が高い[10]。金融業の場合，非正規労働者が多い。これは正規労働者と非正規労働者との賃金格差を解決するための方法として，「同一職務同一賃金」原則が適用される職務給導入に積極的に取り組んできたからであろう。また労働部（2008）の調査では，何らかの形で職務給を導入している企業は15.6%となっている（図表9-4）。職務給を導入している企業の中には，職務以外の要素を取り入れた職務給が多く，純粋な職務給の導入は2.5%にすぎない。その形態は従来の賃金制度の号俸給，職能給との組み合わせなど，職務給といってもさまざまなタイプの職務給が存在している（図表9-5）。

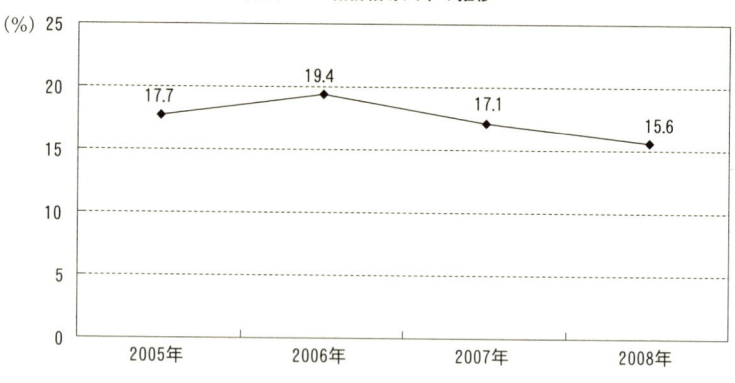

図表9-4　職務給導入率の推移

(%) 25
2005年 17.7
2006年 19.4
2007年 17.1
2008年 15.6

出所：労働部『賃金制度実態調査』，各年度。

図表9-5　職務給導入企業の基本給類型

	基本給構成項目			割合（%）
	号俸	職能	職務	
純粋職務給型	×	×	○	2.5
号俸－職務給型	○	×	○	7.3
職能－職務給型	×	○	○	0.6
号俸－職能－職務型	○	○	○	3.7

出所：労働部（2008），p.32より作成。

純粋な職務給を導入している企業の職務給の運用実態をみよう。まず，職務給は管理者・一般社員（72.3%）に適用する企業が最も多く，適用職種は管理職（77.4%）と事務職（64.2%）が多い。職務等級数は4－5等級が多い。職務等級の昇級基準は勤続年数が38.4%で最も多く，次いで職務変動が29.3%，技術や能力向上が27.3%となっている。職務が変わることで職務等級の上昇が行なわれる米国の職務等級制度と比較すると，年功給的性格が強いことが注目される。

職務給の基本形態には，単一職務給[11]と範囲職務給[12]があるが，単一職務給（40.4%）より範囲職務給（59.6%）を導入している企業が多い[13]。職務等級別に一定の幅をもった賃金の中央値を100として最低と最高を約80－120程度に設定している。評価による昇給（merit increase）は最高と最低で平均10%の差がつくようになっている[14]。

前述したとおり職務給を導入するためには，組織内の職務の相対的価値を測定するための職務評価が欠かせない。また，職務評価の点数を市場賃金に合わせて具体的な賃金水準を設定する必要がある。韓国の場合，外部労働市場があまり発達しておらず，職務に対する市場賃金が形成されていない。したがって，米国式の純粋な職務給を導入するためには，さまざまな制約要因がある。職務給を導入していない企業のその理由をみると，第1位として「職務評価の困難」が63.9%と最も多く，第2位では「市場賃金の不在」33.2%となっている（図表9-6）。

図表9-6　職務給の未導入の理由

	第1位		第2位	
	頻度	割合（%）	頻度	割合（%）
職務評価の困難	1,238	63.9	287	17.2
市場賃金の不在	178	9.2	554	33.2
配置転換の困難	235	12.1	523	31.3
勤労者／労働組合の反対	124	6.4	200	12.0
その他	163	8.4	107	6.4
合計	1,938	100.0	1,671	100.0

資料：労働部（2005）『年俸制・成果配分制実態調査』。
出所：大韓商工会議所（2007），p.7。

5. 職務重視の賃金管理事例

ここでは，職務重視の賃金制度の改革事例として2社を取り上げ，具体的な運用について論述する。2社の事例は，韓国経営者総協会が発行する『賃金研究』と韓国人事管理協会が発行する『人事管理』に掲載された事例，そして人事担当者とのインタビューによるものである。

(1) A社の事例[15]
1) 人事制度の概要

同社は外部のコンサルティング会社に依頼して職務重視の人事制度を構築した。そのために職務分析や職務評価を行なって職務等級を分類し，職務給の設計を行なった。同社の職務等級は14等級に分かれている。10等級以下は一般社員（Non Manager）で，L等級以上が管理者（Manager）である。それぞれの等級は役割に応じて大きくSenior Management, Middle Management, Junior Management, Supervisor/Executive/Specialist[16], Staff Level の5段階に区分されている（図表9-7）。

大卒新規採用者の職務等級の初任格付けは，担当職務によって異なる。一般的に，大卒者の職務は9等級に属するが，必ずしも同じ等級ではない。たとえば，営業や労務担当は9等級であるが，他職務の場合，7等級あるいは8等級に格付けられることもある。

同社は2005年に課長クラスを対象に職務給を導入し，2007年には全社員に拡大した。これまでの人事処遇は年功序列によるものであった。学歴・性・職級・勤続・年齢など年功制度の下で重視されていた要素を排除し，職務の価値と当該年度の業務実績及びその職務が労働市場で形成されている相対的価値を反映し，年俸を決定している。これを同社では「職務給年俸制」と呼んでいる。

同社は職務給制度の導入背景として，外部的環境と内部的要因をあげている。まず，外部的環境としては，企業競争環境の変化があげられる。企業の生

図表 9-7 職務等級段階

Job Grade	Role	
F	Senior Management	Manager
G		
H	Middle management	
I		
J		
K	Junior Management	
L		Non-Manager
10	Super visor/Executive/Specialist	
9		
8	Staff Level	
7		
6		
5		
4		

き残りのためには更なる変化が求められ，市場開放が強化される中でグローバル・スタンダードにフィットさせる必要があった。特に，経済危機以降，企業体質の強化のために人事制度の見直しが不可欠であった。また，優秀な人材の確保のためには従来の年功序列型賃金制度では同種業界との競争で優位を占めるのが困難であるという認識があった。

　職務給を導入した内部的要因としては，人事停滞と生産性向上があげられる。同社は年間平均400人の昇進対象者がいたが，そのうち約20％の人だけが昇進した。そのため，職級のインフレという副作用が生じ，この問題を解決する必要があった。また，生産性向上のためにも賃金体系の見直しが必要であった。同社の職務給制度の特徴は，力量により職務を与え，成果によって報償するということである。すなわち，上位職務が空席の場合，その職務を担当する人は年功序列ではなく，能力や力量の高い人を職務昇進させ，その職務遂行によって高い成果を上げた人にはより高い報償を与えることである。入社年度が同じであっても個人の力量と成果によって年俸とインセンティブには大きな差が生じる。

2) 賃金構造と昇給システム

同社は，従来基本給，定期賞与，諸手当から構成されていた賃金項目を新賃金制度では基準給（base salary）と成果給の2つの項目に再編した。基準給は年俸で設計されており，職務給となっている。成果給は変動給で各種インセンティブとして活用される。同社は職務に基づいた職務分析・職務評価を実施して職務等級制度を構築しているが，運用面では同一職務を担当しているにもかかわらず，同一賃金にはなっていない。人事担当者は，これまでの年功序列型賃金制度の下で支給されていた既得権を配慮した運用を行なっているためという。さらに，韓国的な情緒を考慮し，職級間の逆転現象が生じないよう気を配っているという。

基準給（年俸）の仕組みをみると，職務等級間の年俸の上限と下限を±20%に設定し，下位等級に格付けられている者でも持続的によい成果を出した場合，上位等級者より高い賃金が受けられるようになっている（図表9-8）。

基準給が引上げられるのは，職務昇進と成果評価の2つの場合である。まず，職務昇進（job promotion）によって職務等級が1等級上がった場合には，基準給の10%まで，2等級昇進の場合は11-31%まで，3等級昇進した場

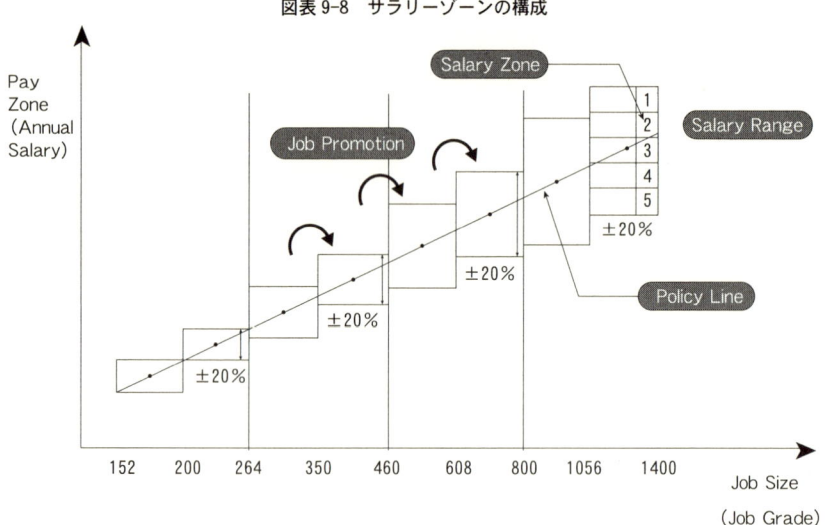

図表9-8 サラリーゾーンの構成

*Pay Range：±20（最大120%，最小80%）

合は31％以上の基準給が上がる。また，前年度の業績評価によっても基準給が上がる。基準給の昇給率は5つのサラリーゾーン（salary zone）に区分され，マトリックス表によって行なわれる。サラリーゾーン別に期待される平均的な目標を基準に超過達成者には平均昇給率以上を適用し，達成できなかった人には平均昇給率以下を支給する（図表9-9）。

図表9-9 基準給の昇給率表 （単位：％）

Salary Zone 評価等級	V	IV	III	II	I
S	9	8	7	6	5
A	8	7	6	5	4
B	7	6	5	4	3
C	6	5	4	3	2
D	5	4	3	2	1

3） インセンティブ制度

インセンティブ制度は，個人の基準給以外に会社成果と個人業績によって支給される。この制度は基本的に職務等級が高い従業員が高い成果を上げるほどインセンティブ支給率が高くなるようになっている。インセンティブは変動給の性格で職務特性によって支給時期と支給率が異なる。役員や部署長の成果給は経営成果と個人の業績評価によって年俸が支給される。営業職は個人別目標を設定し，その達成度によってインセンティブを支給し，支給率の上限がない。事務職や業務職は，会社成果と関係なく個人目標に対する業績達成度合いによってインセンティブが支給される。

4） 職務昇進制度

年功制の下では，同一職務をしながら代理から課長へ，課長から次長へと昇進が行なわれたが，職務等級制度の下では職務が変わらないと昇進ができない。すなわち，上位の職務等級への職務変更が行なわれることが前提となっている。職務等級制度の下では呼称をどうするかという問題があるが，同社では賃金は職務等級を基準としているものの，呼称は従来のままにしている。人事担当者は韓国的情緒から呼称を無視することができないからであるという。呼称昇進は職務等級の8等級までは課長まで昇進が可能であり，9－10等級は次

長まで，L－H等級は部長までとなっている。また，G等級以上は役員（理事，常務，専務，副社長，社長）まで昇進が可能となる。部長までは一定の勤続年数が経過すると自動昇進となり，役員は空席が生じた場合，昇進できる。これまでの韓国式の部長，次長，課長というタイトルはあくまでも呼称としてのみ使用しており，特に問題がなければ自動的に呼称上の昇進が行なわれる。部署内の空席が生じた場合は，社内公募（job posting）を通じて選抜する。

　従来の人事システムの下では，定期的な人事異動を通じて昇進機会が得られていたが，職務給年俸制の下では随時に人事が行なわれ，昇進機会が得られる。また，従来は定められた昇進基準年数を満たさないと昇進ができなかったが，職務給年俸制の下ではある職務を担当して1年が経過すると，昇進資格が与えられる。いわゆる，能力主義による昇進といえる。

(2)　B社の事例[17]
1)　人事制度の概要

　同社は2002年に職務等級体系を中心とした人事システムを導入した。それに伴って賃金制度も職務給（職務成果給）に見直された。同社が職務中心の人事システムを導入したのは，次の理由からである。同社は1990年代初期まで年功序列型人事システムを長い間運営してきた。1990年代半ばには年功序列主義の反省から能力主義に基づく職能資格型人事システムを導入した。しかし，この職能資格制度や職能給は当初期待した効果が現れず，むしろ人件費の負担が重くなるとともに高職級者を量産させる結果をもたらした。当時，同社が職能資格制度を導入したのは，人事停滞問題を解消するねらいがあったものの，昇格による賃金上昇や賃金と職能資格の不一致などの弊害が生じたためである。このような問題点を改善するために，同社は職務中心の人事システムを導入した。人事担当者は，職務給は韓国の情緒と乖離があるとの認識もあったが，会社の経営環境を考慮した場合，職務給がより合理的であると判断したために導入するようになったという。

2)　人事体系

　同社の人事体系は，職務等級を中心に採用時から賃金決定が行なわれるよう設計されている。採用時には職務ごとに採用人員を区分して採用を行ない，賃

金と職級を決定する。職務分類は事務職群，営業職群，販促職群，生産職群，生産技術職群の5つの職群区分と事務職内の10職務など200の職務から構成されている。従来の職級体系は職務給制度の導入によって再設計した。事務職群は職務価値を基準に点数法で職務評価を行ない，職務等級を確定した。営業職群，販促職群，生産職群，生産技術職群は各職群別特性に見合った職務価値や職能水準を基準に分類法によって職務等級を確定した。事務専門職群の場合，マネジャー等級は2段階，担当者は4段階の職務に分かれている。昇進は職務変更を伴う。また，同一職務内での昇進はない。

職務等級の調整は，会社戦略の変更によって既存の職務内容が強化される場合や企業環境の変化によって既存の職務が深化するか，職務の幅が広くなる場合，そして組織の新設・廃止・統合などによって新たな職務が新設されるか，既存の職務が統合される場合に実施される。職務等級の再調整のプロセスは，ジョブプロファイル作成→職務評価→人事チーム検討→職務等級確定の順で実施される。任用（staffing）の場合は，職務を最も効率的に遂行するのに必要な役割と力量を考慮し，社内募集を原則とするが，戦略的に重要な職務の場合は社外募集を行なう。

3） 賃金管理

同社の賃金に対する基本方針は，賃金制度を通じて対内的には公正で，対外的には競争力のある報償を実施し，業界最高の人材を獲得するとともに，人材の高いレベルに平準化させ，最高の競争力のある企業に成長させることである。同社の賃金制度は大きく本棒と手当そしてインセンティブから構成されている。本棒は基本給（職務給）と固定賞与に区分されている（図表9-10）。基本給の場合，賃金レンジの上限と下限を設け，30％－60％程度重複するよう設計されている。固定賞与は当初は廃止する方向で進めてきたが，労働組合との摩擦など韓国的情緒を考慮し，存続させたと人事担当者はいう。賞与は毎月，賞与基礎金額の50％ずつ年間で600％を支給している。手当は法定手当以外はほとんど廃止したものの，一部の生産職群や販売社員に対しては，職責手当と職務手当を残している。

インセンティブは組織または個人の成果によって支給される変動給で目標の達成程度によって支給される。ただし，営業専門職群に対しては，個人別の営

業成績によって営業インセンティブが支給される。

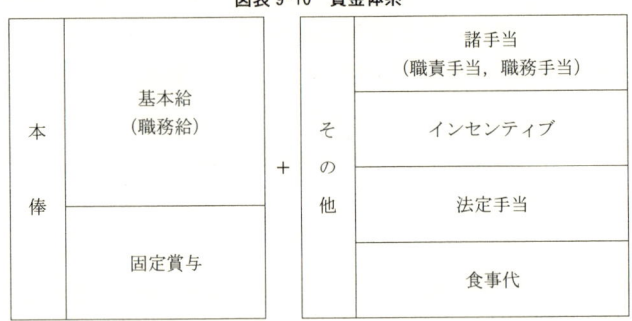

図表9-10　賃金体系

本俸	基本給（職務給）
	固定賞与

＋

その他	諸手当（職責手当，職務手当）
	インセンティブ
	法定手当
	食事代

　賃金の引上げは基本給とインセンティブの引上げによって行なわれる。基本給は賃金の上限と下限のレンジを設け，重複されるように設計されている。基本給の昇給は3つの賃金バンドと5段階の評価等級によって決定される。基本給のベース・アップは行なわず，物価水準，競争会社の動向，支払い能力などを考慮し，毎年設定される。インセンティブは会社成果，部門成果，チーム成果，個人成果を反映して決定される。たとえば，会社業績の算定基準は次のとおりである。

- 会社業績が目標の70％未満の場合は，全社員に対してインセンティブが支給されない。
- 会社業績が100％達成された場合，全社員に100％支給するが，その場合は組織成果を反映して支給する
- 会社業績が100％以上達成された場合，組織成果を反映して達成率に応じてインセンティブを追加で支給する。
- 会社業績が130％以上達成された場合，インセンティブ130％に相当する金額を組織成果を反映して支給する。

　組織成果の反映基準は，70-160％の成果適用範囲（組織成果乗数）内で支給される。部門とチーム成果の反映比率は30対70でチームが大きい（図表9-11）。

図表9-11　組織成果の反映基準（例）

			部門評価等級（30%）				
			N	B	M	E	O
		乗数	0%	70%	100%	130%	160%
チーム評価等級(70%)	N	0%	0%	0%	0%	0%	0%
	B	70%	0%	70%	79%	88%	97%
	M	100%	70%	91%	100%	109%	118%
	E	130%	91%	112%	121%	130%	139%
	O	160%	112%	133%	142%	151%	160%

4）昇進管理

同社の昇進は職務昇進と力量昇進に区分される。職務昇進は当該職務が職務によって職級が区分されている事務職職務や営業所長，一部の生産職職務がその対象となり，職務の空席が発生した場合，随時に実施される。昇進決定はCDP計画によって職務プールの中から昇進者を選定する。一方，力量昇進は当該職務が力量によって職級が区分されている事務職職務と生産職職務，生産技術職職務，営業職職務（販売員）がその対象で定期的に昇進審査が行なわれ，昇進が決定される。

これらの昇進は賃金引上げを伴うもので，昇進前の基本給の10％引き上げを原則としている。この際，昇進が予定されている職級の下限賃金に及ばない場合は下限賃金水準まで引き上げ，反対に上限賃金を上回る場合は上限まで引き上げる。

6. おわりに

以上，韓国企業の職務重視の人的資源管理，とりわけ賃金制度の近年の実態について論述してきた。実態調査によると，職務給の導入はあまり進んでいない。職務給を導入している企業でもその形態や運用は韓国的な性格のものが多い。たとえば，本来の職務給の運用において，現在格付けられている職務等級の最上位の賃金に到達すると，上位職務へ昇進しないと賃金上昇が停止するは

ずだが，実際は賃金が継続的に上がるいわゆる人中心の職務給が行なわれている。換言すると，韓国型職務給といえる。これは事例企業においても同様である。また，人事体系，いわゆる社員等級制度は職務分析や職務評価を実施し，再構築されている。しかも，米国の職務等級のブロードバンディング化の影響を受けて，等級の数が少ないものとなっている。果たして，これを職務重視の人事・賃金管理といえるかどうかは疑問が残る。職務重視の人事制度の構築と運用とは別であると考えられる。

韓国の場合，職務給を導入するためのインフラが整えられているとはいえない。職務の概念さえ明確でない場合が多い。職務給の歴史が長い米国では職務給の硬直性から職務給に柔軟性を保つための多様な賃金制度が導入されている。韓国では1960年代に一部の企業で職務給が導入されたが，定着することなくほとんど失敗に終わった経験がある。職務重視の人事・賃金制度を導入するためには，さまざまな制約条件がある。一部の企業は変化に対する適応の観点よりは制度的圧力，すなわち，他企業が職務重視の人事システムを導入するのに伴う危機感と流行に引きずられて制度改善を行なう企業も少なくない。年俸制の導入もそのような傾向があったが，うまく機能せず従来の号俸制に後戻りした事例がある。したがって，職務の概念が薄い韓国企業に職務重視の人事・賃金制度が定着するかどうかは，組織文化や従業員のマインドの変化が何よりも重要であると考えられる。

米国式の職務基準の人的資源管理のためには，賃金制度の変更だけでなく，すべての下位人事システムを職務本位に再編しなければならない。すなわち，社員等級体系，採用，配置，評価，育成，報償などの下位システムを職務中心に再設計する必要がある。しかし，韓国企業の実態をみると部分的にしか導入していない。

今後，韓国企業が人事・賃金制度を改革するのであれば，単に，外国の制度を模倣するだけでなく，従業員の動機づけや生産性向上の視点から韓国の文化や組織風土に適した韓国型人事・賃金制度を模索していかなければならない。

［注］
1) アメリカの職務給の研究については，五十嵐昭夫（1965）『アメリカの職務給』日経連及び副田満輝（1969）『職務給研究』未来社参照。

2) 職務給は米国で20世紀初めに労働組合の要求によって導入された賃金である。当時，テーラーの差別出来高給制度が労働を強化し，労働者間の競争を強める反労働者的な賃金決定方法であるとして反対した。労働組合はその代案として同一職務に対する同一賃金を要求し，職務給が誕生したのである（朴埈成（2007）「職務給体系の設計と運営」『賃金研究』第15巻第2号，p.18）。
3) 朴浩換（2007）「職務中心人事システムの導入と運営」『賃金研究』第15巻第4号，pp.5-6。
4) 同上，p.6。
5) アメリカの人事労務管理システムの変遷については，竹内一夫（2001）『人事労務管理』新世社，pp.47-51参照。
6) 詳しくは，安熙卓・梁炳武（1993）『職務給の理論と実務』韓国経営者総協会，pp.176-199。
7) 韓国における職能給・職能資格制度については，梁炳武・安熙卓（1993）『職能給の理論と実務』韓国経営者総協会が詳しい。
8) 当時，職務給は1954年に中部電力を皮切りに翌年には九州電力，東京電力が，1962年には八幡，富士，日本鋼管3社が揃って職務給の導入に踏み切った。
9) 正亀芳造（2003）「成果主義賃金制度の展開」奥林康司『成果と公平の報酬制度』中央経済社，p.17。
10) 韓国職業能力開発院（2008）『人的資本企業パネル基礎分析報告書』，p.123及びp.125。
11) 単一職務給とは，最も単純かつ基本的な職務給のあり方で，1つの職務に対して必ず単一の賃金（賃率）を当てはめる方式である。通常は1つの職務に対して一定の幅を持った賃率を設定する場合が多い。シングル・レート（single rate）ともいう。
12) 範囲職務給とは，1つの職務に対して一定の幅のある職務給を設定する方式である。単一職務給では同じ職務をしている限り同じ賃金しかもらえないが，範囲職務給の場合は，最初は一定の範囲のうち最低であっても，熟練や仕事ぶりによっては，最高のところまで上がっていくことができる。レンジ・レート（range rate）ともいう。
13) 大韓商工会議所（2007）『韓国における職務給制の導入経験と改善課題』，p.5。
14) 同上，p.5。
15) A社の事例は，韓国経営者総協会（2007）『賃金研究』第15巻第2号，韓国人事管理協会（2007）『人事管理』12月号に掲載されている。
16) SupervisorはManager Jobではなく，8等級以下の社員を管理する社員であり，Executiveは同社が独自に使用する用語で，労務担当や営業財務などを担当する社員に用いる用語である。例えば，労務担当をEmployee Relations Executiveと標記しているが，ここでは重役の意味ではない。Specialistは自分の下に部下社員がおらず，業務専門知識が必要な職務を指す。例えば，IT職務にはIT関係のスペシャリストもいれば，会計関係のスペシャリストもいる。
17) B社の事例は，韓国経営者総協会（2007）『賃金研究』第15巻第2号に掲載されている。

第Ⅱ部
人的資源管理の国際的動向

第10章
日本企業の人的資源管理

1. はじめに

　本章の課題は，日本企業の人的資源管理とりわけ，賃金制度を中心に成果主義賃金制度の現状と職務・役割重視の賃金管理の近年の変化を明らかにすることである。バブル崩壊後，1990年代の日本は長期間の景気低迷から脱却するために，さまざまな改革が模索された時代として特徴づけられる。90年代にいわゆる「失われた10年」の間，外部環境の変化に対応するため，日本企業はガバナンスや事業システム，人事システムなど事業と経営全般にわたって改革を行なってきた。このような改革と変革の流れの中で日本企業の人事・賃金制度改革も活発に行なわれてきた。その背景には，バブル崩壊後の企業業績の低迷を余儀なくされ，これまで年功的運用の色彩が濃い職能給を採っている企業は，人件費圧力の増加により，企業収益が圧迫されていたからである。
　その結果，企業の人的資源管理は仕事の価値と業績によって貢献度を評価し，貢献度に応じた処遇に結びつける仕事基準の考え方に集約され，成果主義型賃金制度への移行が一気に進展した。日本で成果主義という言葉が初めて登場したのは，バブル崩壊以降である。人件費抑制策として成果主義の代表的な年俸制が目標管理とセットになって導入し始めた。成果主義の内容も企業によってさまざまな形で運用された。
　また，これまで職能資格制度上の人の能力を重視してきた社員等級制度を職務や役割を反映した職務・役割等級制度という仕事重視の新たな人事制度への改革も行なわれた。これを受けて，職能給に代わって職務給・役割給が導入されるようになった。
　以下では，日本の社員区分と資格制度を概観する。つぎに，職能資格制度の

問題点を踏まえ,近年の成果主義賃金制度の現状と職務・役割重視の人事・賃金管理の実態を事例を通して明らかにする。

2. 社員区分と資格制度

日本では役職制度とは別に資格制度を導入している。この資格制度が人事制度の基軸となっている。日本で資格制度の歴史は古い。資格制度は日本の企業で戦前から存在していた。ちょうどそれは軍隊で大隊長,中隊長,小隊長が職制（役職）にあたり,少佐,大尉,中尉,少尉というのが資格にあたる。企業では部長,課長,係長が職制（役職）にあたり,参事,参与,主査というのが資格にあたる。このように,日本の人事制度の大きな特徴は,役職制度と資格制度の2つの人事制度が存在していることである。資格制度の種類もさまざまで西川忠（1965）は資格制度の類型を ① 身分的資格制度, ② 学歴・年功資格制度, ③ 能力的資格制度, ④ 職能的資格制度, ⑤ 職階制の補助制度の5つに分類している[1]。

資格制度とは,組織を構成する職務とは別に,能力,職務内容,勤続年数など何らかの基準によって,従業員の組織内秩序を定めた制度である[2]。すなわち,この資格制度は職制上の役職とは別に,何らかの基準によって従業員の社内での序列づけを行ない,それによって処遇等の運用を補完しようとするものである。一般に,社員格付け制度あるいは社員等級制度ともいう。資格制度は職務による格付けではなく,人の格付けによって行なわれる人事管理制度である点において,欧米にはあまりない制度である。

職務の階層やその価値序列に基づく職務分類制度あるいは職階制度とは本質的に異なる原理に立っている。職務分類制度も従業員の分類格付けではあるが,その格付けはあくまで各人が従事している職務そのものの価値（困難度,責任度）にある。したがって,職務が変更されれば当然にその格付けも変更される。それに対して資格は,各人の能力を主とする格付けであるから,職務の変更は直接には資格の変更に結びつくものではない[3]。

日本において資格制度がどのように変遷してきたかを,戦前と戦後に分けて

概観する[4]。

(1) 戦前の資格制度
1) 身分的資格制度
日本で資格制度の原型となったのは，明治憲法下における官吏身分制度であるとされる[5]。身分的資格制度は大正期に民間企業に普及され，身分は学歴区分を示し，身分の中における等級は年功であった。この身分的資格制度は，学歴によって身分が決定されること，身分が地位の上下関係を示すこと，身分間の移動がなく採用によって一生身分が固定されていた。工場では職員と工員の区分がはっきりしており，賃金にしても職員は月給，工員は日給であり，さらには，工場の入退出には職員は正門を，工員は通用門を使用するといった封建的，身分的な性格が強かった[6]。

2) 学歴・年功的資格制度
身分的資格制度は1940年以降，学歴・年功資格制度に変化し，身分は職員・工員というホワイトカラーとブルーカラーに整理され，職員間における身分差はなくなった。しかし，その運用においては身分制とほとんど変わらないものであった。身分的資格制度が消滅したのは戦後のことである。学歴・年功的資格制度では資格は学歴と年功の相互の対応関係を示すもので，学歴・年功は一律に適用された。大学卒は主事（技師），専門卒は主事補（技師補），中学卒は男子が書記（技手），女子は雇員が初任資格となっており，資格が学歴に合わせて制度化された[7]。学歴・年功資格制度の特徴は次の3点に集約される[8]。

① 身分の壁を打破し，資格によって学歴・年功間の対応関係をつくった。これは能力との結びつきを一段とつよめたものといえる。
② 身分はもともと学歴区分であり，身分内の等級は年功であったから本質的に身分制の否定の上に，学歴・年功資格制が出たものでなく，継承のうえにつくられた。
③ 資格制度を運用する基準が学歴と勤続年数を中心として整備された。

(2) 戦後の資格制度
戦後の労働組合運動は生活闘争とともに戦前から踏襲されてきた身分制度の

撤廃闘争であった。1948年電産の申請による賃金改訂に関する中労委調停の中に，資格制度廃止条項すなわち，身分的資格制度があったが，その廃止を求めたことが契機となって身分制が廃止された。このように，労働組合を中心とした民主化要求の動きの中で職員・工員の身分制は廃止されたが，実質的には身分が戦後ずっと存続していた。この身分制が撤廃されてしまうと，それに代わる何か新しい経営秩序の柱が必要になることから新しい資格制度が模索され始めた。

1) 職務等級制度

昭和20年代（1945－1954）には職務分析，人事考課，人間関係論，教育訓練技法など，米国の人事管理手法が導入された。それとともに職務分類制度（職務等級制度）や職務給も鉄鋼，電力，造船，製紙，電気などを中心に導入された。この背景には，「電産型賃金体系」にみられる生活給の是正，複雑な給与体系の簡素化，身分制廃止に伴う新たな職場秩序の確立の要請，賃金格差の是正などの理由のもとに導入された[9]。

米国の人事・賃金制度は，民主化を進めるために米国から導入するように指示され，当時，労働省を中心に米国の人事・賃金制度を研究し，導入を模索した。しかし，米国の職務等級制度は職務の価値を評価して人事処遇を行なう制度であって，個人の職務範囲が職務記述書に明確に規定されている。一方，日本では，職務が個人ではなく，組織単位で規定されているため，職務範囲が不明確となっている。また，職務等級制度では等級と役職が完全一体となっており，職務給は職務に対する賃金で職務が変わると賃金も変わるという硬直的なものとなっている。したがって，米国から直輸入した職務中心の人事・賃金の諸制度が日本の雇用慣行と適合しないことから日本に定着することはなかった。

2) 年功的資格制度

昭和30年代（1955－1964）には職務等級制度に代わって，学歴・性別・勤続年数といった属人的要素を基準とした年功的資格制度が導入された。これによって，企業内の従業員に対する人事管理は，学歴・性別・勤続年数で人を選抜し，任用し，処遇する職場秩序が形成された。当時，日本では勤続年数と年齢との間には強い相関関係があった。

賃金は年齢・勤続年数と共に上がる年功給で，昇進は同期入社年次者は同時期に一律に昇進させられた。平等主義，集団主義の考え方に基づいた典型的な年功主義管理であった。高度経済成長期には年功主義管理は有効であったが，低成長期に入ってからは，学歴・年齢・勤続年数を中心とした属人的な人事・賃金制度では，人件費の膨張，ポスト不足といったさまざまな問題点が指摘されるようになった。

3) 職能資格制度

昭和40年代（1965－1974年）には，年功主義人事管理の限界から日経連が能力主義管理を提唱したことを契機に学歴・年功による資格制度から職務遂行能力による職能資格制度が導入された[10]。賃金体系合理化の手段として，職能給が導入されたのもこの時期からである。日本企業には一般社員・係長・課長・部長という役職を尺度として従業員を序列付ける職階制度がある。しかし，職能資格制度は従事している仕事から離れ，職務遂行能力の水準を尺度として従業員を格付けるシステムである。そして，賃金などの処遇を役職ではなく職能資格によって決めるところに最大の特徴がある。評価は職務の遂行を通じて発揮される能力（発揮能力）と職務遂行上発揮が期待される能力（期待能力）が評価対象となる[11]。すなわち，顕在能力と潜在能力である。

職能資格制度は旧来の資格制度が身分的，学歴・年功的な属人的要素に基礎を置いたものであったのに対して，能力に基礎を置いた資格制度である。1969年日経連は「能力主義管理―その理論と実践―」を刊行して能力主義管理を提唱した[12]。これが年功主義から能力主義への転換に大きな影響を及ぼした。職能資格制度は職務遂行能力を評価して能力の段階に応じて従業員の資格を定める制度で，能力が高ければ高いほど，高い資格が付与され，賃金も上がることになる。職能資格制度は1970年代以降，大企業を中心に急速に広まった。職能資格制度が普及した要因は，年功主義からの脱却，従業員の柔軟な配置，ポスト不足への対応，能力開発への動機づけなどが挙げられる。

職能資格制度は職務による格付けではなく，人の格付けによって行なわれる人的資源管理制度である点において欧米ではみられない日本独特の人事制度といえる。

3. 職能資格制度の問題点

近年，日本では職能資格制度に代わって職務等級制度・役割等級制度が導入されている。高度経済成長期に導入された職能資格制度は，制度疲労や機能不全といった運用上のさまざまな問題点が指摘されている。たとえば，労務行政研究所（1998）の調査によると，① 職能要件が抽象的であいまい（57.2％），② 個人の能力や業績を反映したメリハリある賃金になっていない（52.2％），③ 年功的運用に陥っている（51.4％），④ 能力や業績を判定するための評価制度の客観性・合理性が不十分（45.7％），⑤ 資格と担当職務にギャップがある（45.7％），⑥ 中高年の高資格化で人件費負担が重い（37.0％），⑦ 昇格基準がはっきりしない（29.0％）が問題点として挙げられている[13]。また，社会経済生産性本部（2000）の調査においても，「運用が年功的になっている」（72.2％），「発揮能力に応じた昇降格が柔軟にできない」（52.1％），「高資格化が進み人件費が高騰している」（39.7％）など，類似の問題点が指摘されている（図表10-1）。

図表 10-1　職能資格制度（職能給）の問題点

問題点	割合（％）
・運用が年功的になっている	72.2
・発揮能力に応じた昇降格が柔軟にできない	52.1
・高資格化が進み人件費が高騰している	39.7
・職能要件書のメンテナンスに手間がかかる	38.5
・資格等級の基準が実態に合わなくなってきている	26.8
・職能資格が市場横断的に通用しない	24.0
・職能資格はスペシャリスト養成には使えない	21.5

出所：社会経済生産性本部（2000），p. 45。

小玉（2008）も職能資格制度が抱えていた大きな問題点として2点を指摘している[14]。第1点は，職能資格制度の年功的運用である。年功的運用を象徴するのが職能資格制度に見られる最短滞留年数と最長滞留年数である。前者は昇格のためには一定期間当該資格等級にとどまっていなければならないというものである。優れた能力のある人でも一定の年数を経て昇格することになる。

一方，後者は当該資格等級で一定の年数を経ると，自動的に上位の資格等級に昇格することになる。年功制の典型ともいえる。

　第2点は，一元的能力観である。職能資格制度の下では能力等級が全社に共通であった。そのためそれぞれの仕事に直接関係する能力基準ではなく，抽象的な表現が用いられた。たとえば，「ルーティン業務が可能」「複雑業務が可能」「総合的業務が可能」「企画業務が可能」などの表現である。このような抽象的な表現によって全社的に一元的管理が可能となっていた。技術革新に大きな進展がなく，企業内での熟練形成の期間の長さが能力の向上とほぼ一致するのであれば，この一元的能力観とその年功的上昇は大きな問題がなかった。しかし，国際化やIT化の進展によって，新しい多様な能力が必要となり，一元的能力観に立脚する職能資格制度の根幹をゆるがすことになった。

　このように，職能資格制度はさまざまな問題点が浮き彫りになって，1990年代後半からはこれまでの社内の序列付けの基準を能力という人基準から職務・役割といった仕事基準に見直す企業が現れた。その新たな制度が職務等級制度と役割等級制度である。この背景には年功的要素を含んだ能力主義人事制度から成果主義人事制度への移行である。

　職能資格制度は職務遂行能力の高さ（レベル）を評価し，格付ける制度であり，職務等級制度は各職務の価値の大きさを評価し，格付ける制度であり，役割等級制度は各職務における役割の価値の大きさを評価し，格付ける制度である。具体的には役割等級制度は役割の重要度により等級区分し，役割を具体的に展開した目標達成度（成果）も含めて処遇に反映する制度である[15]。人事制度の基軸となるものは，職能資格制度（能力主義）では能力（職務遂行能力），職務等級制度（職務主義）では職務，役割等級制度（役割主義）では役割である[16]。それぞれ能力基準，職務基準，役割基準といえる（図表10-2）。

　どのような人事制度が最適かは一概には言えない。それぞれの企業が置かれている環境や抱えている課題，文化特性などに応じて規定される。それぞれの制度は運用面において大きな違いがある。職務主義の職務等級制度は合理的とはいえ，全社員に適用するには限界がある。各制度のもつメリット・デメリットを考慮し，能力主義・職務主義・役割主義を取り入れた人事制度を構築する必要がある。石田光男・樋口純平（2009）は職務等級・役割等級・職能等級の

図表 10-2 職能資格制度・職務等級制度・役割等級制度の相違点

	職能資格制度	職務等級制度	役割等級制度
等級の決定基準	人（能力）	職務	役割
賃金の対価	過去から蓄積されてきた職務遂行能力	現在就いている職務の価値（ジョブサイズ）	現在就いている役割の大きさ
評価する能力	潜在能力＋顕在能力	顕在能力	顕在能力
処遇と配置	分離	連動	連動
昇進・昇格パターン	役職昇進と職能資格上の2つのはしご	昇進が中心。他に職務自体の再評価。飛び級あり	昇進が中心。役割の再評価。
降格・降級	原則なし	あり	あり
人件費管理の方法	昇格者数管理	ポスト数管理	ポスト数管理
運用のポイント	能力要件の見直し	職務価値の見直し	役割要件の見直し
格付けの決定権	人事部	ライン管理職	部門長
賃金水準の調整	組織内のバランス	市場相場	組織内のバランス

出所：平野光俊（2006），p.42 及び 平野光俊（2010），p.75 をもとに筆者が役割等級制度を追加して作成。

3つの人事制度を分析し，「役割等級」が基軸になる可能性が高いという[17]。（図表 10-3）

図表 10-3 社員等級制度の強みと弱み

	対象	人と仕事のミスマッチ是正機能	人材育成機能	成果評価
職務等級	職務 or ポスト	強	弱	普通
役割等級	人	強	普通	強
職能等級	人	弱	強	弱

出所：石田光男・樋口純平（2009），p.27 より引用。

　実際，日本企業の社員等級制度の改革の動きをみると，能力主義から職務主義へ，能力主義から能力主義と職務主義の混合へと2つの流れがある。このうち，能力主義と職務主義の考え方を取り入れたハイブリッド型役割等級制度の導入が多くみられる。また，管理職は職務主義の職務等級制度で，非管理職は能力主義の職能資格制度で運用する企業もある。

　平野光俊（2010）は能力主義と職務主義の強弱を違えて処遇する社員を，1つの統一的な格付けシステムの中で管理しようとすれば，能力主義と職務主義の組み合わせに柔軟な役割等級制度がこれからの日本企業の主流となると論じ

ている[18]。

4. 成果主義賃金制度の動向

　戦後，日本の賃金制度は「電産型賃金体系」にみられるように，生活給→年功給→職能給→成果主義賃金へと右上がりの成長が止まり，大きく転換してきている[19]。これまで日本企業の賃金構造は，年齢や勤続年数とともに賃金が上昇する年功賃金で，長期雇用慣行とともに日本的経営の特徴としていわれてきた。しかし，1990年代景気後退や経営環境悪化に伴い，年功賃金体系の維持が困難と認識され，これを見直す機運が高まってきた。こうした中，年功を

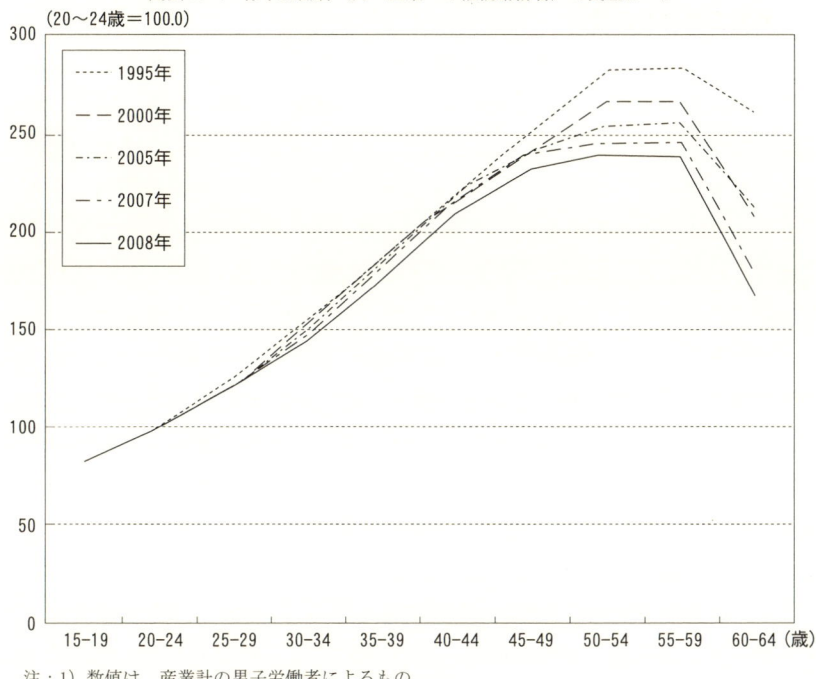

図表10-4　標準労働者（同一企業への継続勤務者）の賃金カーブ
(20〜24歳＝100.0)

注：1) 数値は，産業計の男子労働者によるもの。
　　2) 中学卒，高校卒，高専・短大卒，大学卒をそれぞれのウェイトで合算し学歴計としたもの。
出所：社会経済生産性本部（2010），p.75。

重視する賃金体系から能力を重視する賃金体系や業績・成果を重視する賃金体系へと見直す企業が増えてきた。

年功主義から能力主義や成果主義への転換は，賃金構造に現れている。厚生労働省の「賃金構造基本統計調査」により，標準労働者（同一企業への継続勤務者）の年齢階級別賃金カーブを1995年－2008年を比較すると，20歳台から40歳台前半層については，年齢と共に上昇する賃金カーブに変化はみられない。一方，40歳台後半層については，賃金カーブのフラット化や賃金水準の低下がみられる（図表10-4）。このような賃金カーブの変化をもたらした要因の1つとして賃金体系の見直しすなわち，能力・成果主義の導入によるものと考えられる[20]。

以下では，成果主義の実態について概観する。

(1) 成果主義賃金の普及

1990年代以降，日本の多くの企業は従業員の短期的な成果を賃金に結びつける仕組みを意図的に導入し始めた。ここで重要なのは，成果（職務行動によってもたらされた結果）であるということと，それが短期的（多くの場合，長くても1年単位）であるということである。そのため，成果を明確に測るものとして目標管理制度の導入，賃金決定要素の中での短期的成果の重視，さらにはこうしたことと連動して賃金格差や変動の増大などが起こった。成果主義とは簡単にいうと，「仕事の成果に応じて，賃金やボーナスを決定する」仕組みであるといえる。労働政策研究・研修機構（2004）の調査によると，過去5年間で賞与に関して，個人業績と連動する部分を拡大してきたと答えた企業は，約54％（1,280社中）にのぼっており，また基本給に関して，業績給・成果給を導入したと答えた企業も約43％ある。さらに，また，過去5年間の人事労務管理の方針として，「仕事の成果や結果により，処遇や評価に差をつける」とした企業は，75％に及んでいる[21]。

また，社会経済生産性本部が毎年実施している「日本的人事制度の変容に関する調査」によると，年俸制の導入率は1996年の9.8％から2002年には40.9％と一貫して増加傾向にあったが，2003年の調査では35.1％と多少低下しているものの，2006年には42.3％に増加している（図表10-5）。

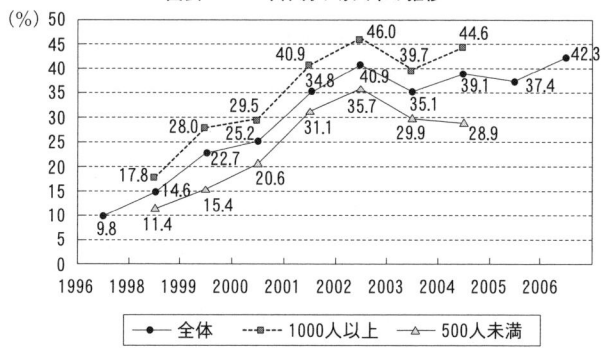

図表 10-5 年俸制の導入率の推移

年	全体	1000人以上	500人未満
1996	9.8		
1998	14.6	17.8	11.3
1999	22.7	28.0	
2000	25.2	29.5	20.6
2001	34.8	40.9	31.1
2002	40.9	46.0	35.7
2003	35.1	39.7	29.9
2004	39.1	44.6	28.9
2005	37.4		
2006	42.3		

注：2005年と2006年度の数値は管理職に対する年俸制の導入率である。
出所：社会経済生産性本部（2006, 2007），p.30及びp.83より作成。

2003年に年俸制の導入率が低下した原因としては，年俸制を導入していたが廃止または縮小した企業が増えているからである。2003年の調査では，年俸制を導入していたが廃止・中断したという企業が4.0％（10社）と，これまでよりもやや多くなっているのが特徴的である。年俸制を廃止した事例では，「成果や業績の評価が困難で格差がつきにくい」，「年俸制が減額になる評価をつけにくい」，「年俸変動（ダウン）によるモラールダウンが大きい」などがあげられている。

(2) 年功要素と能力要素の縮小・廃止

成果主義賃金の普及に伴って，従来の賃金制度に存在した年功的・能力的な賃金決定要素を縮小する動きがある。1960年代から導入し始めた職能資格制度は人材の潜在能力やその将来的な開発を人的資源管理の中核に据えた制度であり，それが従業員の長期的なモチベーションにもつながっていた。さらに，終身雇用的な慣行と年功的な運用の組み合わせによる安定上昇型の賃金が従業員の安心感を担保していた。

しかし，人の側面に軸を置いた職能資格制度は，その基準の曖昧さとともに年功的に運用されていた。そこで，年功要素の縮小・廃止，能力要素の縮小・廃止するなどの変革が行なわれた。労働政策研究・研修機構（2004）の調査に

よると、過去5年間で基本給に関して、年齢給を廃止したり、縮小したりした企業は、約43％あり、また定期昇給を縮小・廃止した企業も52％ある。さらに、今後5年間については、20％程度の企業が、上記2つの改定を行なっていくと答えている[22]。また、社会経済生産性本部の調査によると、基本給の決定要素として年齢や勤続年数を反映している「年齢・勤続給」の割合は、管理職は2001年の32.2％から2009年では27.3％と若干減少しており、非管理職の場合は、1999年の78.2％から2009年には59.1％へと大きく減少している（図表10-6）。

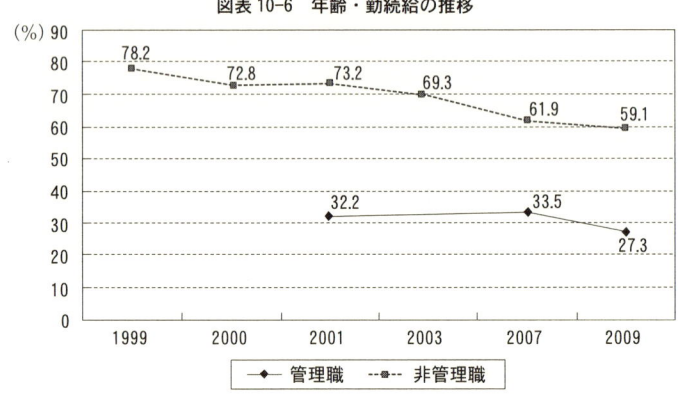

図表10-6 年齢・勤続給の推移

年	1999	2000	2001	2003	2007	2009
非管理職	78.2	72.8	73.2	69.3	61.9	59.1
管理職			32.2		33.5	27.3

出所：社会経済生産性本部（2010）, p.77 より再作成。

　成果主義賃金制度の拡大により、既存の職能資格制度を縮小・廃止する企業も増えている。職能資格制度を採用していた企業（955社）のうち、半分程度が職能資格制度を変更したと答えており、そのほかに職能資格制度を廃止したと答えた企業が、約9％ある。変更の内容としては、「資格要件の明確化」が約25％ともっとも多く、これまでに比べて厳しい運用を意図している企業が多いことが示唆される[23]。もちろん実態としては職能資格制度を完全に廃止している企業は少なく、職能資格制度の年功序列を維持しつつ、成果給ベースを拡大しているケースが多い。

　職能資格制度の縮小・廃止は、職能資格制度の年功的運用による非効率性がその原因の1つである。さらに人口高齢化により企業内労務構成においても高年齢化、高資格化、高費用化が進み、企業の人件費負担が重くなった点が挙げ

られる。すなわち，職能資格制度の職能給を縮小・廃止するという動きの根底には，人件費の効率的な管理という側面が内在している[24]。社会経済生産性本部の調査によると，職能資格制度（職能給）の縮小・廃止は，1999年時点で管理職へ職能資格制度を導入した企業比率が80.8%だったが，2005年には57.5%まで下がった。その後，2007年には74.5%，2009年には69.9%とやや導入率は7割程度に戻している。非管理職も同様に1999年85.2%の企業で非管理職に職能資格制度を導入したが，2005年には70.1%まで下がる（図表10-7）。これは成果主義に基づく人事処遇制度を見直す企業が現れていることに起因すると推測される[25]。

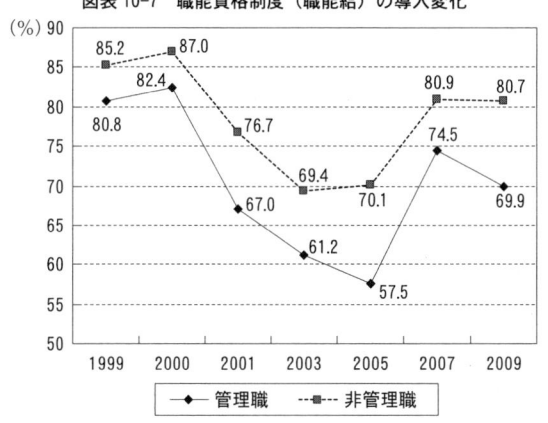

図表 10-7　職能資格制度（職能給）の導入変化

年	管理職	非管理職
1999	80.8	85.2
2000	82.4	87.0
2001	67.0	76.7
2003	61.2	69.4
2005	57.5	70.1
2007	74.5	80.9
2009	69.9	80.7

出所：社会経済生産性本部（2010），p.77 より作成。

一方，基本給の中で職能給が占める比重をみると，管理職は65.5%，非管理職は59.8%である。基本給の100%，すなわち職能給だけで基本給が決まる企業割合をみると，管理職では28%の企業，非管理職では19.2%の企業である。今後，成果主義賃金制度の拡大により，職能資格制度の導入比率はますます減少すると予想される。

職能資格制度に期待する機能としては，「能力主義に基づいた長期的な人材育成に効果がある」というのが47.8%で最も多く，次に「昇格，昇給のインセンティブが意欲や貢献を促進する」という点が42.1%であった。すなわち，人

材育成効果とインセンティブ向上効果が職能資格制度に期待する機能であることがわかる。一方，職能給のメリットとしては，「職能給は賃金が下がらないため，生活が安定する」が11.8％で最も高く，次に「社内序列による秩序安定と一体感調整，定着促進」が9.4％である。すなわち，賃金が下がらないという点からすると，安定的で企業定着率が高まるという点が期待できる[26]。

(3) 職務・役割基準の職務給・役割給の導入

日本の人事制度は，欧米諸国が職務主義を基本にしているのに対して，属人主義と特徴づけられる。すなわち，人事のすべての基準が職務優先ではなく，人が優先されることである。しかし，近年においては，職務や役割を重視した人事・賃金制度を導入する企業が増えつつある[27]。企業によっては，全面的な職務・役割等級制度への移行に進まず，管理職以上を職務・役割等級制度とし，一般社員については職能資格制度を運用するハイブリッド型も多い。職務給または役割給をどれくらいの企業が導入しているかの調査は見当たらない。ただし，社会経済生産性本部が職務給と役割給を区別せずに調査した「職務・役割給」の導入状況をみると，1999年には21.1％の企業が管理職に職務給・役割給を導入したが，2009年には70.5％を占め，この10年間で3倍以上増え

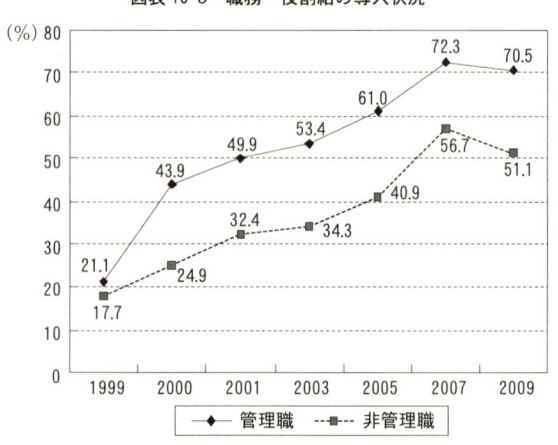

図表10-8　職務・役割給の導入状況

年	管理職	非管理職
1999	21.1	17.7
2000	43.9	24.9
2001	49.9	32.4
2003	53.4	34.3
2005	61.0	40.9
2007	72.3	56.7
2009	70.5	51.1

出所：社会経済生産性本部（2010），p.77より作成。

た。非管理職の場合も，1999年17.7%から2009年51.5%へと2倍以上増加した（図表10-8）。

　職務給・役割給を導入しているからといって基本給のすべてが職務ないし役割によって決定されるかというと，複数の要素を反映している。厚生労働省の「平成21年度就労条件総合調査」によると，管理職では「職務・職種など仕事の内容」が77.1%で最も高く，次いで「職務遂行能力」68.5%，「学歴，年齢・勤続年数等」57.8%，「業績・成果」45.4%の順となっている。「業績・成果」の場合，規模別で大きな差があり，1,000人以上の大企業では70.0%を占めている。管理職以外でもほとんど同じ傾向を示している（図表10-9）。

　また，社会経済生産性本部の調査においても基本給のうち職務給・役割給が占める比率は，管理職の場合は59.3%，非管理職の場合は49.6%となっており，職務給・役割給だけで基本給が決まるのは，管理職が32.4%の企業で，非管理職は17.6%の企業で適用されている[28]。このように，何らかの形で複数の要素から基本給が決定されていることがわかる。

　職務給・役割給を導入している企業の昇給パターンをみると，管理職の場合は評価結果により，新しく昇給額と降給額が決まる「洗替型」が40.6%で最も多い。すなわち，管理職では評価結果により賃金額が上がる可能性も下がる可能性もある。一方，非管理職では評価結果により累積昇給される「積上型」が41.3%で最も多い。すなわち，非管理職の職務給と役割給の場合は，評価結果

図表10-9　基本給の決定要素　　　　　　　　　　　（単位：%）

職層・規模		全企業	職務・職種など仕事の内容	職務遂行能力	業績・成果	学歴，年齢・勤続年数等	学歴	年齢・勤続年数等
管理職	計	100.0	77.1	68.5	45.4	57.8	16.5	56.6
	1,000人以上	100.0	70.9	77.3	70.0	35.2	11.7	33.1
	300－999人	100.0	75.8	74.8	64.2	51.0	19.4	48.7
	100－299人	100.0	75.3	73.8	53.1	57.8	20.6	56.6
	30－99人	100.0	77.9	66.2	40.9	59.0	15.2	58.0
非管理職	計	100.0	71.8	67.5	44.4	65.5	20.5	63.7
	1,000人以上	100.0	66.2	80.0	65.3	60.3	21.0	56.7
	300－999人	100.0	68.6	75.8	60.8	68.3	28.6	64.6
	100－299人	100.0	69.8	70.8	51.8	67.6	26.0	65.6
	30－99人	100.0	72.9	65.5	40.3	64.8	18.2	63.2

出所：厚生労働省『平成21年就労条件総合調査』。

が悪くても賃金が下がることはない。同じ制度であっても，管理職は業績や実績によって賃金が下がることもあるが，非管理職は賃金が下がることは少ない[29]。

　職務給・役割給の導入・拡大の背景には2つがある。その1つが「人件費削減」のための導入であり，もう1つが「企業の経営戦略に対応」するための導入である。1990年代のバブル景気崩壊後，長期間の経済沈滞期に，企業は倒産の危険から生き残るために経営再構築や組織改変を進めてきた。この時期に「人件費削減」の目的により職務給・役割給が導入された。一方，人件費削減の目的とは違って，企業の経営戦略や経営方針の変更により，それに見合った人事制度として成果主義を導入する企業も多い。共通的にみられる特徴としては，目標管理と連携しながら運用するケースが多いことである[30]。

　職務・役割給を導入する際には，職務評価あるいは役割評価を行ない，それに基づいて職務等級・役割等級を設定するという作業を取るのが一般的である[31]。しかし，役割や職務に基づいて評価基準を設定することになると，合理的に説明できる評価基準が欠かせない。曖昧な評価基準であれば評価に対する信頼性は損なわれることになるし，また，結果に対する納得は得られず，評価結果を処遇に反映することに対する抵抗も生じかねない。

　日本生産性本部の調査によると，実際，職務・役割給の運用上の課題として，「納得いく役割・職務の評価基準の設定困難」（62.2%），「降給するような人事異動・配置転換が困難」（31.9%），「その都度，役割・職務の評価の見直

図表10-10　職務給・役割給運用上の課題　　　　　　　　（単位：%）

	全体	役割・職務給導入企業
納得いく役割・職務の評価基準の設定困難	62.2	64.9
降給するような人事異動・配置転換が困難	31.9	28.4
その都度，役割・職務の評価の見直し手間	25.9	23.9
誰がその役割・職務に相応しいか判断基準が不明確	19.5	21.6
結局のところ，役職位のレベルと職務・役割のレベルが同じになってしまう	15.9	18.7
仕事が変わらない限り賃金が変わらない為，モラール維持が難しい	10.4	10.4
その他	2.4	2.2
N.A	7.6	5.2

出所：社会経済生産性本部（2004），p.24。

し手間」(25.9%) などが大きな課題として挙げられている (図表 10-10)。

5. 成果主義と人事考課

　1990 年に始まるバブル崩壊不況によって，日本企業の人事・賃金制度は変化を求められた。その変化は，労働時間や努力といったインプトを長期的に評価するこれまでの日本的な評価方法から短期的なアウトプット，すなわち成果を評価する方法へと成果主義人事・賃金に移行した。この成果主義人事・賃金制度を実践するための評価手法として目標管理制度が注目された[32]。さらに，目標管理制度の弱点を補うものとして，目標の達成過程を評価するためのコンピテンシーも導入された。ここでは目標管理やコンピテンシーの導入状況と成果主義賃金の運用上の問題について検討する。

(1) 目標管理・コンピテンシーの導入

　成果主義の普及とともに目標管理制度 (Management by Objective ; MBO) が多くの企業に導入されている。目標管理制度は，年度初めに部下と上司との間で業務目標を設定し，それを達成したかどうかを年度末に本人と上司がそれぞれ評価を行なう評価方法である。労務行政研究所調査[33]によると，目標管理の導入率は 1987 年の 28.6% だったのが 1995 年には 54.3%，そして 2001 年には 64.2%，2006 年には 79.3% へと増加している (図表 10-11)。

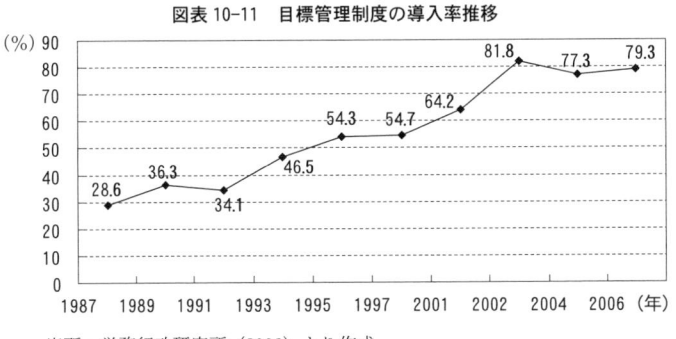

図表 10-11　目標管理制度の導入率推移

出所：労務行政研究所 (2006) より作成。

目標管理の導入の狙いとしては，産能大学（2000）と産業総合研究所（2000）の調査によると，成果・業績主義の徹底や評価基準の明確化が最も多い[34]。目標管理制度の導入は進んでいるものの，運用上ではさまざまな問題点を抱えている[35]。社会経済生産性本部（2002）の調査[36]によると，① 短期的な目標ばかり重視され，中長期的な視点がないがしろにされている，② 比較的達成可能な目標ばかり設定され，挑戦的な目標が設定されていない，③ 企業のビジョンや戦略と個々人の目標とのベクトルがあっていない，④ 目標設定があいまいで抽象的にしか表現されていないケースが多く，達成度評価が難しい，⑤ 必ずしも各自の資格やレベルにあった目標が設定されておらず，目標レベルの格差が大きいなどが指摘されている[37]。

目標設定・評価を正しく行なうには，現在の仕事内容を把握することが前提となる。一方，簡単な目標を設定し楽に達成した社員，難しい目標にチャレンジしたが達成できなかった社員を評価する場合に，達成度だけで評価すると，チャレンジした社員が損をすることになる。このように不公正が生じないよう目標の難易度で差をつけ，より評価を公正なものにするためには難易度を考慮しなければならない。目標難易度を公正に評価されないとチャレンジ精神の著しい低下，安易な目標を設定してしまう傾向になる可能性がある。

成果主義人事・賃金制度の導入に伴って目標管理の弱点を補うために，コンピテンシーやプロセス評価（行動評価）も導入されている。コンピテンシー（competency）とは，高業績者に共通にみられる行動特性のことで，ある職務や役割において優秀な成果を発揮する行動特性などと定義される。各職務や職位などに必要なコンピテンシーのレベルをモデル化することで人的資源管理に応用される。

コンピテンシーは1990年代に米国企業において，職務主義に代わって人の能力に注目して人的資源管理を行なう手法として導入された。日本企業においては，成果主義への転換を中心とした人事・賃金制度改革の中，人事考課の新たなツールとして注目されている。

コンピテンシーの導入率をみると，1999年の5.7%から2005年には29.1%に急増したものの，2006年は26.6%と若干減少している（図表10-12）。コンピテンシーの活用状況をみると，「評価要素（能力・行動・プロセス）」が66.1

%と最も多く,「人材育成・能力開発」(47.5%),「昇格の判定基準」(35.6%)の順となっている[38]。成果主義がノルマ主義や数値目標の達成にばかり執着することによる弊害を避けるため，また，成果を測定する絶対的基準の設定が困難なためや，評価結果を人材育成につなげるために，プロセス評価を取り入れているといえる。また，個人ごとの目標達成に固執することで，日本企業の特徴でもあるチームワークがおろそかになることの弊害から，チームワークといった指標を評価に取り入れる企業も出てきている[39]。

成果主義の弊害としてしばしば指摘されることだが，成果主義が短絡的な業績主義・結果主義に陥りやすいことがあり，それに対する 1 つの対応方法として結果を導く過程（プロセス）も評価の対象としている。一般にプロセス評価を導入する目的としては，評価の納得性を高めることやプロセス評価のフィードバックが行動変容につながることが考えられる。また，成果を出す際に個人プレーに走るのではなく，組織（チーム）への貢献も視野に入れて行動しているかどうかも評価の重要な要素である。

図表 10-12　コンピテンシーの導入率

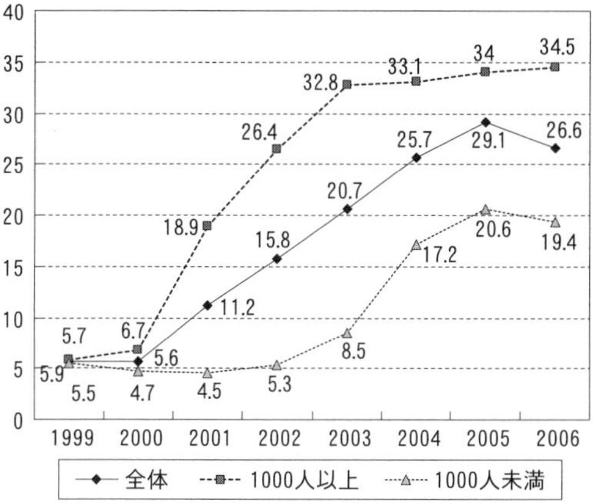
40
35
30
25
20
15
10
5
0
1999
2000
2001
2002
2003
2004
2005
2006
5.7
6.7
18.9
26.4
32.8
33.1
34
34.5
5.9
5.6
11.2
15.8
20.7
25.7
29.1
26.6
5.5
4.7
4.5
5.3
8.5
17.2
20.6
19.4
全体
1000人以上
1000人未満

出所：社会経済生産性本部（2007），p. 31。

社会経済生産性本部（2005）の調査によると，評価をする際，業績や結果だけでなく，そこにいたるプロセス（行動）も評価に反映させている企業は約 9 割を占めている。また，チームや組織への貢献度といったものも評価の重要な

要素となっているという企業は「当てはまる」が 20.8%,「どちらかというと当てはまる」54.2% であわせて 85.0% の大多数の企業が取り入れていることがわかる[40]。

(2) 成果主義賃金の運用上の問題

成果主義的賃金制度は,成果の捉え方など運用が難しく,また,しばしば日本の文化・日本企業の風土にあわないという批判がある。しかし,国際化による企業競争力の強化の必要性,低成長時代の到来,従業員の高齢化など,企業を取り巻く環境が激変している今日においては,労使共に年功主義から成果主義へと転換させる方向を目指す傾向にある。厚生労働省(2000)の調査[41]によると,人事・賃金制度を能力主義化・能力給化することに対して容認する労働組合の割合が 86% であり,そのなかでも「能力評価が妥当であれば,納得できる」とする労働組合の割合が最も高い。しかも実際に,人事・賃金制度の改定が実施された企業において,労働組合が最も重視した項目は「評価の透明性,公正・公平さの確保」であり,約 6 割にのぼっている[42]。企業にとっても従業員にとっても成果主義的人事・賃金制度を導入することを前提として,制度をいかに運用していくかが関心事であり重要な問題としてとらえられている。

ここでは成果主義賃金の導入と運用において,最も重要と思われる成果の測定や評価基準,評価の公正性の問題を取り上げ,議論する。

1) 成果測定の問題

成果主義賃金においてまず,問題になるのが成果とは何か,成果をどう測定できるかであろう。日経連(1999)はそもそも成果とは,成し遂げた良い結果のことであり,設定された一定期間において,自らに与えられた職務の遂行を通じ,どれだけ結果を出し,会社・部門業績に貢献したか,その質と量(出来栄え)であるとしている[43]。成果主義が成功するためには,従業員の成果をある程度,正確に測定できなければならない。従業員の成果を正確に評価できないのであれば成果を基準に従業員の処遇を決めることはできない。このように,成果主義賃金が個人の成果・貢献度に応じて従業員の賃金を決めるものであれば,個人の成果をいかに測定するかが問題となる。この点について笹島

(2003) は[44]「企業の存在が経営目標の達成であるとするならば，個人成果とは，企業の経営目標の達成にその個人がどれほど貢献したか，すなわち経営目標達成への寄与度の大きさが個人成果であるということになる。企業の経営目標が企業の経済的価値の増大であれば，個人が生み出した付加価値の大きさが個人成果であるということができる」という。また，同氏は「以上のように個人成果を捉えたときに，問題となるのは個人成果の測定期間の長さである。1年単位に測定するならば，従業員の職務行動は短期的観点からの取り組みとなり，長期的には好ましいとされる職務行動を行なわない恐れが発生する」[45]という。

実際，個々人の成果を適切かつ公正に把握することはなかなか困難である。売上や利益など目に見えるものがあればいいが，企業活動の中で自分の行動結果が売上，利益で明示されにくい人たちもいる。チーム作業が多いこともあり，成果に対する個々の貢献度を測定することが困難である。

そこで成果主義を取り入れている企業においては，個人成果のみで評価を行なう企業は少数であり，個人成果に加えて行動能力を組み合わせて評価を行なうことにより，成果主義がもつ弊害を取り除こうとしているのが現実である。

2) 評価基準の問題

成果主義的な処遇を適切に運用するためには，まず，制度設計にあたって評価基準の合理性，客観性に応じた適切な格差を設定することが重要である。格差のつけにくいところに無理に格差をつけたり，あいまいな基準による評価で大きな格差をつけたりすることは納得が得られにくい。成果主義賃金の運用上の最大の課題は人事考課である。日本人事行政研究所（2003）の調査[46]によると，成果主義賃金制度を導入した結果，生じている問題点として，「評価基準の明確化が難しい」とする企業が66％と最も多く，次いで「業務内容の異なる者に対する評価の調整が困難」とする企業が65％，「評価者の自覚・訓練などの不足」が58％とそれぞれ5割を超えている[47]（図表10-13）。

成果主義の導入は年功主義・能力主義に比べて従業員間に大きな賃金格差をもたらすことが多く，評価システムの公正さ，透明性，納得性が何よりも重要である。評価が公正に行なわれない限り，従業員は賃金の変動に納得しないだろうし，降給や降格された人はモラールダウンしかねない。成果主義がうまく

図表 10-13　成果主義賃金の導入に伴う問題点（複数回答）

	割合（%）
評価基準の明確化が難しい	65.9
業務内容の異なる者に対する評価の調整が困難	65.2
評価者の自覚・訓練などの不足	57.6
評価結果の賃金やポストへの直結に不満がある	17.4
帰属意識が希薄化する傾向にある	3.8
その他	4.5
特にない	4.5

出所：日本人事行政研究所（2003）『将来あるべき人事管理を考えるための基礎調査』。

機能するためには「公正で納得性のある評価制度」が確保されていることが絶対条件である。日本能率協会（2003）の調査[48]によると，成果主義の前提として9割以上の企業が「公正な評価制度の確立」を主要課題としてあげている。

3）　評価の公正性問題

評価制度が有効に機能するためには，被考課者（従業員）にその制度を受容してもらわねばならない。すなわち，従業員が納得できるような評価制度でなければならないのである。従業員側の評価に対する不満をみると，仕事をしていないのに給料をもらっている人に不満を感じる，仕事内容に見合った給料をもらえていない，評価される基準がわからない，考課者によって評価のばらつきがありすぎる，もっと公平な評価制度を導入してほしいなどが指摘されている。

評価制度に不信感を抱くと評価基準自体も従業員にとっては形骸化し，評価制度の中に現れている企業価値観の浸透も困難となり，また，成果や貢献度に対して正当な評価が得られないと感じれば仕事のモチベーションは低下してしまう恐れがある。

従業員に評価に対する納得感を与えるには，評価が公正であるという意識を従業員に持たせる必要がある。成果主義の導入に伴い公正な評価のための研究が行なわれた。加納・開本（2003）は，成果主義の処遇システムが公正だと判断されるためには，導入された成果主義の手続き的公正が確保される必要があるとしている[49]。また，守島（1999）は過程の公平性を維持するための具体的な施策を提示している。すなわち，①評価基準の公開，②評価結果の公開，

③ 評価に対する不満の申し出や救済の制度，④ 評価の不満を上司に申し出る機会，⑤ 会社の経営方針や経営情報を知る機会，⑥ 人事制度などの設計に意見や要望を述べる機会である[50]。

成果主義賃金が定着するためには，評価制度や運用上の公正さをいかに確保していくかが何よりも重要であるといえる。

6. 職務・役割基準の賃金管理事例

(1) A 社の事例[51]
1) 人事制度改革の背景と特徴

A 社は2001年に職能資格制度を廃止して，職務価値に基づく職務等級制度を導入した。1990年に大幅な人事・組織改革を行ない，能力主義を徹底してきた。しかし，職能を基準とし，年齢給などの属人的要素も残したことから成果や職務が処遇との間にミスマッチを起こすことになった。そこで，従来のさまざまな問題を解決するために処遇のベースを職務の価値に職務等級制度を導入した。従来の総合職，専任職，一般職のコース区分と資格等級は廃止し，職務等級制度では職務の価値を数値化し，幹部社員は6階層，組合員は3階層に区分した。

職務等級の変更は異動で担当職務が変わったときのほか，部署内の担当替えがあった場合や退職者が出て所属組織の人数が減り，負荷が増えた場合，あるいは組織に変更がなく，同じ職務を担当していても職務の習熟度・遂行度が大幅に上昇し，職務領域が拡大したときに等級の変更を行なう。上位等級への変更には，第1に，担当職務が上位職務等級レベルに達していること，第2に，その職務に就く者の職務能力評価が一定水準であることが条件となっている。職務等級を下げることもある[52]。

2) 賃金制度

同社の賃金制度は従来，基本給は「職能給」，「年齢給」，「資格手当」の3つの項目から構成されていた。しかし，2001年に職務等級制度の導入によって新基本給は「職責給」と「職務能力給」の2本立てに改定された（図表10-14）。

改定前に世帯主手当，社宅制度があったが，幹部社員に対してはこれらを廃止し，その原資を新基本給に再配分した。また，組合員に対しては，労働組合の抵抗によってそれらを残し，住宅手当として支給する。職責給は職務等級に応じて支給する賃金で職務の価値に基づいて決められた職務等級別にシングルレート（単一金額）で設定されている。職責給は非公開としている。一方，職務能力給は職務を遂行する際に求められる能力を評価して支給される賃金で，職務能力評価の結果によって年に1回改定される。職務等級別に上限金額と下限金額が設定された範囲給で，この上下限の給与レンジの中で，能力に応じて昇給（降給）が行なわれる。

賃金改定は大きく職務等級に伴うものと評価に基づくものの2つの方法によって改定される。職務等級変更に伴う給与改定は，新賃金制度の導入により，従来の定期昇給と異なることを明確にする意味で同社では「給与改定」と呼んでいる。職務等級が変更されると，それに伴って職責給も変わる。また，等級が下がると職責給の水準も低くなる。一方，職務能力給は等級の変更があっても原則としてそれまでと同額が支給される。ただし，新等級の職務能力給レンジの下限に満たないときは下限まで引き下げ，上限を超えるときは上限まで引き下げる。職務能力給は隣接する職務等級と賃金レンジの3分の2が重複する，重なりの大きい設計になっているため，各人の職務能力給が昇格あるいは降格の際に大きく変動することはない。

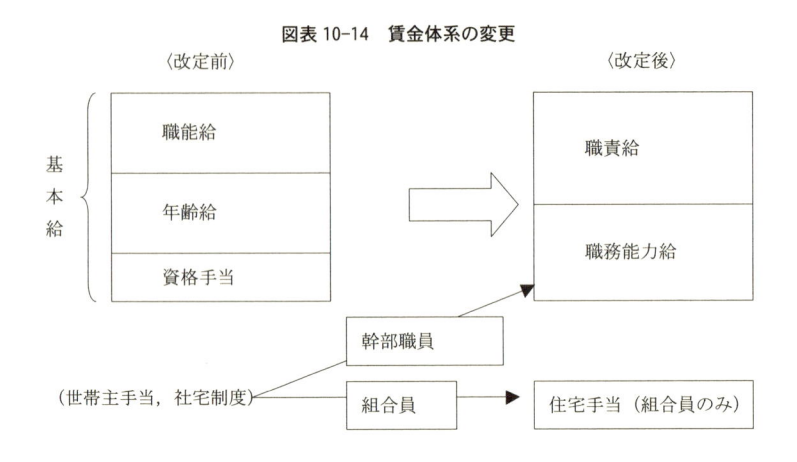

図表10-14　賃金体系の変更

〈改定前〉

基本給
- 職能給
- 年齢給
- 資格手当

（世帯主手当，社宅制度）

幹部職員 → 〈改定後〉
- 職責給
- 職務能力給

組合員 → 住宅手当（組合員のみ）

また，評価に基づく賃金改定では，職責給は等級別定額なので，評価に応じた昇給はない。職務能力給は，前年度の職務能力評価に応じて毎年6月に改定される。各等級の職務能力給レンジを3等分し，職務能力給の水準と評価に応じて賃金改定率が決まる。同一等級内ではランクが低いほど昇給率が高いメリット昇給の仕組みが採用されている。

(2) B社の事例[53]
1) 人事制度改革の背景と特徴
B社は2003年には基幹社員を対象に，2004年には一般社員を対象に役割に応じた役割グレード制度を導入した。制度改革の背景には，環境変化に対応し，厳しい競争に勝ち残るためである。同社の新人事制度は担当職務の役割を基軸とした制度であるが，基幹社員と一般社員の役割のとらえ方が異なる。基幹社員の制度が役割・職務の考え方を色濃く反映したものであるのに対して，一般社員の場合，同じ役割グレードといっても，担当職務によってグレード・賃金が決まるわけではない。

新人事制度では，個々人の役割を明確にした上で，成果に応じて処遇することが基本となっているが，同社は成果のとらえ方として業績だけでなく，業績を上げるための行動の2つを成果としてとらえていることが特徴である。

2) 役割グレード制度の内容
同社は，幹部社員と一般社員の役割グレード制度を区分している。幹部社員の役割グレード制度は，4つの職務タイプと5階層のグレードで区分されている。一方，一般社員の役割グレード制度は，幹部社員のように職務特性に応じた職務タイプの区分ではなく，育成面を配慮し，機能別の9つの職群に分類している。

幹部社員の職務タイプとは，その役割に求められる職務特性であり，主に期待される成果や挑戦の方向性を示すものである。求められる成果の責任範囲すなわち，組織成果責任か個人成果責任かと職務の特性すなわち，戦略遂行的職務か創造・戦略的職務かという2つの視点から区分を行ない，4つの職務タイプを設けている（図表10-15）。

基幹社員の制度では，職務ごとの職務タイプについては全社に開示している

図表10-15　幹部社員の職務タイプの定義

プロデューサー	創造的な組織成果を期待され，新しい仕組みや事業戦略を構築し，将来価値（利益）を創造していくことで貢献する職務
マネジャー	主として既存業務の拡大・発展や効率性の向上という形での組織成果が期待され，組織戦略にのっとった高い成果を上げることで貢献する職務
スペシャリスト	創造的な個人成果を期待され，自らの専門スキルを生かしながら新しい仕組みや価値を創造することで貢献する職務
エキスパート	特定領域における秀でた知識や技能を有し，既存業務の拡大・発展や効率性の向上という形での個人成果を上げることで貢献する職務

が，グレードは公開していない。プロデューサーやマネジャーの場合，各職務と職務タイプ・グレードの対応が明確なので，ポストが変わらなければ職務タイプ・グレードが変わることはない。一方，スペシャリストやエキスパートは，その時々でさまざまな仕事を抱えているため，年1回定期的に見直しを行なっているが，基本的には担当職務が大きく変わらなければタイプ・グレードともに変わらない。

異動などでグレードの低い仕事に変われば，それに応じてグレードが下がる。会社都合の異動であっても，取り扱いは同じである。

3） 賃金制度

同社の従来の月例賃金の構成は「職能給」，「勤続給」，「扶養給」，「住宅給」からなっていた。幹部社員はこれらのうち住宅給だけを残して他の賃金項目はすべて廃止し，「役割給」に統合した（図表10-16）。役割給はグレードごとに上限と下限をもった範囲給となっている。業績考課に応じて半年ごとに昇給あるいは降給する仕組みである。隣接するグレードと水準が50％ずつ重複する重複型の設計となっている。

各グレードは，レンジ1〜レンジ4まで4つのレンジに区分されている。レンジ1は昇給額が最も大きく，レンジ4は昇給額が最も小さい。上位レンジほど昇給額が小さい。レンジ3以上では昇給ゼロやマイナスもある。

一方，一般社員の基準賃金は「役割給」，「扶養給」，「住宅給」の3つの項目から構成されている。一般社員の場合，役割給はグレードが下がることがないことから，役割給レンジを幹部社員のように重複型とせず，下位グレードの上限と上位グレードの下限が一致する接合型となっている。グレード内では積み

図表 10-16　基幹社員の月例賃金の構成

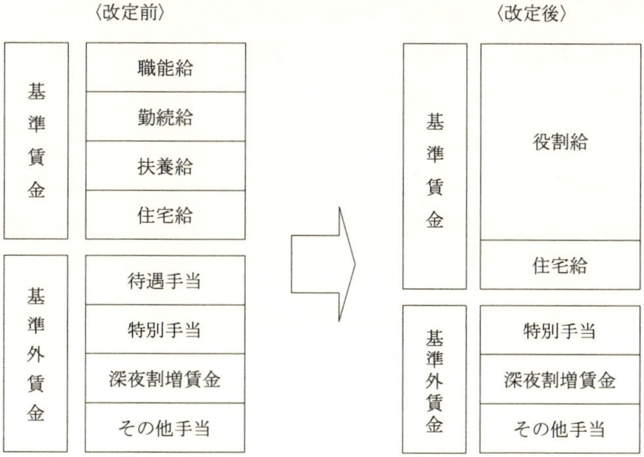

〈改定前〉		〈改定後〉	
基準賃金	職能給	基準賃金	役割給
	勤続給		
	扶養給		
	住宅給		住宅給
基準外賃金	待遇手当	基準外賃金	特別手当
	特別手当		深夜割増賃金
	深夜割増賃金		その他手当
	その他手当		

上げ定期昇給が行なわれる。昇給額に一定の差をつけ昇給ゼロもあり得る仕組みになっているが，幹部社員のように降給はない。

7. おわりに

　以上，日本企業の成果主義賃金制度の現状と職務・役割重視の賃金管理の実態を事例を通して論述してきた。日本企業は低成長，右肩下がりの経済に突入し，パラダイムの大きな転換を迫られ，人事・賃金制度変革に取り組んできた。その方向は，能力主義・成果主義の強化である。人事制度の改革については，従来の職能資格制度にさまざまな問題点が指摘され，社員等級制度を職能資格等級から職務等級や役割等級へと職務遂行能力基準から職務・役割基準が導入されている。それに伴って，賃金制度においても職能給から職務や役割を反映した職務・役割給を導入する企業が増大している。
　賃金決定基準の変化は人事考課にも現れている。従来の能力や業績，情意考課からコンピテンシー評価や目標管理による業績考課を重視する傾向が顕著である。このような動きは，組織から人事を発想するのではなく，市場から人事

を発想するパラダイムの転換である。

　人事・賃金制度の基軸を職務・役割にする場合には，職務や役割という概念を社内でいかに明確にし，定着させるか，職務・役割基準の客観性・納得性をいかに確保するかが最大の課題である。

　今後，日本企業の人的資源管理は人基準による処遇から職務や役割を基準とした処遇へと進展するであろう。その際，これまでの日本的な能力主義と欧米型の職務主義的な考え方を取り入れたいわゆるハイブリッド型人的資源管理に発展していくものと考えられる。

［注］
1) 西川忠（1965）『資格制度』ダイヤモンド社, p.39。
2) 西川忠（1988）「資格制度」原田実・奥林康司『日本労務管理史（年功制）』中央経済社, p.89。
3) 日経連職務分析センター（1980）『新職能資格制度―設計と運用―』, p.336。
4) 資格制度の歴史的変遷については, 西川忠（1965），前掲書, pp.40-76 および 伊藤健市（2006）『よくわかる現代の労務管理』ミネルヴァ書房, pp.40-41 に依拠するところが多い。
5) 西川忠（1965），前掲書, p.40。
6) 鍵山整充（1989）『職能資格制度』白桃書房, p.100。
7) 西川忠（1965），前掲書, p.54。
8) 同上, p.56。
9) 伊藤健市（2006），前掲書, p.40。
10) 詳しくは, 鍵山整充（1989），前掲書を参照。
11) 日経連職務分析センター（1980），p.67。
12) 詳しくは, 日経連能力主義管理研究会編（1969）『能力主義管理―その理論と実践―』日経連広報部。
13) 労務行政研究所（1998）『職能資格制度に関する調査』。
14) 小玉敏彦（2008）「成果主義の進展と日本的経営の相克―職能資格制度導入期との比較を通じて―」東アジア経済経営学会『東アジア経済経営学会誌』第1号, pp.16-17。
15) 堀田達也（2001）「人事制度における"役割"の位置付けとその活用」『労政時報』第3495号, p.44。
16) 役割主義人事の具体的な設計・運用については, 長谷川直紀（2006）『職務・役割主義の人事』日本経済新聞出版社及び森本昭文（2000）『役割主義人事―21世紀型人事トータルシステムの設計と導入』東洋経済新報社。
17) 詳しくは, 石田光男・樋口純平（2009）『人事制度の日米比較―成果主義とアメリカの現実―』ミネルヴァ書房, pp.19-27。
18) 平野光俊（2019）「社員格付け制度の変容」『日本労働研究雑誌』No.597, p.77。
19) 竹内一夫（2001）『人事労務管理』新世社, p.69。
20) UFJ総合研究所が行なった「人事制度の採用状況と将来の方向性」（2004年）の調査をみると，成果主義人事制度を「導入している」企業は54％と半数以上を占めており，とくに1,000人以上の規模では約8割を占めている（UFJ総合研究所（2004）『人事制度の採用状況と将来の方向性』同研究所）。

21) 守島基博（2007）「評価・処遇システムの現状と課題」労働政策研究・研修機構編『日本の企業と雇用』労働政策研究・研修機構, pp. 136-137。
22) 同上, p. 137。
23) 同上, p. 137。
24) 許棟翰（2008）「雇用慣行の変化，賃金制度の変化」，九州国際大学『経営経済論文集』第14巻第2・3号合併号, pp. 67-68。
25) 厚生労働省の「平成21年就労条件総合調査」によると，基本給の決定要素として「業績・成果」は管理職・非管理職ともに平成13年に6割以上を占めていたが，平成21年には4割台に減少している。
26) 許棟翰（2008），前掲論文, p. 68。
27) 職務給は従業員1人ひとりが担当する仕事の価値を，そのポジションの重要度や仕事の難易度などの面から点数で評価し，あるいは等級に分類序列化して，その仕事の市場価値を調べて賃金を決めるものである。
28) 許棟翰（2008），前掲論文, p. 70。
29) 同上, p. 70。
30) 同上, p. 70。
31) 役割評価・職務評価方法としては，序列法，分類法，点数法，要素比較法などがある。① 序列法は，職務同士を総合的な観点から相互に比較して，序列をつける方法，② 分類法は，あらかじめ職務を等級分類して，必要な数の職務等級とその基準を定めておき，各職務を総合的な観点から最も合致する等級に分類する方法，③ 点数法は，職務の価値を構成する要素ごとに，評価基準とウェイトを持った段階別の点数を定め，各職務を要素ごとに評価して，その合計点によって価値を表わす方法，④ 要素比較法は，職務の価値を構成する要素ごとに，賃金率の定められた基準職務を設定し，各職務を要素別に基準職務と比較評価して該当する賃金率を合計することにより，各職務の賃金率を決定する方法。
32) 目標管理の理論的研究については，奥野明子（2004）『目標管理のコンティンジェンシーアプローチ』白桃書房参照。
33) 労務行政研究所「人事労務管理諸制度の実施状況」『労政時報』各年参照。
34) 奥野明子（2004），前掲書, p. 46。
35) 労務行政研究所（2006）「目標管理制度の実施状況，運用実態」『労政時報』第3681号, pp. 52-56。
36) 社会経済生産性本部（2002）『日本的人事制度の現状と課題』（2001年10-11月，全上場企業2,547社対象，339社回答）。
37) 同上, pp. 46-49参照。
38) 社会経済生産性本部（2007）『日本的人事制度の現状と課題』, pp. 31-32。
39) 朝日新聞（2005年2月24日付け朝刊）では「富士通成果主義手直し」として，幹部従業員の成果評価を従来の個人単位の目標達成度評価からチームワークや人材育成なども成果に含めて評価する方法に2005年度から転換することを報じている（社会経済生産性本部『日本的人事制度の現状と課題』（2005年度版）p. 17）。
40) 社会経済生産性本部（2005）『日本的人事制度の現状と課題』, p. 18。
41) 厚生労働省『2000年労働組合活動実態調査』。
42) 日経連経済調査部編（2002）『春季労使交渉の手引き』2002年版, p. 81。
43) 日経連（1999）『これからの一般職賃金』p. 63。王思慧（2002）「なぜ今成果主義なのか―成果主義賃金の本質の狙いについて―」『一橋論叢』第127巻第6号, p. 85。
44) 笹島芳雄（2003）「成果主義賃金の概念，実態，意義と課題」『日本労務学会第33回全国大会研

究報告論集』, p. 44。
45) 同上, p. 44。
46) 日本人事行政研究所（2003）『将来あるべき人事管理を考えるための基礎調査』（2003年10月, 東証一部上場企業1,068社対象, 198社回答）。
47) 成果主義賃金の問題点としては, 他の調査でもみられる。たとえば, 厚生労働省の調査（2001）では業績評価制度の問題点として,「部門間の評価基準の調整が難しい」(59%),「評価者の訓練が充分にできていない」(50%),「従業員の評価に対する納得が得られない」(24%)とする企業が少なくない（厚生労働省（2001）『就労条件総合調査』）。また, 社会経済生産性本部の調査（2003）においても評価制度の問題点として,「評価者間での評価基準の統一が難しい」(83.5%), 次いで「目標のレベルや達成度の基準を設定するのが難しい」(60.5%),「仕事の質の異なる人たちを適切に評価することが難しい」(55.2%)となっている（社会経済生産性本部（2003）『日本的人事制度の現状と課題』）。
48) 日本能率協会（2003）『当面する企業経営課題に関する調査』。
49) 加納郁也・開本浩矢（2003）「成果主義導入プロセスにおける従業員の公正」神戸商科大学経済研究所『商大論集』54巻5号, p. 104。
50) 守島基博（1999）「成果主義の浸透が職場に与える影響」『日本労働研究雑誌』47巻4号, pp. 2-14。
51) A社の事例は労務行政研究所（2006）『先進企業の人事制度改革事例集』（労政時報別冊）同研究所, pp. 32-49に依拠したものである。
52) ただし, 組合員の等級を下げる際には労働組合の了承を得なければならないが, 原則として組合員には等級の下がる異動は行なっていない。
53) B社の事例は, 労務行政研究所（2006）, 前掲書, pp. 50-69に依拠したものである。

第11章
米国企業の人的資源管理

1. はじめに

　本章の課題は，米国企業の人的資源管理とりわけ，賃金制度を中心にその特徴と賃金制度の新たな変化を明らかにすることである。これまで米国企業の賃金制度は職務に対する賃金，すなわち職務給（pay for job）が一般的である。職務給は米国で20世紀初頭に労働組合の要求によって導入された賃金制度である。当時，労働組合は賃金決定の基準として「同一労働同一賃金」または「同一職務同一賃金」を要求していた。その結果，1940年代に米国企業に普及した。戦後，日本や韓国企業は経営管理手法を米国から学ぶことが多く，賃金制度も例外ではなかった。1950−60年代には電力や鉄鋼各社で職務給の導入が試みられたが，ほとんどが年功的運用で定着することはなかった。その背景には，職務給導入の前提条件が欠けていたためである。

　職務給は職務に対する賃金であるため，人の能力や成果は考慮されない。すなわち，職務給の下では異なる能力を持っている人が同じ職務に就いていれば同じ賃金を得ることになる。しかし，この職務給もさまざまな問題点から新たな制度が導入されている。たとえば，ブロードバンディングやコンピテンシーを取り入れたさまざまな賃金制度が導入されている。これまでの職務本位から人本位に移行している。

　以下では，米国企業の社員区分と社員等級制度を概観する。つぎに，米国の人事・賃金管理の基本的特徴を踏まえて，これまでの職務重視から人の能力を重視したブロードバンディングやコンピテンシーなどといった，新たな考え方を取り入れた人事・賃金制度の変化について論述する。

2. 社員区分と等級構成

　米国では従業員を区分する最も基本的な基準は，エグゼンプト（Exempt），ノンエグゼンプト（Non exempt）の職務区分である[1]。この2つの区分によって時間外手当の支給とか賃金支払い形態などが異なる。米国の社員構成は大きく分けてエグゼクティブ（Executive），エグゼンプト（Exempt），ノンエグゼンプト（Non exempt）に分かれている。エグゼクティブはCEO（最高経営責任者）をはじめとする役員である。エグゼンプトは時間外手当の支給対象外で，管理職や専門職，一部の営業職，行政労働者，管理部門スタッフの非管理職社員などがこれに該当する。職務の性質上，自分自身で時間をコントロールし，成果で評価される職務についている人である。ノンエグゼンプトは時間外手当支給対象であり，生産現場で働く労働者や秘書などの社員で，自分自身の裁量権が小さく，管理・監督の職務についている人である。

　また，エグゼンプト職務なのか，ノンエグゼンプト職務なのかによって賃金支払い形態が異なる。エグゼンプト従業員である管理者や専門職の賃金は通常，月給制である。上級管理者や専門職，そしてエグゼクティブは前年度の業績に基づいて年俸として決定され，分割して月々支払われる。ノンエグゼンプトは時間賃率で賃金を算定する場合が多いが，実際の支払いは週給か，月2回にまとめて支払われる（図表11-1）。

　社員は各職務等級に格付けされることになる。職務等級制度（job grade system）[2]とは現在就いている仕事のレベルに応じて等級，賃金が決定される制度，あるいは職務価値が類似している職務ごとにグループ化し，それぞれのグループにグレード番号またはグレード記号を割り振って構築したもので，米国などで一般的である。職務等級の数は企業によってさまざまで少ない企業では15ぐらい，多い企業では30以上もある[3]。

　米国では1964年に公民権法（人種，皮膚の色，宗教，性別，出身地などの相違による一切の差別を禁止・撤廃する法律）が制定され，給与の差が合理的な理由に基づくことを証明する必要が生じた。そこで，科学的手法である職務

第11章 米国企業の人的資源管理　223

図表11-1　米国における職務と賃金・給与の慣行

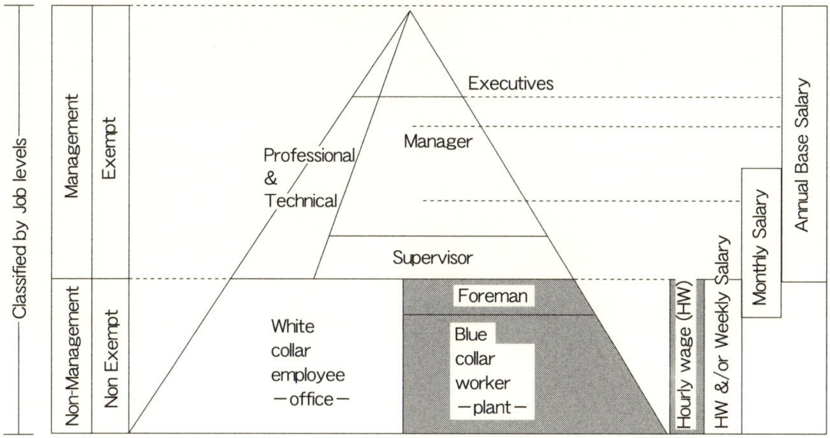

出所：井出喜胤（1990），p.11より引用。

評価による職務等級制度が急速に拡大した。

　職務等級制度の基本的な仕組みと特徴は次のように要約される。第1に，仕事のレベルで等級及び賃金が決まる。企業への貢献度が高い職務は等級・賃金が高くなる。企業への貢献度と賃金が直結した実力主義制度といえる。担当職務のレベルは個人の能力レベルが勘案され決定されるが，能力が向上してもそれに見合う仕事についていなければ賃金は上がらない。第2に，人に応じて仕事を決めるのではなく，企業として必要な仕事を職務記述書で定義し，その職務に人を当てはめるのが基本である。この制度では，職務記述書に沿って仕事をするので，記述書に定義されていない仕事に手を出さない傾向が出てくる。仕事分担が曖昧な職場，仕事内容の変更が頻繁な職場では運用しにくい制度である。第3に，各職務を一定の基準でポイント化し，その総合点の高さで等級を決める。組織上の位置，部下の多さなども勘案される。ポイントの基準は共通なので異なる職種との比較，例えば営業マネジャーと人事マネジャーの比較が可能である。他の企業と共通の基準を用いている場合は社外比較も可能となる。ただしポイントの計算方法が複雑でわかりにくいという問題点がある[4]。

　エグゼンプトとノンエグゼンプトの等級数はタワーズペリンが1995年に行なった大企業調査によると，エグゼンプトは17等級，ノンエグゼンプトは10

等級ある。この等級は，原則的に職務に応じて決定される仕組みとなっており，各職務が何等級に当たるかを決めるのが職務分析・職務評価である。職務分析・職務評価の手法にはシンプルなものから複雑なものまでさまざまなものがある。職務分析・職務評価は毎年，2年に1回，新たな職務が新設されたとき，リストラクチャリングやリエンジニアリングで組織が大きく変わった場合の必要に応じて行なうなど，企業によって異なる。

3. 人事・賃金管理の基本的特徴[5]

　米国企業では伝統的に職務を中心にして人的資源管理が行なわれ，賃金管理の中心も職務が中心である。そのため，職務分析とそれに基づく職務記述書が米国の人的資源管理の中心的要素であり[6]，9割近くの企業が職務記述書をもっているといわれている[7]。従業員の採用については，欠員の生じた職務について，その職務を遂行する能力をもった人が採用される。従業員の社内における地位は，職務の等級によって定まる。そして，職務の等級は，職務評価によって決められる。

　職務等級制度の下では昇進と昇格の区別がなく，同じ意味でとらえられており，いずれも現在属している職務等級よりも上位の職務等級に移ることである。昇進は内部昇進が原則であり，上位等級の職位に欠員が生じたり，組織の拡大によって昇進の機会が生じた場合に，上位等級の職位につける。したがって，外部から採用した人は最下位のエントリー・ポジションにつけることが多い。

　特に，先任権（seniority）制度[8]が労使間で確立している企業では，先任権に基づいて勤続年数の古い者から順番に内部昇進が行なわれる。この先任権制度はレイオフ（一時解雇）や解雇の場合にも適用される。最後に入った者が最初に出るという原則にしたがって，勤続年数の若い順に自動的に解雇されるわけである。また，景気がよくなって再雇用される場合も，この先任権が適用され，勤続年数の古い順に再雇用される。この意味で日本の年功序列制度とは異なるものである。

また，人事異動については，人事管理者たちは転勤や異動を命令せず，異動の機会を提供し，従業員本人が選択するという形をとっている。というのは，もし企業が本人の意思を無視して異動を強制すれば，離職や訴訟に持ち込まれるおそれがあるからである。

　人事考課は業績考課（performance appraisal/performance evaluation）を中心に行なわれる。米国では評価の前提として各従業員の職務記述書が整備されており，それに加えて目標管理制度が普及している。すなわち，米国の人事考課制度では，従業員の担当する職務の内容と当期の具体的な目標という形で評価の基準がより明確にされているということである。

　近年においては，賃金制度に職能給化の動きが見られ，能力を評価するいわゆるコンピテンシー評価が重視されている。従来はアウトプットとしての成果（業績）に評価の重点がおかれていたが，近年においては成果を生み出すインプットとしての能力にも関心が高まり，能力向上のために，職務で要求されている能力を明らかにし，従業員が必要な能力をどの程度持っているのか，ということを評価する動きが高まっている[9]。

　人事権については，ライン部門の管理者が強い権限をもっており，ライン管理者による人的資源管理が基本で，人事部はあくまでも人事に関するスタッフ的役割にとどまっている[10]。

　また，米国の賃金管理は職務を中心に行なわれており，職務分析や職務評価に基づく職務給（job based pay；pay for job）である。職務給の決定は，① 職務分析，② 職務評価，③ 各職務の職務等級への格付け，④ 外部の労働市場における職務別の賃金水準を考慮した職務等級別の賃金水準の決定という手順で行なわれる[11]。職務等級は職務を担当する従業員の社内での格付け（地位）を示し，賃金の基礎になる。各職務等級の賃金は，通常，下限（minimum），中位（midpoint），上限（maximum）という一定の範囲（range）をもっており，範囲職務給と呼ばれる。その範囲の大きさは企業によって異なる（図表11-2）。

　基本給は職務給一本で，家族手当，住宅手当，通勤手当などの諸手当はほとんどつかない。初任給は，採用を予定している部門の管理者と応募者との交渉で決定される。

図表 11-2　基本給と職務グレードとの関係

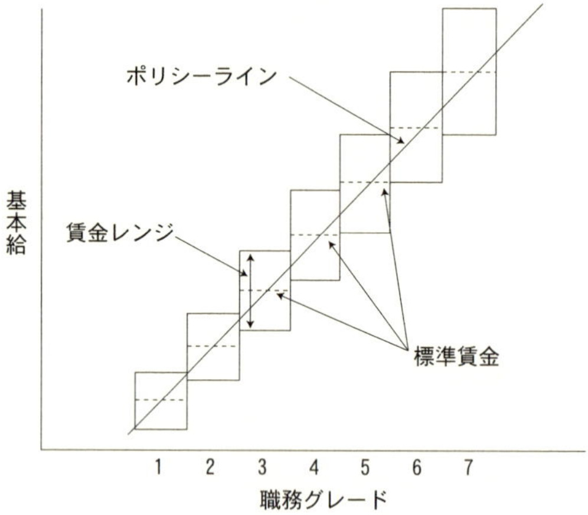
ポリシーライン
基本給
賃金レンジ
標準賃金
1 2 3 4 5 6 7
職務グレード

出所：笹島芳雄（2008），p. 32 より引用。

基本給の昇給は人事考課の成績によって昇給額を決定する考課昇給（merit increase）が最も多く用いられている。しかし，従業員の種類によっては年功昇給もある。生産・製造の労働組合員の場合は一律昇給の規定や先任権制度により年功的昇給をする。ホワイトカラー労働者でも標準の成績を上げていれば，毎年賃金は上がっていくので，賃金カーブは年功的な性格を示す[12]。昇給の範囲は各従業員の賃金範囲上の到達位置と，従業員の人事考課における成績によって決定される。従業員の賃金が中位値よりも低い場合は昇給幅が大きく，中位値を越えると昇給幅が小さくなっていく。その理由の 1 つは，下限の賃金をもらっている人の賃金を労働市場の平均的賃金水準に対応するように，中位値をなるべく早く引き上げて賃金の対外的競争力を強め，本人を満足させると同時に，労働移動を防止するためである。

賞与（bonus）は会社業績によって大きく変動し，会社業績が悪ければ，賞与はまったく支払われない。日本や韓国のように毎年支給される固定的な賞与などはない。

4. 賃金制度の動向

　前述したように，米国では職務記述書に記載されている職務を軸として，組織編成や賃金管理が展開され，職務が人事の基本となっている。職務給は仕事の大きさで給与を決める考えであるが，弊害も指摘されている。例えば，職務の責任範囲が明確にされているので，自分の担当仕事以外はやろうとしない。すなわち，自分の責任においてリスクを負って仕事をすることをためらい，組織の第一線やマーケットから上がってきた重要な情報を握りつぶすこともありうることである[13]。

　また，職務中心主義的な人事制度では，急速な市場の変化や技術革新に迅速に対応できないばかりでなく，組織内の横断的な人事異動を通じた臨機応変で柔軟な人事展開ができにくくなる。さらに，狭く限定された職務では職務寿命が短く，マンネリ化に陥りやすくなり，人間が本来有している自分の能力を向上させたいという欲求に反することとなる。そこで，米国ではこのような職務本位の人事制度の欠点を補うために，賃金制度においてさまざまな改革がなされた。その代表的なものがブロードバンディング・ペイ（広範囲型職務給）で，組織内の水平的な人事異動や配置転換を可能にするために，導入されるようになった。すなわち，単能工から多能工化による従業員の能力向上やモチベーションの向上を狙ったものである[14]。

　米国におけるこのような動きの背景には，1980年代に入り，米国産業の国際競争力の低下が深刻な問題となり，米国の代表的な産業である自動車産業において海外からの自動車の輸入増大により市場占有率が低下し，大規模な人員削減や工場閉鎖に追い込まれるなど，激しい国際競争にさらされていたからである。米国では，その競争力を回復し，強い米国の復活を目指し，経営革新や人事革新が行なわれた。経営革新としては，アウトソーシングやリストラクチャリングの重要性を重視したビジネス・プロセス・リエンジニアリング（BPR）が推進された。人事革新としては，職務中心主義からの脱却，すなわち脱ジョブ化が推進された[15]。

以下では，米国企業の人事・賃金制度の新たな動向を概観する。

(1) ブロードバンディングの導入

米国では1990年代にブロードバンディング（broad-banding）という賃金管理手法を導入する動きがあった。ブロードバンディングとは，2ないし3の旧等級を一くくりにして新たな等級にまとめる手法である（図表11-3）。ブロードバンディングはブロードバンドともいわれているが，いずれも同じ内容である。ブロードバンディングは複数の等級を1つにくくり変えることにより等級数を削減する動きで，組織階層のフラット化に対応するために取り入れたものである。

伝統的な職務給は一般に，細かい職務等級（約20-30）に応じて賃金が決められる。職務と賃金の関係が緊密で賃金等級が多いと硬直性が高まり，配置転換や人事異動が円滑に行なえないデメリットがある。職務等級を減らすことにより，各等級に入る職務数を多くし，それによって同じ職務等級内の水平的な配置転換を円滑に行なえるようになる。また，組織のフラット化によってポ

図表11-3 ブロードバンディング型職務給のイメージ

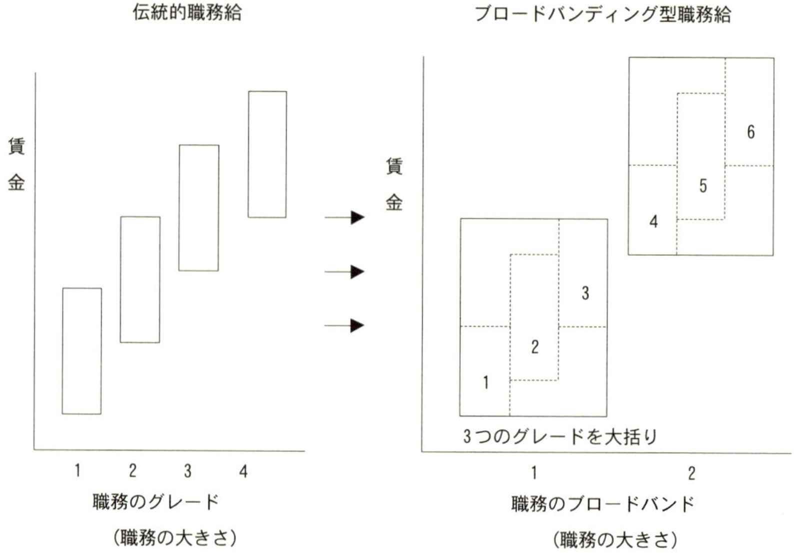

ストが減り，昇進機会が減少しても，配置転換や新しい職務に就くことにより，能力を向上し，これによって従業員を満足させることができる[16]。

笹島（2008）はブロードバンド制の狙いは，伝統的等級制の問題点を回避することにあるとして次の4点を指摘している[17]。第1に，伝統的等級制では職務内容の変化に応じて職務再評価をしばしば実施しなければならないが，そのためにはコストがかかる。しかし，ブロードバンド制であれば職務内容の大幅な変化がない限り，バンドの変化は生じない。第2に，各バンドでの賃金レンジが大きいことから，職務遂行能力が高く，定着してほしい社員には世間相場以上の賃金支払いが可能となることである。第3に，伝統的等級制と比べて基本給の上限が高くなり，基本給の頭打ちが少なくなり，社員のモチベーションを高めることができることである。第4に，社員に対して，職務遂行能力向上へのインセンティブをもたらすことがある[18]。

GE社は1992年に従来14等級あった職務等級を4つのバンドに縮小した。すなわち，上級専門職（Senior Professional），中級専門職（Lead Professional），専門職（Professional），准専門職（Associate Professional）に区分している[19]。

ブロードバンディング制の導入率は調査によって多少異なる結果となっている。Hewitt Associates（1999）の調査では1993年の10%から1999年には23%に増加している[20]。また，Towers Perrinが1995年に行なった大企業調査によると，ブロードバンディングを導入している企業はエグゼンプト対象では11%，ノンエグゼンプト対象では9%と1割程度にとどまっている[21]。SHRM（1999）の調査では全体で15%が導入されている[22]。

一方，ブロードバンド制の問題点も指摘されている。第1に，伝統的等級制では，賃金レンジを狭くし，厳格な賃金管理を行なっていたが，ブロードバンディングの場合，賃金レンジの幅が広いこと，そして，昇給の決定がライン管理者に委ねられていることから，適切に運用されないと人件費の増加となってしまう恐れがある。第2に，世間相場に応じた賃金管理が困難となることである。職務等級制の下では，職務を基準として賃金の世間相場を調査することが可能であり，世間相場を賃金レンジの中央に合わせてきたが，ブロードバンディングの下では，職務遂行能力や技能に関する賃金の世間相場情報が得られ

にくいことである。第3に，運用を適切に行なおうとしてバンド内にいくつかのゾーンを設けて賃金管理を行なおうとすると，伝統的等級制とほとんど変わらない内容となる恐れがある。第四に，賃金の公正さが揺らぐことである。職務遂行能力や技能の評価は主観的なものとなりやすく，評価される従業員が不信感を抱くこともある。また，同一バンド内に職務価値の異なる多数の職務が並存することから社員の賃金に対する納得感が弱まり，「内的公正の原則」を貫くことが難しくなることなどがあげられる[23]。

(2) コンピテンシーの導入

前述したとおり米国ではダウンサイジングやリストラクチャリングによる組織のフラット化により，新しい技術の増加に対応するために個人の能力を重視して賃金を決める動きが1990年代後半に注目されるようになった。成果を生み出すのは職務ではなく人であることから，人の能力に応じて等級・基本給を決めるという考え方である。競争力のある人材を開発するために，ホワイトカラーや知識労働者の能力開発を目的とした能力給（competency-based pay）が導入された[24]。

コンピテンシーについてはさまざまな定義がなされているが，一般に，高業績者に共通して見られる行動特性のことである[25]。各職務や職位などに必要なコンピテンシーのレベルをモデル化することで，人的資源管理に応用される。これは1990年代米国企業において職務主義に代わって人の能力に注目して人的資源管理を行なう手法として導入された。日本や韓国企業においては，成果主義への転換を中心とした人事制度の改革の動きの中，人材育成・能力開発や人事評価など，人的資源管理の各分野に活用できる新たなツールとして注目されている。マーケット環境や技術進歩が激しく，本人の担当する職務の幅や深さが状況に応じてかなり変化する状況では，細かに職務責任や仕事の大き

図表11-4 コンピテンシーの導入状況 （単位：％）

	エグゼンプト対象	ノンエグゼンプト対象
導入済み	13	12
検討中	17	16

出所：本寺大志（1996c），p.62。

さで給与・処遇を決めるよりも能力で給与・処遇を決めようとする発想である。

コンピテンシーの導入はエグゼンプト対象では13％，ノンエグゼンプト対象では12％と1割強となっている（図表11-4）。

コンピテンシー給の導入目的に関する調査をみると，「より公平な報酬システムをつくるため」（62％），「組織文化を変えるため」（53％），「業績に関連する報酬を改善するため」（49％），「従業員の技能を向上するため」（41％）が上位に挙げられている[26]。また，「職務関連より人間関連アプローチに移行するため」が26％を占めている。このような米国のコンピテンシー導入の動きは，組織と人の関係から見れば，組織重視の職務給制度から人重視のコンピテンシーへと移行しているといえる[27]。

(3) 成果給・変動給の導入

1990年代に入って職務給に加えて成果給（pay for performance）を導入する傾向が強くなっている。米国ではホワイトカラー特に，管理職の賃金を個人の成果とリンクする傾向は1970年代から強かったが，1990年代に入ってますます強くなってきた。職務責任を明確にすることと成果を上げること・業績が高まることは別であることから米国企業は，職務の大きさによる社内序列により「いかに本人が成果を出すか，パフォーマンスを上げるか」に応じて給与・処遇を決めるという考えである成果給へと変えてきているのである[28]。

個人の賃金の決定に個人の成果を取り入れるいわゆる成果給は，1984年の37％から1991年の61％まで増加している[29]。成果給導入の主たる目的をみると，「企業業績の向上」が約8割で最も多く，次いで「高業績者の定着」約7割であり，「顧客サービスの改善」（59％），「品質の改善」（57％），「人件費の効果的利用」（56％）がそれぞれ約6割を占めている。「人件費の削減」は14％にとどまっている[30]。成果給の導入は基本給の増大による固定費の増大を防ぎ，個人に対して刺激を与えることを狙ったものといえる。成果給の柱は査定昇給（merit increase）である。査定昇給は人事評価と連動させるもので日本や韓国の人事考課による昇給に当たる。査定昇給によって昇給率が社員間で

どの程度の差が生じているかを調査対象企業の全体で見ると，高業績社員と低業績社員との査定昇給率の差は平均で約4%である。しかし，成果給にかなり成功している企業の場合は，査定昇給率の差がさらに大きく，成果給導入に成功している企業ほど，昇給原資の多くを高業績社員に配分していることになる[31]。

このような成果給を運用していく上で，問題点としては，「意欲向上のための人件費原資の不足」(57%)，「制度運用が一貫していない」(50%)，「情実・情実意識がみられる」(42%)，「職務遂行と賃金との関係が十分に明瞭ではない」(38%) などが指摘されている[32]。

成果給の1つとして，さまざまな変動給 (variable pay) も導入されている。前述のコンピテンシーは直接の成果そのものよりもその成果を出すプロセスに着目したもので，どのくらい成果を上げたかという視点には立っていない。これら成果に基づいて賃金を払うという点から短期インセンティブに力を入れる企業が増えている。タワーズペリンが1995年に大企業を対象に行なった調査によると，この2－3年で年収（基本給＋短期インセンティブ給）に占める短期インセンティブ給の割合が非管理職中堅層で3ポイント，エグゼクティブ層で10ポイントほど上昇している。

この短期インセンティブ給は基本給への上乗せでその割合や額を増やすのではなく，基本給の一部分をインセンティブ給に振り替えるという方法が取られている場合もある。また，ある企業では何年かにわたって基本給の昇給率をマーケットより低めに抑え，その分をこのインセンティブ給への原資にし，基本給を抑える代わりにインセンティブ給を徐々に大きくし，会社・個人業績の成績差を拡大している。このように，基本給を抑制または減らして短期インセンティブ給部分を増やしている。いわゆる基本給の変動給化が進められている。

変動給の導入目的をみると，「個人目標と事業目標の連動」が77%で最も多く，「優れた業績に対する報酬」(63%)，「追加的な報酬の提供」(55%)，「生産性の向上」(54%)，「転職の防止」(53%)，「高業績文化の創造」(51%) の順となっている[33]。

基本給に対する変動給の基準額の割合は，上級管理職 (Executive) で平均

29%, 管理職 (Management) で17%, 専門職 (Professional) で11%, ノンエグゼンプト (Non-exempt) で8%となっている[34]。変動給の決定基準は利益や売上の水準・成長性, 個人目標の達成が高い割合を占めている[35]。

実際に, 米国企業の変動給の導入事例をみてみよう (図表11-5)。基本給とは別にチームと個人の業績に基づく賃金が導入されている。これらは各等級ごとの基本給のレンジとは別にボーナスの基準額 (Target bonus) が設定されている。チームと個人のボーナスの割合は下位等級 (1−5) では50：50となっており, 上位等級 (8−9) では60：40となっている。これは上位等級ほど個人業績より部門業績が重視されることを意味する。

図表11-5　変動給の導入事例　　　　　　　　　(単位：ドル)

Salary Grade	Salary Ranges			Target Bonus			Target Bonus		
	Minimum (80%)	Midpoint (100%)	Maximum (120%)	Team (50%)	Indiv. (50%)	Total (100%)	Team (60%)	Indiv. (40%)	Total (100%)
1	29,700	37,000	45,500	2,200	2,000	4,200			
2	35,300	44,100	52,900	2,300	2,300	4,600			
3	41,200	51,500	61,800	2,600	2,600	5,200			
4	45,400	56,800	68,200	3,200	3,200	6,400			
5	50,700	63,400	76,100	3,600	3,600	7,200			
6	60,000	71,200	85,400	7,200	7,100	14,300	8,600	5,700	14,300
7	63,100	78,900	94,700	7,900	7,900	15,800	9,500	6,300	15,800
8	72,800	91,000	109,200				13,800	9,200	23,000
9	83,400	104,300	125,200				15,900	13,800	29,700

資料：守島基博 (1997), p.321。
出所：石田光男・樋口純平 (2009), p.69から再引用。

変動給の類型もさまざまで, その実施率をみると, 一時金型が53%で最も多く, 次いでグループ／チーム・インセンティブ40%, プロフィット・シェアリング28%, ゲイン・シェアリング27%順となっている (図表11-6)。また, 1987年から1996年まで3年ごとにフォーチュン1,000社を対象に行なった調査でも, さまざまの変動給が1990年代に多く導入されている。特に, 個人インセンティブ給に加えてグループ・チームなどの集団による業績向上を重視する企業が多いことが注目される[36]。

図表11-6 変動給のタイプ別実施状況　　　（単位：%）

区　　　分	割合
一時金型	53
グループ／チーム・インセンティブ	40
プロフィット・シェアリング	28
ゲイン・シェアリング	27
制度対象拡大ストックオプション	12

注：① 一時金型とは，管理職を対象にその個人業績に応じて支給されるマネジメントインセンティブやプロジェクトの節目や完了時点でプロジェクト成果と参加メンバーの貢献に応じて支給するものなど。② グループ／チーム・インセンティブとは，個人の成績とは関係なく，グループやチームの成果に応じて支給されるもの。③ プロフィット・シェアリングとは，会社の利益に応じて個人成績とは関係なく基本給の一律パーセントを支給するもの。④ ゲイン・シェアリングとは，会社利益を指標・基準とするのではなく，生産性とか利益以外の業績目標の達成に応じて支給されるもの。⑤ 制度対象拡大ストックオプションとは，ストックオプションの受給資格範囲をエグゼクティブだけと限定するのではなく，より下位の管理職やエグゼンプト・ノンエグゼンプトまで広げたもの。
出所：本寺大志（1996），p.65。

(4) 技能給・知識給の導入

　米国の賃金決定は，担当する職務を基準とする職務給が基本である。しかし，職務給の問題点を解決するためにブルーカラーに対して，個人のもつ知識や技能の高さに対する技能給（skill based pay）や知識給（pay for knowledge, knowledge based pay）が1980年代に導入された[37]。これは日本の現場重視や多能工養成の刺激を受けて，生産現場で働く従業員の能力向上により，企業競争力を強化するのがねらいであった。技能給・知識給は職務に関連したスキル・能力・知識の深さや広がりと賃金とを連動させたもので，日本の職能給に類似した賃金制度といえる。フォーチュン1,000社を対象とした調査では，1987年には40%，1991年は51%，1999年は62%，2002年は56%と半数以上の企業に普及している[38]。技能・知識給の導入目的として最も重視するのは，「生産性の向上」（90%），「必要に応じて職務変更を可能にする」（90%），「従業員のやる気の改善」（89%），「従業員の業務成果の改善」（88%）が上位に挙げられている[39]。この考え方は多能工を養成し，能力主義によって賃金の年功的な性格を払拭するためのものである。技能給と知識給はいずれも日本の職能給の考え方と類似している。技能・知識給は個人の能力によって決

まる賃金である。

　技能・知識給の下では従業員の技能や知識が身についていれば，賃金が上昇する。技能給は一般に工場の現場従業員に対して利用されることが多い。米国の労働組合員の賃金は団体交渉で決まる。その賃金は職務給であり，一般的には，ある職務に採用されると，その職務の初任賃金が支給される。その後は自動昇給が多いが，査定昇給も見られる。労働組合員の一部には，技能給という能力主義に基づく賃金がある。技能給とは，技能レベルの高さに応じて昇給させる仕組みである。技能給のシステムは，単能工の賃金を基礎として企業が定めたいくつかの技能レベルに到達すると，それに応じて賃金を高めるという仕組みである。

　しかし，職務に基づく賃金決定から能力を基準とする賃金決定に対する課題も指摘されている。第1に，スキルや職務遂行能力（コンピテンシー）を基準とした賃金決定を行なうための制度構築が難しいこと，第2に，「外的公正の原則」に基づき，世間相場賃金を実現するのがほとんどの企業の賃金管理であるが，そのための賃金情報は職務を基準としたものに限られていることから，スキルや職務遂行能力を基準とした世間相場賃金の実現が困難であること，第3に，技能給を導入した多くの企業で，対象となる社員の多くが最高の技能レベルに到達して，結果的に高コストとなったこと，などが指摘されている[40]。

5. おわりに

　以上，米国企業の人事・賃金管理の特徴と賃金制度の動向について論述してきた。米国では1990年代から職務給の硬直性の欠点を修正し，柔軟性を持たせるため，人事・賃金制度の改革を行なってきた。それが伝統的な職務等級のブロードバンディングであり，ブロードバンド型職務給である。また，米国は伝統的に職務本位を特徴としているが，人の能力に着目した人本位の技能・知識やコンピテンシーを職務給に加えて技能・知識給あるいは能力給が導入されている。さらに，賃金の変動に関して個人成果や企業成果に連動して賃金の変動水準を決定する賃金の成果給化・変動給化が急速に進んだ。

このように，近年，米国では従来型の職務主義による人事・賃金管理から能力や成果などを取り入れた脱ジョブ化の傾向がみられる。すなわち，pay for job から pay for performance や pay for person へと変化していることである。日本や韓国企業が非年功要素の職務的要素を加味した能力・業績反映型の新しい制度が模索されていることとは逆に，米国企業は職務に代わって人の能力を加味した新しい制度が模索されつつある。これは国家間の人事・賃金制度が相互に接近する方向に向かっていることであるといえる。

今後，国際的な人事・賃金制度の収斂化あるいは分散化という視点から注目されるところである。

[注]
1) 米国の従業員区分は，1938年に制定された公正労働基準法の適用が法的に免除（exempt）されるか，義務付けられるか（non exempt）に分けられる。
2) 職務等級（グレード）制度は，日本や韓国の人事制度の基軸となっている等級制とか資格等級制に相当するものである。
3) 笹島芳雄（2008）『最新アメリカの賃金・評価制度―日米比較から学ぶもの』日本経団連出版，p. 31。
4) 鈴木敦子（2003）『人事・労務がわかる事典』日本実業出版社，p. 184。
5) アメリカの人事制度・人的資源管理については，次の文献が詳しい。① 石田光男・樋口純平（2009）『人事制度の日米比較―成果主義とアメリカの現実―』ミネルヴァ書房；② 笹島芳雄（2008）『最新アメリカの賃金・評価制度―日米比較から学ぶもの』日本経団連出版；③ 笹島芳雄（2001）『アメリカの賃金・評価システム』日経連出版部；④ 竹内一夫（2001）『人事労務管理』新世社；⑤ 社会経済生産性本部成果配分賃金研究委員会編（1994）『アメリカの賃金・ヨーロッパの賃金』；⑥ 今井斉（2000）「アメリカの人事労務管理」奥林康司・今井斉・風間信隆編『現代労務管理の国際比較』ミネルヴァ書房。
6) 職務分析の詳細については，笹島芳雄（2001），前掲書，第3章参照。
7) 社会経済生産性本部成果配分賃金研究委員会編（1994），前掲書，p. 22。
8) 先任権とは人事のさまざまな決定において勤続期間の長い従業員が勤続期間の短い従業員よりも有利な取り扱いを受けられるという制度である。
9) 具体的な評価制度の運用については，石田光男・樋口純平（2009），第2章及び笹島芳雄（2008），第6章参照。
10) 社会経済生産性本部成果配分賃金研究委員会編（1994），前掲書，p. 38。
11) 笹島芳雄（2008），前掲書，p. 24。
12) 竹内一夫（2001），前掲書，p. 235。
13) 本寺大志（1996c），「米国企業の給与制度事情―典型的システムと新潮流（3）」『労政時報』第3252号，p. 61。
14) 谷内篤博（2008）『日本的雇用システムの特質と変容』泉文堂，p. 113。
15) アメリカ企業の賃金システムの変化については，伊藤健市（2006）「賃金システムの変遷と人的資源管理」伊藤健市・田中和雄・中川誠士編『現代アメリカ企業の人的資源管理』税務経理協会参照。

16) ブロードバンディングを導入する利点として ① 変化に迅速に対応できるフレキシビリティを有している，② ヒエラルキーの重要性を減らすことができる，③ 職務よりも個人及び個人の能力に対する価値への評価に焦点を当てられる，④ 外部市場との賃金比較が可能である（大内章子（2002）「アメリカ企業における賃金・報酬制度—1990年代後半の動向を中心として—」廣石忠司・福谷正信・八代充史（2002）編『グローバル時代の賃金制度』社会経済生産性本部，pp. 107-108）。
17) 笹島芳雄（2008），前掲書，p. 38。
18) 具体的な事例については，石田光男・樋口純平（2009），pp. 65-66。
19) 詳しくは，笹島芳雄（2008），前掲書，p. 37。
20) 大内章子（2002），前掲論文，p. 108。
21) 本寺大志（1996c），前掲論文，p. 62。
22) 石田光男・樋口純平（2009），p. 67。
23) 笹島芳雄（2008），前掲書，p. 39 及び笹島芳雄（2001），前掲書，pp. 188-189。
24) 大内章子（2002），前掲論文，pp. 105-106。
25) コンピテンシーの詳細については，次の文献を参照。① 本寺大志（2000）『コンピテンシーマネジメント』日経連出版部；② 太田隆次（1999）『アメリカを救った人事革命コンピテンシー』経営書院；③ 遠藤仁（2000）『コンピテンシー戦略の導入と実践』かんき出版；④ L. M. Spencr & S. M. Spencr "Competence at Work" Johe Wiley & Sons, Inc, 1993（梅津章良・成田攻・横山哲夫訳（2001）『コンピテンシー・マネジメントの展開』生産性出版）。
26) 竹内一夫（2000），前掲書，p. 27。
27) 太田隆次（1998）「アメリカのコンピテンシーと日本の職能資格制度に見る日米企業の組織と人の新しい関係」『BUSINESS INSIGHT』Winter。
28) 本寺大志（1996c），前掲論文，p. 61。
29) 守島基博（1996）「米国ホワイトカラーの賃金処遇制度をめぐる最近の動向—雇用の外部化と給与決定の柔軟性増大」『労働法律旬報』No.1391, p. 38。
30) 笹島芳雄（2008），前掲書，p. 166。
31) 同上，p. 168。
32) 同上，p. 170。
33) 石田光男・樋口純平（2009），前掲書，p. 71。
34) 同上，pp. 69-70。
35) 同上，p. 77。
36) 大内章子（2002），前掲論文，p. 110。
37) 技能給・知識給については，笹島芳雄（2001），前掲書，pp. 190-200。
38) 笹島芳雄（2008），前掲書，p. 89。
39) 笹島芳雄（2001），前掲書，p. 195。
40) 笹島芳雄（2008），前掲書，p. 90。

第12章
英国企業の人的資源管理

1. はじめに

　本章の課題は，英国企業の人的資源管理とりわけ，賃金制度を中心にその特徴と賃金制度の新たな変化を明らかにすることである。英国では1980年代中ごろから人事・賃金管理の柔軟化を追求する動きがあった。このような背景には，世界的規模での資本主義経済の動揺の深刻化とそのもとでの不確実性の深化や企業間競争の激化，技術革新や合理化の展開がある。

　英国企業は米国企業と同じように人的資源管理の基本的な考え方は，職務本位である。伝統的に職務が基本で職務ごとに厳格な職務境界があるために，従業員の異動・配置や職務の配分を困難とし，結果として能率低下，コスト増大などをもたらした。また，英国の伝統的な賃金は，同一労働同一賃金の原則から従業員本人の能力とは無関係に職務で決定される職務給であった。しかし，職務境界の緩和や多能的職務遂行などの変更に対応した新たな賃金制度が必要となったため，企業業績に応じて賃金を変動させる賃金の柔軟化の動きがあった[1]。また，新たな技能修得に対する昇給や従業員個人の能力や業績を反映した弾力的な賃金制度が導入された。すなわち，職務重視から人重視・成果重視への動きである。

　以下では，筆者が2006年8月−2007年8月に英国に滞在中，調べた文献や聞き取り調査を基に英国企業の人事・賃金制度の基本的特徴と新たな動きとしてブロードバンディングやコンピテンシーといった職務重視から人の能力を重視した人事・賃金制度の変化について論述する。

2. 人事・賃金管理の基本的特徴[2]

(1) 社員区分と等級制度

　英国の人事・賃金制度は，米国の影響を受けてかなり類似している。1970年代から米国の職務給が導入され，現在ではヘイ・システムなどの職務給制度を用いている企業が多い。したがって，英国では米国と同様に，職務分析・職務評価の手続きを経て各職務が序列化され，一定の等級に分類されている。この職務の等級が担当する従業員の格付けを決める。すなわち，各人は職務等級制度の下で格付けされている。大学卒は幹部候補生として管理職階層の最下位に格付けされる。

　CIPD（2007）の調査によると，職務評価を実施している組織は55％となっている（図表12-1）。部門別では民間部門が46％，公的部門が86％となっている。規模別では規模が大きいほど実施率が高く，1,000－4,999人では74％，5,000人以上では77％を占めている[3]。

図表12-1　職務評価の実施状況　　　　（単位：％）

部門別	民間部門	46
	公的部門	86
規模別	0－49	38
	50－249	41
	250－999	60
	1,000－4,999	74
	5,000以上	77

出所：CIPD（2007），p.9.

　職務評価の手法としては，ポイントファクターレイティング（Point factor rating：得点要素法），ファクターコンパリスン（Factor comparison：要素比較法），ランキング（Ranking：序列法），ジョブクラシフィケーション（Job classification：分類法），ジョブマッチング（Job matching：職務組み合わせ法），マーケットプライシング（Market pricing：市場調査法）がある[4]。

Industrial Society (1996) の調査によると，ポイントファクターが 66%，ファクターコンパリスンが 18%，ジョブクラシフィケーションが 15%となっている。また，Towers Perrin の調査（2000）ではジョブランキング 46%，ポイントファクター 36%，ジョブクラシフィケーション 29%となっている[5]。

(2) 採用慣行

英国における採用の一般的特徴は外部労働市場から調達されることである。欠員が生じた時にそれを外部労働市場から補充するのが一般的である。採用は企業が個人の労働力をどのように活用するかを規定した「契約」により成立する。一般的にかなり具体的に職種・職務に対応する賃金・給与が定められている。近年の傾向としては，職種・職務を基礎とした個人の査定を行なわない集団的管理から職務の大括りと教育訓練を基礎とした個人の査定を行なう個別的管理へと移行している[6]。

ブルーカラーの労働者の採用は，一般に公的な職業紹介所を通じて行なわれる。選考の際には書類選考と面接が主な選考方法として利用される。新規学卒は大学の就職課を通して企業の紹介を受け，一般に，書類選考の後面接によって採用が決定される。採用が決定した段階での雇用契約の条項は大きく2つの要因により，決定される。1つは，従業員と会社の交渉によって定められる条項であり，2つは，法定の条項，黙示的条項，それに慣習及び慣行によって定められる条項である。法定の条項には，解雇予告期間，類似労働に対する同一賃金，2年以上勤務した従業員に対する不当解雇に関する条項などが含まれており，黙示的条項には相互信頼条項，雇用契約の解釈に関するものなどが含まれている。そして，慣習及び慣行にはクリスマス時のボーナス支払いなどの慣行が含まれる。上級管理職の場合は一般に，ヘッド・ハンターによる採用が中心となっている。ヘッド・ハンターは求人からの条件を満たす候補者を自社がもっているリストからもしくは新聞広告などで募り紹介する。上級管理者になるほど雇用条件は個別の交渉において定まる部分が多くなる[7]。

(3) 昇進システム

英国の昇進システムは雇用制度と深く関わっており，日本や韓国のように組

織ピラミッドの底辺から役員まで上昇するような内部労働市場にはなっていない。外部労働市場が発達しているために，労働移動も頻繁に行なわれており，自分のキャリア形成のためにより良い条件を求めて転職が繰り返される。昇進速度は，一般的に管理職の場合は同じ管理職域において，事務職，ブルーカラーは自分の職種・職務別範疇内での昇進となる。したがって，比較的早い時期に自分の所属する職域での最高の等級にまで到達することもある。自分の職域を越えて昇進する場合には，企業内教育訓練を始めとする資格の取得や個人査定・面接を通しての昇進となる[8]。昇進は職務の変更による職務昇進が基本である。

(4) 人事考課

英国では米国と同様にブルーカラーに対しては人事考課を実施しない。その理由は雇用が職務別契約であること，また，組合が強い場合には，組合の先任権が存在するために，管理者による査定の入り込む余地が存在しないからである。年齢や人事考課などによって賃金が影響を受けることはない。自動的な定期昇給もなく，原則として職務が変わることにより賃金が変わる。新しい職務を導入するときには，管理者はその職務の賃率を高くすることにより，その職務を担当する人を探す。賃金のカーブはおおむねフラットで，職種間の格差はそれほど大きくない。一方，ホワイトカラーの場合は，一定の幅の中で人事考課が行なわれる[9]。

人事考課を含め人事権限は人事部ではなくすべてライン管理者に委ねられている。賃金も例外ではなく，部下の賃金は各部門長が個別評価して決定する。人事考課の結果については，評価シートに考課者と被考課者のサインを義務付けている。人事考課結果に不満がある場合は人事部門に異議を申し立てることができる。

人事考課の結果が悪い従業員に対しては，改善を要求し，改善が行なわれていない場合は警告を与える。もちろんその期間は昇給や昇進はない。英国では人事考課成績が悪いからといって直ちにやめさせることはできない。本人に十分な機会を与えた後，それでも改善が見られない場合，退出させる。これは英国の雇用法において安易に解雇することを厳しく制限しているからである。人

事考課の後，考課者と被考課者との間で評価面談の上，サインをするのはそのためである。

(5) 賃金制度
1) 賃金制度の特徴

英国企業の賃金制度は職務給である。1970年代からホワイトカラーの賃金への関心が強まり，賃金の合理的決定方法として米国の職務給制度が導入されてきた。職務給制度は賃金の社内的公正を維持するのに適している。英国企業は賃金の社内的公正のみならず，賃金の対外的競争力にも敏感であり，外部労働市場の賃金水準を示す賃金データを集め，自社の各職務の賃金水準と比較して，自社の各職務の賃金水準の対外的競争力を維持するのに努めている。

賃金の支払形態は，ブルーカラー労働者は時間給制，ホワイトカラーは月給制，管理職は年俸制が多い。基本給決定の仕組みは米国と同様である[10]。基本給は職務等級ごとに下限値，中位値，上限値からなる賃金レンジが設定されている。職務等級数は会社によって異なる。レンジ幅は20−30%を設定する場合が多いが，最近は職務等級のブロードバンド化によってこの幅を50%以上に拡大する傾向にある。

人事，経理，営業，マーケティングなどといった異なる職種のジョブが職務分析・職務評価で同じとみなされれば，同じ等級に含まれる。すなわち，同じ等級であれば職種が異なっても同じ賃金で基本給が設定される。このように，賃金と職務が密接に結びついているために，職務が変わらないと賃金上昇はない。査定による昇給はあるが，大きく賃金上昇を望むなら価値の高い職務に異動する必要がある。

2) 基本給決定要素とそのプロセス

英国企業では基本給決定の際にさまざまな要素が考慮される。そのなかでも個人業績が最も重視されている。CIPD（2007）の調査によると，民間部門では個人業績（88%），市場賃金（76%），コンピテンシー（52%）といった要素が考慮されており，公的部門では個人業績（66%），コンピテンシー（44%），勤続年数（41%）となっている。公的部門において勤続年数が占める割合が高いのが注目される（図表12-2）。これらの要素の他にもたとえば組織業績，ス

キル，チーム業績が多かれ少なかれ考慮されている[11]。

図表 12-2　基本給決定の際に考慮される要素　　（単位：％）

	民間部門	公的部門
個人業績	88	66
市場賃率	76	24
コンピテンシー	52	44
組織業績	48	15
スキル	35	27
チーム業績	17	10
勤続年数	9	41

出所：CIPD（2007），p. 12.

　基本給の昇給には2つの方法がある。1つは人事評価による査定昇給で，もう1つは職務内容の変更による昇格昇給である。ここでは前者の査定昇給（merit increase）を取り上げる。基本給の昇給については，年1回の人事考課成績と賃金レンジ内の本人の賃金位置に応じて翌年度の昇給率が決まる。ここで注目したいのは，同じ人事考課結果でも賃金レンジ内の本人給与位置で昇給率が異なる点である。賃金レンジ内の本人賃金位置が高いほど，同じ人事考課成績でも低い昇給率設定となるのが一般的である。つまり，同じ等級内であれば，賃金の高い者に対して基本給抑制の措置をとっている。率でみれば賃金位置の高い人ほど低い昇給率だが，ベースとなる基本給の絶対額が大きいので額換算でバランスがとれるようにしているともいえる（図表 12-3）。

図表 12-3　昇給率の決定方法例　　（単位：％）

レンジ内の位置	人事考課					
	S	A	B	C	D
上限～上位 1/4	3	2	1	0	0
上位 1/4～中位	5	4	2	0	0
中位～下位 1/4	7	6	4	1	0
下位 1/4～下限	8	7	5	2	0

　この基本給賃上げと人事考課は年1回が原則である。人事考課が悪い場合にはこの基本給を下げることは難しくせいぜい0％昇給である。もっともこの0

％昇給の人の場合は事実上の退職勧告といえる成績・業績の改善モニターが行なわれることがある。

　昇給率はマトリックスを用いて，現在のレンジ内の本人の賃金位置及び評価結果の組み合わせにより昇給率を決定する。昇給率はマーケット状況や会社業績に応じて毎年書き換えるのが一般的である[12]。

　英国企業ではライン管理者に賃金決定の権限が委ねられている。個人の賃金決定のプロセスをみると，まず人事部門が昇給予算の決定を行なう。人事部門による各ライン部門への予算配分および昇給率のガイドラインを決定する。ライン管理者によるパフォーマンスレビューの評価点を決定する。ライン管理者による個人の翌年の賃金水準を決定する（図表12-4）。

　このように，英国ではライン管理者が各部門の賃金予算の中で個々の部下の昇給率を決定するのである。

図表12-4　個人賃金決定のプロセス

```
人事部門による昇給予算の決定
        ↓
人事部門による各ライン部門への予算配分および昇給率のガイドラインの決定
        ↓
ライン管理者によるパフォーマンスレビューの評価点の決定
        ↓
ライン管理者による個人の翌年の賃金水準の決定
```

　賃金決定には，担当職務に対する市場賃金，市場賃金との相対的なポジション（高いか低いか），パフォーマンスレビューにおける評価，現在の職務での勤続年数，将来のキャリアの機会（将来の貢献度），各職務分野における労働市場の状況などさまざまな要素が含まれる。つまり，個人の賃金決定は個人の組織への価値に対する総合的な判断によって行なわれるのである[13]。

3）諸手当

　英国では日本や韓国のような生活関連の手当はない。しかし，地域によって異なる生計費の違いを配慮する例はある。英国ではどの企業でも「ロンドン手当」を用意しており，ロンドン地区とそれ以外の地区との間に見られる生計費の違い，たとえば住宅費，通勤費，物価などの違いによる生計費の違いを考慮している。

CIPD（2004）調査によると，地域手当を有している企業は36％であり，その種類は「ロンドン手当」，「サウスイーストイングランド手当」，「南東あるいは南西地方の熱帯手当」，「人材の採用が容易でない地域の手当」などがあるが，最も一般的なのはロンドン手当（76％），次いでサウスイーストイングランド手当（24％）となっている[14]。

4）賞与

英国では日本や韓国のような定期的に支給される固定賞与はない。ボーナスは基本的には企業利益と連動している。企業収益が赤字であれば支給しない。黒字であれば黒字の程度に応じて支給する。また，英国企業の中には企業収益とは無関係に出す例もある。クリスマス手当がその例である。また，あるプロジェクトが終わったとき，ボーナスを支給することもある。

CIPD（2007）調査によると，キャッシュベースボーナス・インセンティブプラン（Cash-based bonus or incentive plan）の導入は，民間企業の場合88％と広く普及している。規模別では，規模が大きいほど導入率が高い[15]。キャッシュベースボーナス・インセンティブプランの類型も多様でその中でも個人ベースボーナスが最も多い（図表12-5）

図表12-5　キャッシュベースボーナス・インセンティブプランの類型

（単位：％）

類　型	民間部門	公的部門
個人ベースボーナス	69	69
企業業績連動ボーナス	64	7
個別＋企業業績の混合ボーナス	51	24
チームベースボーナス	30	14
プロジェクトベースボーナス	26	10
ゲインシェアリング	1	－

出所：CIPD（2007），p.15.

また，CIPD（2004）調査によると，業績と連動したAnnual Cash-based bonus決定に利用されるものとしては，個人業績（74％）が最も多く，次いで利益（46％），チーム業績（40％）となっている[16]。CIPD（2004）調査では23％の企業が以上のボーナスプランとは違う新たな制度を導入しようとしてお

り，これまで全くボーナスプランを導入したことのない30%の企業は導入予定としている。新たに導入したいその主な理由としては，① 業績にリンクして支払うため，② 従業員の士気向上のため，③ 生産性向上のため，④ 財務状態の改善のためなどが挙げられている[17]。

3. 賃金制度の動向

英国では米国と同じように，職務重視から人の能力を重視するコンピテンシー・ペイ（能力給）や技能給の導入と，成果主義賃金を導入するようになった。このような動きの背景には，1980年代に入ると，ホワイトカラーの職務内容が大きく変化しはじめ，また経済の停滞により人員削減が行なわれるようになり，職務分析や職務評価に膨大な労力を必要とする職務給制度の維持が困難になってきたことと，技術革新や国際競争の激化に伴って，業績向上を刺激する業績対応型賃金を支払う必要性が高まり，制度改革が行なわれた[18]。

以下では，英国企業の賃金制度の新たな変化について概観する。

(1) 賃金構造のブロードバンド化

賃金構造のタイプとしては，さまざまな種類がある[19]。CIPD（2005，2006）調査によると，これまで一般的な賃金構造であった個別範囲賃金タイプは減少

図表12-6 基本給賃金構造タイプの導入推移　　　　（単位：%）

賃金構造のタイプ	2002	2003	2004	2005	2006
Individual pay rates/ranges/spot salaries（個別範囲賃金／単一賃金制度）	59	53	50	46	49
Broadbands（ブロードバンド）	39	35	34	36	44
Narrow-graded pay structure（幅の狭い等級別賃金構造）	28	28	31	27	24
Job families（職務群別／職種別賃金）	12	12	14	19	20
Pay spines（号俸賃金）	17	20	20	20	18
Career grades（経験等級別賃金）	14	10	11	12	14

出所：CIPD（2005），p.31，CIPD（2006），p.11.

しつつある一方，ブロードバンドタイプは増加しつつある（図表12-6）。

英国では職務給の原理を維持した上で能力基準を加味する動きが1990年代以降顕著になっている。英国では通常時給で支払うブルーカラーに対しては，1つの職級に1つの賃金率を設定したシングルレートの職務給を適用するのに対し，ホワイトカラーに対しては1つの職級に下限と上限の幅のある範囲職務給を適用している。この範囲職務給において，いくつかの職級をひとまとめにして職級の数を減らす一方で職級に対応する賃金率のバンドを大幅に広げたタイプのものがブロードバンディングである[20]。

これにより，従来よりも多くの職務が同一の職級に含まれることから，企業にとっては同一職級内の水平的な配置転換をより円滑に行なうことが可能になる。一方，組織のフラット化に伴って昇進による昇給の機会は減るとしても，ブロードバンディングの場合には，従業員が担当できる職務の数を増やして能力を向上させれば同一職級にとどまっていても昇給する。ブロードバンディングの普及は，職務給の原理を維持しつつも，昇給に能力基準を活用することにより，賃金決定基準の重点が職務から能力へ移動しつつあることを示唆している[21]。

ブロードバンディングを導入する利点としては，変化に迅速に対応できるフレキシビリティを有していること，ヒエラルキーの重要性を減らすことができること，職務よりも個人及び個人の能力に対する価値への評価に焦点が当てられること，外部市場との賃金比較が可能であることが挙げられる[22]。

CIPD（2005, 2006, 2007）調査によると，ブロードバンド導入は徐々に増加

図表12-7　階層別ブロードバンドの導入推移　　　　（単位：％）

	2004	2005	2006	2007
シニアマネジャー	29	26	32	34
ミドルマネジャー	33	27	38	40
専門・技術者	29	27	37	40
一般従業員	23	22	31	35

注：Technical/professionalの項目は2004年と2005年では，Non-manual non-managementの項目で調査されている。またClerical/manualの項目は2004年ではManual non-managementの項目で調査されている。

出所：CIPD (2005), p.32, CIPD (2006), p.11, CIPD (2007), p.9.

しつつある（図表12-7）。

IPD（2000）調査によると，グレードバンドの数はシニアエグゼクティブとマネジャー／プロフェッショナルでは3個以下が最も多く，スタッフでは6〜9個が最も多い（図表12-8）。また，バンドの幅はバンド数の簡素化によってバンドの幅を50％以上に拡大する傾向がみられる（図表12-9）。

図表12-8　グレード／バンドの数　　　　　（単位：％）

バンドの数	シニアエグゼクティブ	マネジャー／プロフェッショナル	スタッフ
3以下	64	40	23
4−5	19	34	26
6−9	12	18	34
10以上	4	8	17

出所：IPD（2000），p.1.

図表12-9　バンドの幅　　　（単位：％）

	割合（％）
一般的なグレード（25％以下）	24
幅広いグレード（24−49％）	28
より幅広いバンド（50−79％）	30
ブロードバンド（80％以上）	18

出所：IPD（2000），p.1.

(2) **成果主義賃金の普及**

英国企業ではさまざまな形態の成果主義賃金（performance-related pay）が導入されている。成果主義賃金の考え方は基本給の設定の枠組の中に，いかにして個人業績を反映させるかということである。このため英国では1980年代後半にパフォーマンスマネジメントが導入されるようになった。CIPD（2005）調査によると，パフォーマンスマネジメントのためにさまざまな手法が導入されている。たとえば，個人別年間人事考課（65％），目標設定とレビュー（62％）などといったのがそれである[23]。

1980年代から90年代の初めにかけて行なわれたさまざまな調査によると，調査企業の30％から50％で何らかの形の成果主義賃金を導入している[24]。成果

主義賃金のタイプもさまざまである。IPD（1999）調査によると，管理職では個人成果給が，非管理職では利益分配制度の導入率が最も高い（図表12-10）。

図表12-10　成果主義賃金の類型別導入状況　　　　　　（単位：％）

類　型	管理職	非管理職
個人成果給（Individual performance-related pay）	40	25
チームベース成果給（Team-based performance-related pay）	8	8
スキルまたはコンピテンシーベース賃金（Skill- or competency-based pay）	6	11
利益分配制度（Profit-related pay）	35	34
従業員持ち株制度（Employee share ownership schemes）	17	15

出所：IPD（1999），p.3.

また，IPD（1999）調査による成果主義賃金の実施期間をみると，個人成果給はすでに5年以上前から実施されてきているが，チームベース成果給やスキルまたはコンピテンシーベース賃金，利益分配制度は近年になって実施する企業が増加してきている[25]。

1991年のIMS（Institute of Manpower Studies）の調査によると，成果主義賃金の導入の理由としては，① 従業員のやる気を引き出すため，② 賃金と生産性を結びつけるためということが最も多い[26]。また，個人成果給の導入効果についてCIPD（1999）調査をみると，74％が「組織パフォーマンスの重要性について従業員により明確にメッセージを伝えることができたこと」，「従業員が公正だと思われる方法で報酬が支払われたこと」，「従業員の能力を見極めることができ，低業績者を取り除くことができたこと」，「従業員のコミットメントないしローヤルティが高まったこと」などが挙げられている[27]。

一方，成果主義賃金とりわけ，個人成果給が従業員の動機づけになるためには，パフォーマンス評価によって影響を受ける賃金の割合がある程度高くなければならない。少なくとも成果主義賃金に行動の動機づけとなる力を持たせようとするなら，賃金全体の最低限10％が絶対に個人の業績に基づいて設定されなければならないという指摘もある[28]。

CIPD（1999）調査によると，個人成果給によって決まる基本給の昇給率は，管理職と非管理職ともに1－3％が最も多く，決して高いとはいえない[29]。

個人成果給に関しては，さまざまな問題点も指摘されている。CIPD（1999）調査によると，個人成果給には多かれ少なかれさまざまな問題点が挙げられている。たとえば，① モチベーションとして機能するには IPRP の割合が小さすぎる，② ライン管理者の不正確な判断，③ ライン管理者の好き嫌いが反映される，④ ライン管理者の評価に対する教育が不十分などである[30]。

(3) コンピテンシーペイ（能力給）の導入

コンピテンシーペイは 1990 年代以降導入され，近年徐々に拡大しつつある。コンピテンシー[31]とは組織の成功につながる個人の成果，貢献を生み出すもととなる知識，スキル，行動特性または高業績者が成果をあげるプロセスにおいて共通して見られる行動特性をいう。またコンピテンシーペイ[32]はコンピテンシーを評価して支払われる賃金である。

近年，英国ではコンピテンシーをベースにした人的資源管理が注目されている[33]。コンピテンシーは業績管理，採用・選抜，人材開発，報酬などに活用される。コンピテンシーの活用状況をみると，業績管理 89%，教育訓練や人材開発 85%，選抜 85%，採用 83% ともっとも高く，報酬のためは 35% となっている[34]。また，e-reward（2004）調査によると，コンピテンシーペイは 8% の組織で利用されている[35]。IPD（2000）調査では 2－8% の企業で利用されている[36]。IPD（1999）調査では管理職が 6%，非管理職が 11% 導入している[37]。コンピテンシーペイの導入時期をみると，2 年以内が 5 割を占め，新たな賃金制度として浮上しているのがわかる[38]。まだ導入率は低いものの個別成果給とともにコンピテンシーペイの導入は英国企業の賃金管理の大きな変化といえる。

コンピテンシーの導入目的としては，結果中心の成果主義賃金の弱点を補うためとか組織のフラット化に伴い昇進機会が減少したこと，そして従業員のスキル，知識，行動などがビジネスにより重要になってきたことなどが挙げられる[39]。

4. おわりに

　以上，英国企業の人事・賃金管理の特徴と賃金制度の動向について論述してきた。要約すれば以下のとおりである。
　第1に，英国では社員区分が職務によって序列づけられている。採用は基本的に外部労働市場から調達する。管理職の場合は，ヘッドハンティング会社を利用することが多い。昇進は職務が変わることが前提となっており，職務昇進が基本である。人事考課は米国と同じようにブルーカラーに対しては実施しない。
　第2に，英国では賃金と職務との関係が密接であり，いわゆる職務給が主流となっている。基本給は年俸一本で構成されており，一定の範囲をもった範囲職務給となっている。基本給の昇給と人事考課は年1回が原則である。基本給の昇給決定の際には，人事評価成績のみならず，市場賃金や会社業績などを反映して決定する。また，人事評価成績の悪い社員に対して，基本給を下げるいわゆる降給は行なっていない。最も成績が悪い人でも最低昇給はゼロ％である。低い評価を連続してとった社員は解雇の対象となるのが普通である。
　第3に，個人の賃金決定のプロセスをみると，人事部門が翌年の賃金予算を策定し，昇給率のガイドラインを決定する。ライン管理者は個々人の翌年の賃金水準を決定する。その際，人事評価成績や市場賃金などを考慮して総合的に判断する。このように，英国企業ではライン管理者が各部門の賃金予算の中で個々の部下の昇給率を決定する。
　第4に，家族手当，住宅手当などといった諸手当はほとんどない。ボーナス制度はあるが，ボーナスは企業業績と連動しており，定期的にボーナスを支給するような慣行はない。
　第5に，近年の人事・賃金制度の変化としては，賃金構造のブロードバンド化や成果主義賃金の普及，コンピテンシーペイの導入がみられる。ブロードバンドの普及は職務給の原理を維持しながら賃金決定に能力基準を活用することにより，賃金決定基準の重点が職務から能力へ移動しつつあることを示唆して

いる。

　日本や韓国では，これまでの人基準から職務基準への新しい人事基準に移行しているのとは逆である。今後の変化が注目される。

[注]
1) 英国の人事・労務管理の革新については，岩出博 (1991)『英国労務管理—その歴史と現代の課題—』有斐閣，第 6 章参照。
2) この部分については，社会経済生産性本部成果配分賃金研究委員会編 (1994)『アメリカの賃金・ヨーロッパの賃金』社会経済生産性本部，pp. 120-139 に依拠している。
3) CIPD (2007) *Reward Management*, (*Annual survey report*), p. 9.
4) それぞれの職務評価技法の特徴やメリット・デメリットについては，Amstrong, M. (2003) *A Handbook of Human Resource Management Practice* (9th ed.) London, Kogan Page, pp. 636-637 を参照。
5) 須田敏子 (2004)『日本型賃金制度の行方』慶應義塾大学出版会，p. 16。
6) 長谷川治清 (2000)「イギリスの人事労務管理」奥林康司・今井斉・風間信隆編 (2000)『現代労務管理の国際比較』ミネルヴァ書房，p. 50。
7) 同上論文，p. 51。
8) 同上論文，p. 57。
9) 同上論文，p. 57。
10) 日英の賃金制度の本格的な国際比較研究としては，須田敏子 (2004)，前掲書がある。本研究では，日英の賃金制度の特色として日本型賃金制度は人ベース・組織ベース・ストックベースでフィットしているのに対して，イギリス型賃金制度は職務ベース・市場ベース・フローベースで相互にフィットしていることを明らかにしている。
11) 個人業績を階層別でみると，上級職ほど割合が高くシニアーマネジャーの場合 89％，マーケットレート 71％，組織業績 62％となっている (CIPD (2007), Ibid., p. 12)。
12) 本寺大志 (2000)『コンピテンシーマネジメント』日経連出版部，pp. 21-22。
13) 須田敏子 (2004)，前掲書，p. 170。
14) CIPD (2004) *Reward Management* (*Annual survey report*), CIPD, p. 23.
15) キャッシュベースボーナス・インセンティブプランの導入率を規模別で見ると，5,000 人以上が 77％，1,000－4,999 人が 73％，250－999 人が 67％，50－249 人が 72％，0－49 人が 56％となっている (CIPD (2007), Ibid., p. 14)。
16) CIPD (2004), Ibid., p. 27.
17) CIPD (2007), Ibid., p. 16.
18) 社会経済生産性本部成果配分賃金研究委員会編 (1994)，前掲書，pp. 136-137 および pp. 217-218。
19) それぞれの賃金構造のメリット・デメリットについては，Amstrong, M. (2003), Ibid., pp. 669-670。
20) CIPD の調査によると，賃金のブロードバンド化が進んでいることが示されている。CIPD では 1970 年代および 1980 年代にポピュラーであった伝統的な賃金構造は減少し，現在ではブロードバンドがもっとも普及した賃金構造であると結論づけている。ブロードバンドの目的としては，①成果やスキルなど個人貢献と賃金との関連を強める　②組織構造のフラット化に伴い垂直的な昇進だけでなく水平移動も含めた多様な形態のキャリア開発が必要となっており，ブロードバンドではこうしたキャリア開発の多様化に対応する賃金構造である (須田敏子 (2004)，前掲書，p. 16)。

21) 奥林康司編（2003）『成果と公平の報酬制度』中央経済社, p. 26。
22) 大内章子（2002）「アメリカ企業における賃金・報酬制度—1990年代後半の動向を中心として—」廣石忠司・福谷正信・八代充史編著『グローバル化時代の賃金制度』社会経済生産性本部, pp. 107-108。
23) CIPD（2005）*Performance Management（Annual survey report）*, CIPD, p. 3。
24) Thompson, M. (1992), "pay and Performance: The Employer Experience", *IMS Report* No.218, Institute of Manpower Studies（久保克行（2002）「イギリス—内国歳入庁のケース—」『海外労働時報』No.320, p. 54）。
25) IPD（1999）*Performance Pay Trends in the UK*, London: IPD, p. 18.
26) 久保克行, 前掲論文, p. 54。
27) IPD（1999）Ibid., p. 10.
28) イギリスでは最近, 成果主義賃金の効果についての疑問ないし問題点が議論されている。詳しくは Kim Hoque（2002）「現地報告：成果主義賃金の効果に疑問」『海外労働時報』No.320, p. 56）。
29) IPD（1999）Ibid., p. 7.
30) IPD（1999）, Ibid., p. 11.
31) コンピテンシーではなく, コンピタンシーともいうが内容的には同じであると考えられる。
32) competency-related pay または competency-based pay ともいう。
33) Amstrong, M. (2006) *A Handbook of Human resource Management Practice* (10th ed.), London, Kogan Page, p. 159.
34) Ibid., p. 165.
35) Amstrong, M. (2007) *A Handbook of Employee Reward Management and Practice* (2nd ed.) London, Kogan Page, p. 336.
36) IPD（2000）*Study of Broad-banded and Job Family Pay Structures*, IPD Survey Report, p. 3.
37) IPD（1999）Ibid., p. 3.
38) Ibid., p. 17.
39) Amstrong, M. (2002) *Employee Reward* (3rd.) London, CIPD, pp. 289-307 を参照。

終章
韓国企業の人的資源管理の行方

　本章では，これまで論述してきた韓国企業の人的資源管理の変化と国際的動向を踏まえて，これからの人的資源管理のあり方と展開方向を展望する。

1. 人的資源管理のパラダイムの変化

(1) 内部労働市場重視から外部労働市場重視へ

　外部労働市場が発達している国では，従業員は企業間の転職を繰り返しながら自分のキャリアを蓄積していく。企業は景気変動により従業員を比較的に自由に解雇することができ，従業員も現在よりより良い労働条件を求めて転職をする。外部労働市場中心の人的資源管理は欧米諸国において一般的である。そのため，従業員の組織に対する愛着心や組織コミットメントは低いといわれている。一方，内部労働市場が発達している国では人材の移動が主に配置転換や昇進などを通じて企業内で行なわれる。内部労働市場を根幹とする人的資源管理の下では，従業員の組織に対するコミットメントが高く，キャリア開発も組織内でジョブローテーションによって行なわれる。韓国や日本がその典型である。

　しかし，第7章で論述してきたように，韓国の人的資源管理は従来の内部労働市場中心から外部労働市場へと移行している。例えば，これまで労働者の解雇が法的に禁止されていたが，1997年末の経済危機を契機に解雇が法的に許容されるようになった。大企業の構造調整の過程においてビックディルの対象になった従業員はこれまで所属企業に対してもっていた高いコミットメントはみられなくなった。むしろこれまで協調的労使関係を維持してきた企業の労使

関係が対立関係に発展し，解雇に反対するストライキを主導するなど，企業と従業員との関係が従来とは大きく変わってきている。個人と企業を結びつけるコミットメントと雇用保障が今は重要な意味を持たなくなった。

このような変化はもっと加速されるであろうし，究極的には外部労働市場を根幹とする人的資源管理に変容していくものと考えられる。なぜならば，激しい経営環境変化の下で，内部労働市場中心の人的資源管理体制を維持するのは，外部環境への適応が難しく，固定的な人件費の比率を高め，企業経営の効率性を低下させるためである。

(2) 人重視から職務重視へ

人的資源管理において最も重要なのは，職務要件を満たす人にその職務を担当させるという適材適所の原則である。企業の人的資源管理は大きくヒト（材）を中心とするものと職務（所）を中心とするものに区分できる。この2つのうち，どれがより効率的であるかはそれぞれの国や企業がおかれている状況によって異なる。

これまで韓国企業は人を中心とした人的資源管理を行なってきた。第1章で論述したように，身分あるいは年功を根幹とした職級体系を中心に人事処遇管理が行なわれた。賃金決定や昇進審査の場合，最も重視される基準は勤続年数となり，いくら能力が高くても後輩が先輩を逆転することはほとんどなかった。このような傾向は内部労働市場中心の人的資源管理体制と個人より集団を重視する企業で広くみられる。人重視の人的資源管理を行なっている企業では，まず，優秀な人的資源を確保した後，その人に適切な職務を与えるいわゆる「人先行，職務追随」で人的資源管理が行なわれる。

それに対して，職務重視の人的資源管理を導入している企業では，第9章で論述したように，職務の相対的価値に基づく職務等級制度が人的資源管理の基本となる。ここでは職務の内容やその職務を遂行する人が備えていなければならない能力・経験・資格などを詳細に分析する職務分析（job analysis）と組織を構成するすべての職務の相対的価値を決定する職務評価（job evaluation）が前提となる。職務等級制度によって分類された各職務がもっている価値は労働市場で労働力の需要と供給によって決定される賃金水準も反映してい

るために，すべての従業員が公正な制度として受け入れられる正当性をもっているからである。このような企業では，当該職務が担当できる適任者を外部から募る「職務先行，人追随」の人的資源管理が行なわれる。

韓国企業はこれまであまりにも人中心の人事制度を活用してきた。しかし，企業の規模が拡大するにつれて職務と人的資源の構成も多様化し，人中心の人的資源管理ではさまざまな問題点が生じかねない。例えば，第3章で論述したように，ポスト不足の問題がその一例である。したがって，今後，企業の成敗を左右する人的資源の効率的な管理のためには，人の特性と職務の特性を考慮した人的資源の活用が求められる。

(3) 集団・年功重視から個人・成果重視へ

これまで韓国企業の人事慣行をみると，学歴と勤続年数による年功主義が中心であった。年功主義とともに韓国企業の人的資源管理を支配してきたのが，集団主義である。第2章で論述したように，採用の際も新入社員を中心に定期採用を行ない，同期管理，年次管理を行なってきた。集団主義がもつ大きな問題点は，従業員間の差別化を拒み，できるだけ均等主義論理によって集団で行動することである。このような集団主義の特性が強く根付いている企業における人的資源管理は個人の能力や成果によって処遇に差がつく能力主義の定着は難しい。賃金や昇進において個人の努力や貢献度を適切に反映していないがために，従業員を動機づけさせるのは困難である。動機づけのメカニズムが構築されないと企業の業績にも悪影響を及ぼし，やがて企業の競争力を低下させる結果になりかねない。韓国企業はこれまで集団主義人事慣行に慣れていたあまり競争を避け，共同体的論理を優先させてきた。

しかし，第4章で論述したように，近年，韓国企業は長い間，人事慣行として定着してきた集団主義・年功主義から脱却し，成果主義賃金制度や能力による昇進など，個人中心の人的資源管理が広がっている。韓国労働研究院 (2000) の専門家の調査によると，21世紀の人的資源管理は年功主義から徹底した能力や成果を重視する方向に変化すると予想している[1]。これからの人的資源管理は集団や年功より個人の能力や成果を重視した能力主義・成果主義的な考え方はもっと強まると予想される。

(4) 人事部門中心から現場管理者中心へ

　本来，人的資源管理は人事部門ではなく，現場の管理者が担当しなければならない業務領域である。管理者と非管理者の区分は自分が管理する部下がいるか否かである。部下社員がいるとすればいくら職級が低くても管理者であり，逆に，いくら職級が高くても部下社員がいなければ管理者とはいえない。部下社員の有無が管理者の如何を決定するとすれば，管理者として最も重要な役割は人を管理することである。したがって，人的資源管理は現場管理者の責務であり，効率的な人的資源管理の如何は現場管理者の管理能力にかかっているといえる。

　これまで韓国企業の人的資源管理は，人事権をあまり強調したあまり，最高経営者と人事部門中心に行なってきた。しかし，組織の規模が拡大し，職務の内容が多様化するにつれて，人事部門が人的資源管理をすべて主管するのは限界がある。これから人事部門はあくまでも支援部門として人的資源管理のガイドラインの策定や新たなプログラムを開発，現場管理者の支援，人的資源管理の評価などスタッフとしての役割が求められる。一方，現場管理者は人事部門の支援の下で，実際の人的資源管理を担当する役割を遂行しなければならない。韓国とドイツの人事慣行を比較分析した研究によると，大卒平社員採用において韓国はわずか8.5％が現場部署で決定するのに対して，ドイツでは50.7％を占めている。管理職採用ではこの比率が17.6％であるのに対して，ドイツは73.9％となっている[2]。

　採用だけでなく人事考課，報償，人材育成においても現場の管理者が主導的な役割を果たさなければならない。これからの人的資源管理は人事部門の仕事ではなく，現場管理者の仕事であり，現場の管理者が人事管理者，教育訓練者という認識の転換が求められる。

　今後，成果・業績が重視される中，それぞれの部門の成果管理は各現場のライン管理者に委ねられる可能性が高い。人事部門中心の人的資源管理が現場管理者中心の人的資源管理に移行するのは，企業経営の効率性の面から当然であり，このような傾向は強まると考えられる。

(5) 標準型人材重視から専門型人材重視へ

　第6章で論じたように，韓国企業が求めている人材像が変わっている。従来は「販売者が主導する市場（seller's market）」が主流であったため，企業は組織に対する高い忠誠心をもっており，誠実に働く人を優秀な人材と看做してきた。しかし，いまは消費者が選択権を持つ「需要者が主導する市場（buyer's market）」に変わってきている。大量生産・大量消費の時代においては，汎用性の高い人材が有効であったかもしれない。しかし，現在のような国際競争が激しい時代ではグローバルな視点から独創的な製品や新たなビジネスモデルを開発できる専門人材が必要である。したがって，これまでのようなゼネラリストではなくプロフェッショナル人材が今後，企業競争における競争優位の源泉を生み出す人材であると考えられる。

　1997年の経済危機以降，構造調整の過程で現れた現象をみると，整理解雇の選別において標準人材がその対象となった。専門性の高い分野の職務担当者は整理解雇の対象から除外された。労働法改正で整理解雇が許容されたことによって，労働者の意識もこれまでの生涯職場（commitment to the company）から生涯職業（commitment to the profession）を重視するようになった。生涯職場を重要視する組織では「標準人材あるいは汎用人材（generalist）」を高く評価するため，ジョブローテーションが普遍化している。ジョブローテーションは汎用性の人的資源を育成するため，人材の安定した需給を組織内で達成できるメリットがある。しかし，標準人材を求めると人材開発戦略においてコア人材を育成できないデメリットがある。製品の特性が複雑化することによって必要とする専門人材が不足せざるをえなくなり，競争力を失いかねない。

　したがって，これからは，会社と従業員ともに各分野において職務経験より特定分野に対してより専門の職務能力を備えた専門人材（specialist）を必要とする時代になるであろう。

(6) 国内人材中心から国際人材中心へ

　21世紀に入って国際競争はますます激化している。国際化，グローバル化という言葉が象徴するように，現代は政治，経済などあらゆる面でグローバル

化が進んでいる。海外進出企業も大幅に増加した。国内生産だけでなく海外生産やビジネスを展開するのは珍しくなくなった。自由貿易体制の拡大と開放化の動きがますます強まる中で，グローバル経営は1つのトレンドとして定着しつつある。特に，国内市場の成長の限界によってこれまで内需市場に集中してきた企業さえ，危機から脱出するためにグローバル経営に力を入れている。特に，韓国企業は中国やインドなどの新興市場を中心に生産法人や販売法人数を増加させるなどグローバル化が急速に進展している。グローバル経営はいまは選択の問題ではなく，生存のための必須条件となっている。グローバル戦略を効果的に実践していくためには，これを支えるグローバル人材の確保が不可欠である。

　第6章で論述したように，韓国企業では企業内教育の重点が従来とは大きく変わってきている。どの企業もグローバル教育に力を入れている。英語を中心とした語学はもちろん外国人の考え方や外国の文化を理解できるグローバル人材の確保や育成は国際競争で比較優位を占めるうえでもっと力を注いでいかなければならなくなっている。したがって，これからの人的資源管理は国内人材中心から脱却し，国際化・グローバル時代を担っていく国際人材を重視する方向へと転換していくことが求められる。

2. 人的資源管理の行方

　本書では，今後，韓国企業の人的資源管理の発展方向を模索するために，日本，米国，英国の人的資源管理の近年の動向についてみてきた。4カ国を比較した場合，米国・英国は職務基準から人基準へ，韓国・日本は人基準から職務・役割基準へと人事基準の変化がみられる。また，賃金決定においてはどの国も成果・業績を強化している点では共通している。このようにみると，国家間の人的資源管理は相互に接近する方向に向かっていることである。国際的に人事・賃金制度の収斂化あるいは分散化という視点から注目されるところである。

　韓国企業は経済危機を契機に人的資源管理の基本パラダイムが年功主義から

能力主義・成果主義へといわゆるグローバル・スタンダードと呼ばれる米国式の人事制度が急速に導入されてきた。人的資源管理のグローバル・スタンダードは存在しないと考えられる。それぞれの国や企業には固有の伝統と文化があり，それを無視して無条件的に新しい制度や管理方式を導入することは逆効果をもたらす恐れがある。

日本企業においても韓国より早く米国式の人的資源管理システムを導入してきた。その運用過程においてはさまざまな弊害が生じ，成果主義に対する批判や疑問を提起する動きがあった[3]。それは日本的な仕事の遂行方法や処遇の仕方，そして組織文化や従業員の価値意識などが考慮されないで取り入れたからである。韓国企業の経済危機以前の人的資源管理は日本式スタンダードに近かったといえる。すなわち，日本で高度経済成長期に高く評価された日本的経営の特徴として三種の神器と呼ばれた終身雇用制，年功序列制，企業別組合が韓国でも広く普及されていた。しかし，経済が低成長期に入ると，日本はもちろん韓国でも短期の財務的成果を重視する方向へと人的資源管理の基本的な考え方が変わってきた。しかし，日本では時間が経つにつれて日本的な長所とグローバル優良企業の長所を組み合わせたいわゆるハイブリッド（hybrid）型人的資源管理という新たなモデルを模索してきた。その1つが役割人事制度であり，役割給である。これらは人基準と職務基準を組み合わせたものである。

これまで韓国式経営は，人中心の人事・処遇，和と安定を追求する人事・労使慣行，会社に対する高い忠誠心，長期的観点の雇用管理と人材育成，ジョブローテーションによる柔軟な人材活用，儒教的共同体意識による労使協調が大きな長所であった。一方，米国式経営は，仕事中心の能力主義・成果主義の徹底，自己責任による自律性の保障，市場価値中心のプロフェッショナル育成，個性と創意を促進する多様な管理，強い挑戦精神が長所であった。それぞれの国で形成された制度にはその国の文化があり，その背景には確固たる思想なり理念といったものがある。グローバル経済における大競争時代の中で，人事システムもその国の制度自体が伝統的に保有する基本的な性格は尊重しながらも，時代の要請に対応していかなければならない。

したがって，今後，韓国と日本の企業は伝統的な人を基軸としながら英米式の職務概念を取り入れる方向へ，逆に，英米企業は伝統的な職務を基軸としな

がら能力概念を取り入れる方向へとハイブリッド型人的資源管理として発展していくであろう。その場合，いずれの国も成果・業績は主要な評価要素としてとらえられるだろう（図表）。

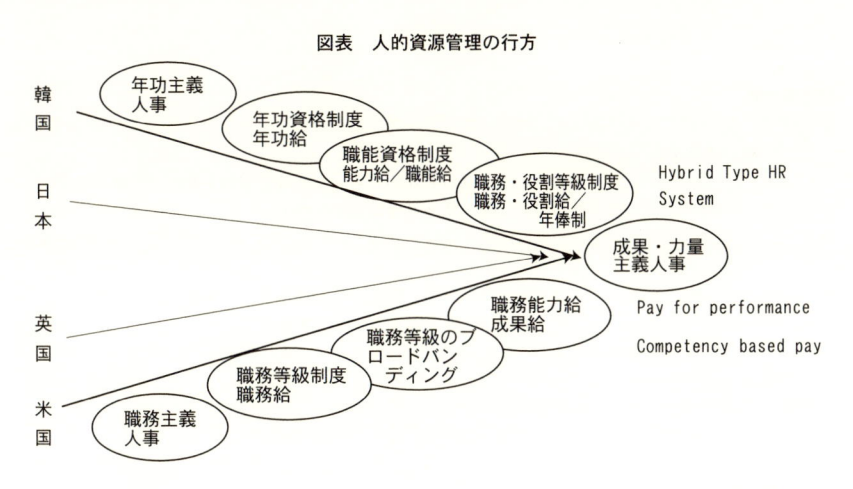

図表　人的資源管理の行方

```
韓国   年功主義
       人事
         \       年功資格制度
          \      年功給
           \       \       職能資格制度
日本         \      \      能力給／職能給
              \      \       \     職務・役割等級制度      Hybrid Type HR
               \      \       \    職務・役割給／         System
                \      \       \   年俸制
                 \      \       \     \
英国               ―――――――→→ 成果・力量
                                    主義人事
                                              Pay for performance
                         職務能力給
                         成果給                Competency based pay
                   職務等級のブ
                   ロードバン
                   ディング
         職務等級制度
         職務給
米国   職務主義
       人事
```

［注］
1) 韓国労働研究院（2000）『21世紀型人的資源管理』明経社，第3章参照。
2) 朴庚圭・安熙卓（1998）『韓国・ドイツ企業の人事管理比較』韓国経営者総協会，p. 81。
3) 成果主義に対する批判書として，たとえば，城繁幸（2004）『内側から見た富士通―「成果主義の崩壊」』光文社及び高橋伸夫（2004）『虚妄の成果主義―日本型年功制復活のすすめ』（日経BP）がある。

参考文献

韓国語文献

姜正大(1980)「韓国企業賃金体系の類型に関する研究―基準内賃金を中心として―」『省谷論叢』第11輯,省谷学術文化財団。
高ジンス・金ハンイル(2007)『賃金ピーク制の合理的導入方案と政策課題』韓国経営者総協会。
琴ジェホ(2001)『企業内部労働市場の変化』韓国労働研究院。
金ガンシク(1996)「韓国企業名誉退職制度の現況と課題」『賃金研究』第4巻第2号,経総賃金研究センター。
金ドンウク(2009)「不況期のインターン社員制度」韓国人事管理協会『人事管理』5月号。
金ドンベ・鄭ジンホ(2006)『賃金体系実態と政策課題』韓国労働研究院。
金デホ(2003)「職務評価結果によって2元職務等級体系を運営」『人事管理』2月号,韓国人事管理協会。
金聖換(1998)『K年俸制と目標管理評価システム』韓国能率協会。
金在久(1999)『韓国企業教育・訓練の現況と課題』韓国労働研究院。
金チョンハン(2003)「賃金ピーク制導入方案」『賃金ピーク制導入方案に関する討論会資料』韓国労働研究院(12/4)。
金チョンハン(2010)「高齢者雇用奨励金実態及び改善方案」『第6次ベービーブーム世代雇用対策委員会全体会議発表資料』。
金チョンハン(2011)「勤労時間免除制度」李スンヒ他『複数労組及び専任者実態と政策課題』韓国労働研究院。
金ハンイル・趙ヒウォン(2005)『年功序列型賃金体系の再検討』韓国経営者総協会。
労働部(1999)『年俸制・成果配分制実態調査結果報告書』。
労働部(2003)『年俸制・成果配分制実態調査結果報告書』。
労働部(2005)『年俸制・成果配分制実態調査結果報告書』。
労働部(2003)『事例で見る賃金ピーク制マニュアル』。
労働部(2008)『賃金ピーク制実態調査』。
労働部(2008)『2008年賃金制度実態調査』。
労働部(2010a)『全国労働組合組織現況』。
労働部(2010b)『勤労時間免除制限度適用マニュアル』。
大韓商工会議所(1977)『企業賃金制度に関する実態調査報告』。
大韓商工会議所(1993)『韓・日大企業人事管理比較研究』。
大韓商工会議所(1998)『年俸制導入実態と改善課題』。
大韓商工会議所(2007)『韓国における職務給制の導入経験と改善課題』。
朴五洙・金基泰・全炳俊(2008)『韓国企業人事評価変遷史』ソウル大学校出版部。
朴庚圭(1991)『新入社員選抜制度』大韓商工会議所。
朴庚圭(1999)『韓国企業の年俸制設計方案』商工会議所韓国経済研究センター。
朴庚圭・安熙卓(1998)『韓国・ドイツ企業の人事管理比較』韓国経営者総協会。
朴乃会(1984)「韓国企業の賃金体系の現況と改善方案」『経商論叢』西江大学校経済・経営研究所。

朴宇成 (1998)『複数労組と団体交渉構造』韓国労働研究院。
朴宇成・慮ヨンジン (2001)『経済危機以後人的資源管理及び労使関係変化』韓国労働研究院。
朴宇成・劉圭昌・朴鐘熙 (2003)『年俸制』韓国労働研究院。
朴ヨンボム (1992)『韓国企業の退職金制度』韓国労働研究院。
朴埈城 (1990)『職能資格制度の理解』韓国経済新聞社。
朴埈城 (1992)『韓国企業の賃金体系改善事例』韓国生産性本部。
朴埈成 (1995a)『人材育成型新人事制度―三星・LG グループの革新事例―』ビ・ブックス。
朴埈城 (1995b)「韓国企業職級制度の問題点と改善方案」『賃金研究』第 3 巻第 4 号, 経総賃金研究センター。
朴埈城 (1995c)「韓国大企業の人力管理の特性」愼侑根他『韓国大企業の経営特性』世経社。
朴埈成・安熙卓 (1999)『雇用管理変化とビジョン』韓国経営者総協会。
朴埈成・金換日 (2006)『昇進・昇格管理の理論と実際』韓国経営者総協会。
朴埈成 (2007)「職務給体系の設計と運営」『賃金研究』第 15 巻第 2 号, 経総附設労働経済研究院。
朴鐘熙 (2006)「賃金ピーク制に関する労働法及び政策的検討」『賃金研究』第 14 巻第 2 号, 経総附設労働経済研究院。
朴浩換 (2007)「職務中心人事システムの導入と運営」『賃金研究』第 15 巻第 4 号, 経総附設労働経済研究院。
方ハナム (1998)『韓国企業の退職金制度研究』韓国労働研究院。
宋ヒョンソク (2009)「主要企業役員昇進人事動向と特徴」韓国人事管理協会『人事管理』3 月号。
宋ヨンス (2002)「企業の人材育成趨勢と方向―HRD のトレンドを中心に―」『賃金研究』第 10 巻第 4 号, 経総附設労働経済研究院。
ソウル大学経営研究所 (1985)『韓国企業の現況と課題』ソウル大学出版部。
宣ハンスン (2000)『年俸制導入の実態と課題』韓国労働研究院。
愼侑根 (1984)『韓国企業の特性と課題』ソウル大学校出版部。
愼侑根他 (1995)『韓国大企業の経営特性』世経社。
愼侑根 (1998)「韓国企業人的資源管理の評価と展望」韓国労働研究院『21 世紀韓国の労働』同研究院。
申ヨンス (2003)「韓国企業の昇進決定要因と 1980−90 年代変化分析」『産業関係研究』第 13 巻第 2 号, 韓国労使関係学会。
申ジョンシク (2006)「韓国型賃金ピーク制導入と運用マニュアル」『賃金研究』第 14 巻第 2 号 経総附設労働経済研究院。
安春植 (1987)「韓国人事管理基盤の生成, 発展に関する研究」『経済研究』第 5 巻, 漢陽大学校経済研究所。
安春植 (1989)「人事・労務管理」韓国経営者総協会編『労働経済 40 年史』韓国経営者総協会。
安春植・安熙卓 (1991)『韓国企業昇進・昇給制度に関する研究』経総附設労働経済研究院。
安春植 (1992)「韓国企業賃金管理の展開に関する研究」『経済研究』第 13 巻, 漢陽大学校経済研究所。
安春植 (1998)「韓国企業の昇進管理の特性に関する研究」『韓日経商論集』第 15 巻, 韓日経商学会。
安春植 (2002)「韓国企業生成期の人事・労務管理に関する考察―京紡・柳韓の事例を中心に―」『経営史学』第 17 輯第 2 号, 韓国経営史学会。
安春植 (2004)「韓国企業採用システムの特性と展望」『韓日経商論集』第 21 巻, 韓日経商学会。
安熙卓 (1990)『韓国企業の人事評価制度―問題点と改善方向―』韓国経営者総協会。
安熙卓・梁炳武 (1993)『職務給の理論と実務』韓国経営総協会。
安熙卓 (1994a)『能力主義時代の人事考課』韓国経営者総協会。

安熙卓（1994b）『韓国企業の人事考課実態』韓国経営者総協会。
安熙卓（1994c）『人事考課に対する勤労者の意識構造』韓国経営者総協会。
安熙卓 他（1996a）『新人事トレンド 35』韓国経営者総協会。
安熙卓（1996b）『韓国企業の新人事制度実態と導入方案』韓国経営者総協会。
安熙卓（1996c）『韓国企業の人的資源管理制度革新事例』韓国経営者総協会。
安熙卓・金康植（1996d）『名譽退職制度の設計と運用』韓国経営者総協会。
安熙卓・李康城（1997a）『人事積滞実態と解消方案』韓国経営者総協会。
安熙卓（1997b）『能力・実績重視型賃金体系』韓国経営者総協会。
安熙卓・金聖換・趙文攀・文裏紛（1998a）『雇用調整の実務』韓国経営者総協会。
安熙卓（1998b）『年俸制の設計と年俸評価の実務』韓国経営者総協会。
安熙卓（1999）『人事考課者訓練マニュアル』21 世紀ブックス。
安熙卓・金喚日（2000a）『アウトソーシングの理論と実務』韓国経営者総協会。
安熙卓（2000b）『年俸制 Q&A』韓国人事管理協会。
安熙卓（2000c）『年俸制実践マニュアル』学文社。
安熙卓（2000d）「韓国企業の人事管理の変遷と発展方向」『労使関係研究』第 11 巻，ソウル大学校労使関係研究所。
安熙卓・許棟翰（2007）『日本企業の賃金制度改革事例研究』韓国労働研究院 付設ニューパラダイムセンター。
安熙卓（2009）『日本企業の人事制度革新事例研究』韓国経営者総協会。
安熙卓（2010）『日本の複数労組と労組専従者に関する研究』韓国経営者総協会。
安ジュヨップ他（2003）『非正規勤労の実態と政策課題（Ⅲ）』韓国労働研究院。
梁炳武・安熙卓・朴埈成・金在源（1992）『韓国の賃金管理』韓国経営者総協会。
梁炳武・安熙卓（1993）『職能給の理論と実務』韓国経営者総協会。
楊雲燮（1984）「韓国企業の賃金体系に関する研究」『人事管理研究』第 8 輯，韓国人事管理学会。
劉奎昌（1998a）『職能給導入のための評価制度改善方案』韓国労働研究院。
劉圭昌・朴宇成（1998b）「年俸制賃金制度の導入と効果に関する理論的考察」『発表論文集』韓国人事組織学会。
劉奎昌・朴宇成編著（2001）『21 世紀型成果主義賃金制度』明経社。
李康成・尹鐘萬（1996）『韓国企業の昇進管理実態と改善方案』韓国経営者総協会。
李奎昌（1984）『企業の賃金体系改善方案』大韓商工会議所。
李銑・康淳熙（1992）『賃金決定と賃金管理』韓国能率協会。
李スンヒ他（2011）『複数労組及び専任者実態と政策課題』韓国労働研究院。
張相秀（2004）「三星の成長源泉―人材重視経営―」。
張ジョン（2002）『高齢化時代の労働市場と雇用政策（Ⅰ）』韓国労働研究院。
田贇烈・安熙卓（1997）「考課誤謬と考課満足認識に関する研究」『人事管理研究』，第 21 輯 1 号，韓国人事管理学会。
全ミョンスク他（2006）『複数労組環境下での労使関係研究』韓国労働研究院。
鄭インス他（2002）『企業内部労働市場の変化』韓国労働研究院。
鄭然昴（2000a）『能力主義人事制度定着のための評価制度改善方案』韓国労働研究院。
鄭然昴（2000b）「人的資源管理のパラダイム変化」韓国労働研究院編『21 世紀型人的資源管理』明経社。
崔康植・李奎容（1998）『わが国企業の雇用調整実態（Ⅱ）―1998 年上半期実態調査を中心―』韓国労働研究院。
崔康植・李奎容（1999）『わが国企業の雇用調整実態（Ⅲ）―1998 年下半期実態調査を中心―』韓国

労働研究院.
崔鐘泰(1990)『鉄鋼産業の人事制度―POSCO職級体系研究―』ソウル大学校出版部.
崔東奎(1983)『賃金体系及び支払能力の改善』ソウル大学経済研究所,『韓国賃金の政策課題と制度改善研究』同研究所.
崔東錫・金成秀訳(2002)『人材戦争』世宗書籍.
卓熙俊(1992)『韓国大企業の社内職業訓練に関する研究』国民経済教育研究所.
韓国経営者総協会(1973)『労務管理実態調査―製造業を中心に―』同協会.
韓国経営者総協会(1979)『わが国賃金管理制度の現況』.
韓国経営者総協会(1984)『わが国企業の昇進管理現況』同協会.
韓国経営者総協会(1987)『わが国企業昇進制度改善に関する研究』.
韓国経営者総協会(1991)『韓国企業の賃金管理実態』同協会.
韓国経営者総協会(1994a)『韓国企業の賃金管理実態』同協会.
韓国経営者総協会(1994b)『韓国企業の大卒新規人力採用慣行』.
韓国経営者総協会(1995)『企業の定年制及び退職管理実態調査』.
韓国経営者総協会(1996)『韓国企業の賃金管理実態』同協会.
韓国経営者総協会(1999)『韓国企業の退職管理実態』.
韓国経営者総協会(2002)『2002年新規人力採用動態及び展望調査』.
韓国経営者総協会(2006)『昇進・昇格管理の理論と実際』.
韓国経営者総協会(2007)『職務成果給制の理論と実際』同協会.
韓国経営者総協会(2009)『労組専従者と労使関係』(政策討論会資料)10月29日.
韓国経営者総協会(2011)『人事・賃金事例総覧』.
韓国労働研究院(2002)『事業体人的資源管理実態調査』.
韓国労働研究院(2000)『21世紀型人的資源管理』明経社.
韓国生産性本部(1991)『経営成果分配と賃金体系』.
韓国人事管理協会(2003)『年俸制・目標管理業績評価制度事例集』同協会.
韓国人事管理協会(2004)『最新人事管理規定実事例集』.
韓国職業能力開発院(2008)『人的資本企業パネル基礎分析報告書―第2次(2007)年度資料分析―』.
黄スギョンほか(2005)『韓国の賃金と労働市場』韓国労働研究院.

日本語文献

安春植(1982)『終身雇用制の日韓比較』論創社.
安春植(1991)「韓国の賃金制度」佐護譽・韓義泳編『企業経営と労使関係の日韓比較』泉文堂.
安春植(1993)「韓国における人事・労務管理の発展(1)」『大原社会問題研究所雑誌』No.414,大原社会問題研究所.
安春植(1993)「韓国における人事・労務管理の発展(2)」『大原社会問題研究所雑誌』No.415,大原社会問題研究所.
安春植(1993)「韓国における人事・労務管理の発展(3)」『大原社会問題研究所雑誌』No.416,大原社会問題研究所.
安春植(1993)「韓国における人事・労務管理の発展(4)」『大原社会問題研究所雑誌』No.417,大原社会問題研究所.
安春植(1993)「韓国における労務管理の発展」佐護譽・安春植編『労務管理の日韓比較』有斐閣.
安熙卓(1991)「韓国の雇用制度」佐護譽・韓義泳編著『企業経営と労使関係の日韓比較』泉文堂.
安熙卓(1993a)「韓国における賃金体系の歴史と現状」『経営学論集』第3巻第3号,九州産業大学.

参考文献

安熙卓（1993b）「韓国の賃金管理」佐護譽・安春植編『労務管理の日韓比較』有斐閣.
安熙卓（2000）「韓国企業における人事管理の特質」『経営学会誌』創刊号, 広島安芸女子大学.
安熙卓（2002）「韓国における年俸制の実態と特徴」『経営学論集』第13巻第1号, 九州産業大学.
安熙卓（2003a）「韓国における採用慣行の変化」『経営学論集』第14巻第1号, 九州産業大学.
安熙卓（2003b）「韓国企業における職級制度の展開」『経営学論集』第14巻第2号, 九州産業大学.
安熙卓（2004）「韓国におけるIMF事態以降の賃金制度改革」『経営学論集』第15巻第2号, 九州産業大学.
安熙卓（2006）「韓国における知識人材の採用と育成」『アジア経営研究』No.12, アジア経営学会.
安熙卓（2009a）「成果主義賃金の導入と問題点」『経営学論集』第19巻第3号, 九州産業大学.
安熙卓（2009b）「韓国企業ホワイトカラーの昇進管理」『経営学論集』第20巻第1号, 九州産業大学.
安熙卓（2009c）「韓国における人事考課制度の改革」『経営学論集』第20巻第3号, 九州産業大学.
安熙卓（2010）「韓国企業の定年制と高齢者の雇用延長『経営学論集』第21巻第1号」, 九州産業大学.
安熙卓（2011）「韓国企業の人的資源管理の発展『経営学論集』第21巻第3号」, 九州産業大学.
今野浩一郎（1998）『勝ち抜く賃金改革』日本経済新聞社.
今野浩一郎・佐藤博樹（2009）『人事管理入門』日本経済新聞出版.
今野浩一郎（2003）『個と組織の成果主義』中央経済社.
今田幸子・平田周一（1995）『ホワイトカラーの昇進構造』日本労働研究機構.
石田光男・樋口純平（2009）『人事制度の日米比較―成果主義とアメリカの現実―』ミネルヴァ書房.
伊藤健市・田中和雄・中川誠士編（2006）『現代アメリカ企業の人的資源管理』税務経理協会.
今井斉（2000）「アメリカの人事労務管理」奥林康司・今井斉・風間信隆編『現代労務管理の国際比較』ミネルヴァ書房.
五十嵐昭夫（1965）『アメリカの職務給』日経連.
井出喜胤（1990）「アメリカの年俸制」『賃金実務』638号, 産業労働調査所.
岩出博（1991）『英国労務管理―その歴史と現代の課題―』有斐閣.
岩出博（2007）『LECTURE 人事労務管理』泉文堂.
李元雨（1993）「韓国の雇用管理」佐護譽・安春植編著『労務管理の日韓比較』有斐閣.
李鎬昌（2002）「韓国における非正規雇用と労使関係」『日本労務学会誌』第4巻第2号, 日本労務学会.
李秉勲（2010）「非正規労働の現状と課題」禹宗杬編『韓国の経営と労働』日本経済評論社.
李美善（2009）「サンスン電子の「新経営」の展開―ブランド戦略と人材戦略を中心に―」『名城論叢』6月, 名城大学.
李点順（2008）「韓国における雇用関係の柔軟化とその補整―1990年代以降の雇用関係をめぐる法制度の変化を中心に―」『現代社会文化研究』No.43, 12月.
梅津祐良・成田攻・横山哲夫訳（2001）『コンピテンシー・マネジメントの展開 導入・構築・展開』生産性出版.
禹宗杬編（2010）『韓国の経営と労働』日本経済評論社.
内田研二（2001）『成果主義と人事評価』講談社.
遠藤仁（2000）『コンピテンシー戦略の導入と実践』かんき出版.
呉学殊（2006）「日韓労使関係の比較―非正規労働者を中心にして―」『大原社会問題研究所雑誌』No.576, 大原社会問題研究所.
大沢真知子・金明中（2010）「経済のグローバル化にともなう労働力の非正規化の要因と政府の対応の日韓比較」『日本労働研究雑誌』No.595, 労働政策研究・研修機構.

参考文献

太田隆次（1999）『アメリカを救った人事革命　コンピテンシー』経営書院。
大内章子（2002）「アメリカ企業における賃金・報酬制度—1990年代後半の動向を中心として—」廣石忠司・福谷正信・八代充史編『グローバル化時代の賃金制度』社会経済生産性本部生産性労働情報センター。
奥野明子（2004）『目標管理のコンティンジェンシー・アプローチ』白桃書房。
奥林康司編（2003）『成果と公平の報酬制度』中央経済社。
奥西好夫（2001）「成果主義賃金導入の条件」『組織科学』Vol.34 No.3。
金津健治（1995）『目標管理の手引き』（日経文庫），日本経済新聞社。
鍵山整充（1989）『職能等級制度』白桃書房。
加納郁也・開本浩矢（2003）「成果主義導入プロセスにおける従業員の公正」『商大論集』54巻5号，神戸商科大学経済研究所。
金容基（1996a）「韓国の自動車A社における人事制度改革（上）—学歴身分制から能力主義管理へ？」『大原社会問題研究所雑誌』No.450。
金容基（1996b）「韓国の自動車A社における人事制度改革（下）—学歴身分制から能力主義管理へ？」『大原社会問題研究所雑誌』No.451。
楠田丘（1989）『職能資格制度』産業労働調査所。
楠田丘編（2002）『日本型成果主義人事・賃金制度の枠組と設計』生産性出版。
久保克行（2002）「イギリス—内国歳入庁のケース—」『海外労働時報』No.320，2月号。
玄田有史・神林龍・篠崎武久（2001）「成果主義と能力開発:結果としての労働意欲」『組織科学』Vol.34 No.3。
小玉敏彦（1995）『韓国工業化と企業集団』学文社。
小玉敏彦（2008）「成果主義の進展と日本的経営の相克—職能資格制度導入期との比較を通じて—」『東アジア経済経営学会誌』第1号，東アジア経済経営学会。
高龍秀（2000）『韓国の経済システム』東洋経済新報社。
崔鐘泰（1993）「韓国の教育・訓練管理」佐護譽・安春植『労務管理の日韓比較』有斐閣。
佐護譽・韓義泳編（1991）『企業経営と労使関係の日韓比較』泉文堂。
佐護譽・安春植編（1993）『労務管理の日韓比較』有斐閣。
佐護譽・安熙卓（1993）「韓国における賃金体系の歴史と現状」『経営学論集』第3巻第3号，九州産業大学。
佐護譽・安熙卓（1994）「韓国における人事制度の新動向(1)—個別企業の事例を中心として—」『経営学論集』大学院経営学研究科解説記念号，九州産業大学。
佐護譽・安熙卓（1995a）「韓国における人事制度の新動向(2)—個別企業の事例を中心として—」『経営学論集』第5巻第3・4号合併号，九州産業大学。
佐護譽・安熙卓（1995b）「韓国における人事制度の新動向(3)—個別企業の事例を中心として—」『経営学論集』第6巻第1号，九州産業大学。
佐護譽・安熙卓（1998a）「韓国における教育訓練管理の歴史と現状(1)」『経営学論集』第9巻第1号，九州産業大学。
佐護譽・安熙卓（1998b）「韓国における教育訓練管理の歴史と現状(2)」『経営学論集』第9巻第2号，九州産業大学。
佐護譽・安熙卓（1998c）「韓国における雇用管理の現状と特質」『経営学論集』（大学院研究科博士後期課程増設記念号），九州産業大学。
笹島芳雄（2001）『アメリカの賃金・評価システム』日経連出版部。
笹島芳雄（2002）「成果主義の概念」楠田丘編『日本型成果主義　人事・賃金制度の枠組と設計』生産性出版。

参考文献

笹島芳雄（2003）「成果主義賃金の概念，実態，意義と課題」『日本労務学会第33回全国大会研究報告論集』。
笹島芳雄監修（2004）『成果主義人事・賃金Ⅶ』社会経済生産性本部。
笹島芳雄（2008）『最新アメリカの賃金・評価制度―日米比較から学ぶもの』日本経団連出版。
城繁幸（2004）『内側から見た富士通―「成果主義の崩壊」』光文社。
城繁幸（2005）『日本型成果主義の可能性』東洋経済新報社。
佐藤静香（1999）「韓国企業における大卒新入社員採用慣行」研究年報『経済学』Vol.60 No.4，東北大学。
佐藤静香（2002）「韓国財閥企業における大卒ホワイトカラーの昇進管理―S化学の事例」研究年報『経済学』Vol.64 No.2，東北大学。
佐藤静香（2003）「韓国財閥企業における大卒ホワイトカラーの賃金管理―S化学の事例」『大原社会問題研究所雑誌』No.536。
佐藤静香（2008）「韓国における大卒ホワイトカラーのキャリア管理と早期退職」『大原社会問題研究所雑誌』No.596。
佐野陽子（1989）『企業内労働市場』有斐閣。
佐野陽子（2007）『はじめての人的資源マネジメント』有斐閣。
社会経済生産性本部成果配分賃金研究委員会編(1994)『アメリカの賃金・ヨーロッパの賃金』社会経済生産性本部。
社会経済生産性本部（2000）『日本的人事制度の現状と課題』。
社会経済生産性本部（2001）『日本的人事制度の現状と課題』。
社会経済生産性本部（2002）『日本的人事制度の現状と課題』。
社会経済生産性本部（2003）『日本的人事制度の現状と課題』。
社会経済生産性本部（2004）『日本的人事制度の現状と課題』。
社会経済生産性本部（2005）『日本的人事制度の現状と課題』。
社会経済生産性本部（2006）『日本的人事制度の現状と課題』。
社会経済生産性本部（2007）『日本的人事制度の現状と課題』。
社会経済生産性本部（2008）『日本的人事制度の現状と課題』。
社会経済生産性本部（2009）『日本的雇用・人事制度の現状と課題』。
社会経済生産性本部（2010）『日本的雇用・人事制度の現状と課題』。
白井泰四郎（1992）『現代日本の労務管理』東洋経済新報社。
鈴木敦子（2003）『人事・労務がわかる事典』日本実業出版社。
須田敏子（2004）『日本型賃金制度の行方―日英の比較で探る職務・人・市場―』慶應義塾大学出版会。
副田満輝（1969）『職務給研究』未来社。
趙性載（2010）「産別労組及び産別交渉の実態と評価」禹宗杬編『韓国の経営と労働』日本経済評論社。
高橋伸夫（2004）『虚妄の成果主義―日本型年功制復活のすすめ』日経BP社。
高橋俊介（2001）『成果主義　どうすればそれが経営改革につながるのか？』東洋経済新報社。
田島司郎・江口伝・佐護譽（1981）『賃金の経営学』ミネルヴァ書房。
竹内裕（1989）『職能資格人事制度』同友館。
竹内一夫（2001）『人事労務管理』新世社。
竹内一夫（2000）「アメリカにおける人事・賃金制度の変遷と改革―コンピテンシーの重視と活用―」雇用システム研究センター編『日本型コンピテンシーモデルの提案』社会経済生産性本部。
谷内篤博（2008）『日本的雇用システムの特質と変容』泉文堂。
谷内篤博（2005）『大学生の職業意識とキャリア教育』勁草書房。

都留康・阿部正浩・久保克行（2005）『日本企業の人事制度改革』東洋経済新報社。
寺崎文勝（2009）『人事マネジメント基礎講座』（労政時報別冊）労務行政。
永野仁編（2004）『大学生の就職と採用』中央経済社。
中村圭介（2006）『成果主義の真実』東洋経済新報社。
中川誠士（2001）「韓国企業における人的資源管理とコーポレート・ガバナンス」『総合研究所報』第244号，福岡大学総合研究所。
西川忠（1965）『資格制度』ダイヤモンド社。
西川忠（1988）「資格制度」原田実・奥林康司『日本労務管理史（年功制）』中央経済社。
日本人事行政研究所（2003）『将来あるべき人事管理を考えるための基礎調査』。
日本労働研究機構（2001）『韓国の労働法改革と労使関係』日本労働研究機構。
日経連能力主義管理研究会編（1969）『能力主義管理―その理論と実践―』日経連広報部。
日経連職務分析センター（1980）『新職能資格制度―設計と運用―』。
日経連職務分析センター（1996）『日本型年俸制の設計と運用』。
長谷川直紀（2006）『職務・役割主義の人事』日本経済新聞出版社。
韓義泳（1988）『韓国企業経営の実態』東洋経済新報社。
服部民夫（1988）『韓国の経営発展』文眞堂。
樋口純平（2004）「米国における賃金制度改革の現状と課題―職能給化と変動給化の検討を中心に―」『日本労務学会第24回全国大会研究絵報告論集』。
平野光俊（2006）『日本型人事管理―進化型の発生プロセスと機能性―』中央経済社。
平野光俊（2010）「社員格付け制度の変容」『日本労働研究雑誌』No.597。
廣石忠司・福谷正信・八代充史（2002）『グローバル時代の賃金制度』社会経済生産性本部。
藤田忠（1973）『人事考課と労務管理』白桃書房。
堀田達也（2001）「人事制度における"役割"の位置付けとその活用」『労政時報』第3495号。
許棟翰（2003）「高齢者の雇用延長と賃金配分」『経営経済論集』第10巻第2号，九州国際大学。
許棟翰（2008）「雇用慣行の変化，賃金制度の変化」『経営経済論文集』第14巻第2・3号合併号，九州国際大学。
朴昌明（2004）『韓国の企業社会と労使関係』ミネルヴァ書房。
朴昌明（2006）「経済危機以降の韓国労使関係」『大原社会問題研究所雑誌』No.572。
正亀芳造（2003）「成果主義賃金制度の展開」奥林康司編『成果と公平の報酬制度』中央経済社。
三谷直紀（1997）『企業内賃金構造と労働市場』勁草書房。
宮本眞成（1997）『年俸制の実際』（日経文庫），日本経済新聞社。
明泰淑（1999）『韓国の労務管理と女性労働』文眞堂。
本寺大志（1996a）「米国企業の給与事情―典型的システムと新潮流(1)」『労政時報』第3249号。
本寺大志（1996b）「米国企業の給与事情―典型的システムと新潮流(2)」『労政時報』第3250号。
本寺大志（1996c）「米国企業の給与制度事情―典型的システムと新潮流(3)」『労政時報』第3252号。
本寺大志（2000）『コンピテンシーマネジメント』日経連出版部。
森本昭文（2000）『役割主義人事―21世紀型人事トータルシステムの設計と導入』東洋経済新報社。
守島基博（1996）「米国ホワイトカラーの賃金処遇制度をめぐる最近の動向―雇用の外部化と給与決定の柔軟性増大」『労働法律旬報』No.1391。
守島基博（1997）「アメリカ企業間比較2」日本労働研究機構『国際比較：大卒ホワイトカラーの人材開発・雇用システム―日米英独の大企業(1)事例調査編』。
守島基博（1999）「成果主義の浸透が職場に与える影響」『日本労働研究雑誌』47巻4号。
守島基博（2007）「評価・処遇システムの現状と課題」労働政策研究・研修機構編『日本の企業と雇用』労働政策研究・研修機構。

UFJ総合研究所（2003）『人事制度及び人材戦略の動向に関するアンケート調査』。
UFJ総合研究所（2004）『人事制度の採用状況と将来の方向性』。
八代充史（1995）『大企業ホワイトカラーのキャリア』日本労働研究機構。
八代充史（2002）『管理職層の人的資源管理』有斐閣。
八代充史（2009）『人的資源管理論』中央経済社。
横田伸子（2003）「韓国における労働市場の柔軟化と非正規労働者の規模の拡大」『大原社会問題研究所雑誌』No.535。
労働政策研究・研修機構（2009）『成果主義賃金制度の日韓比較』（JILPT資料シリーズNo.53）。
労務行政研究所（2004）『先進35社成果主義人事の事例集』（労政時報別冊）。
労務行政研究所（2006）『先進企業の人事制度改革事例集』（労政時報別冊）。
労務行政研究所（2006）「目標管理制度の実施状況，運用実態」『労政時報』第3681号。

英語文献

Amstrong, M. (2002), *Employee Reward* 3rd., London, CIPD.
Amstrong, M. (2003), *A Handbook of Human Resource Management Practice* 9th ed., London, Kogan Page.
Amstrong, M. (2006), *A Handbook of Human resource Management Practice* 10th ed., London, Kogan Page.
Amstrong, M. (2007), *A Handbook of Employee Reward Management and Practice* 2nd ed., London, Kogan Page.
Berger, L. A. & Berger, D. R. (1999), *The Compensation Handbook*, 4th ed., McGraw-Hill.
Bloom, M. & Milkovich, G. T. (1998), "Relationships among Risk, Incentive Pay, and Organizational Performance", *Academy of Management Journal*, Vol.41, No.3, pp. 283-297.
Bowey, A. M. (ed.) [1982], *Managing Salary and Wage Systems*, 3rd ed., Vermont : Gower.
Brown, D (1996), "Broadbanding : A Study of Company Practices in the United Kingdom", *Compensation & Benefits Review*, Nov/Dec, Vol.28, Issue 6, pp. 41-49.
Byars, L. L. & Rue. L. W. (2006), *Human Resource management*, 8th ed., McGraw-Hill.
CIPD (2004), *Reward Management, (Annual survey report)*, CIPD.
CIPD (2007), *Reward Management, (Annual survey report)*, CIPD.
Ferris, G. R. & Buckley, M. R. (1996), *Human Resource management*, 3rd ed., Prentice-Hall, Inc.
Henderson, R. I. (1994), *Compensation Management*, 6th ed., Prentice Hall.
Henry, H. & Kleiner, B. H. (1997), "Competency-based Pay in the Manufacturing and Service Sectors," *Compensation & Benefits Review*, Sep/Oct, Vol.39, Issue 5, pp. 24-26.
Herry, M. & Noon, M. (2001), *A Dictionary Human Resource Management*, Oxford University Press.
IPD (1999), *Performance pay Trends in the UK, (survey report)*, IPD.
IPD (2000), *Study of Broad-banded and Job Family Pay Structures, (IPD Survey Report)*.
Milkovich, G. T. & Newman, J. M. (2005), *Compensation*, 8th ed., McGraw-Hill.
SHRM (1999), *Strategic Compensation Survey*.
Spencer, L. M. & Spencer, S. M. (1993), *Competence at Work*, John Wiley & Sons（梅津祐良・成田攻・横山哲夫訳（2001）『コンピテンシー・マネジメントの展開』生産性出版）。
Storey, J. (ed.), *Human Resource Management : A Critical Text, London* : Routledge.
Towers Perrin (1999), *Worldwide Total Remuneration*, Towers Perrin.

索　引

欧文

base salary　180
BSC　107
CEO　45
e-HRM/HRD　117
e-ラーニング　116
ICFTU　159
ILO　159
IMF　146
　　――型インターン社員制度　47
job promotion　180
knowledge based pay　234
LG 仁和院　113
MBA　114, 122
MBO　96, 207
merit pay　77
MTP　112
OECD-TUAC　159
Off・JT　113
OJT　98
pay for knowledge　234
pay for performance　77
Performance Best Interview　47
p-HRM/HRD　116
QC（品質管理）教育　112
RJP　34
skill based pay　234
Target Recruiting　45
TOEIC　44
　　――Speaking　44
TWI　112

【ア行】

アウトソーシング　114, 227
アセスメントセンター　37
洗替型　205
洗い替え方式　84

安定型人員構造　62
一元的管理　197
一元的能力観　197
一律昇給　226
一律定年制　132
一律年功　61
　　――型　59
インセンティブ　26, 45, 81, 83, 142, 179, 181, 183
　　――支給率　181
　　――賞与　73
　　――制度　181
インターネットによる募集　43
インターンシップ制度　37
インターン社員　47
　　――制度　47, 48
ウェイト　100
エグゼンプト　222, 223, 229
　　――職務　222
エリート大学　46
縁故採用　40, 41
縁故的偏見　46
応募資格　44
　　――の制限　38
　　――要件　38
応募者の直接訪問　34
オンライン　116

【カ行】

海外
　　――現地人材の育成プログラム　115
　　――採用人材　123
　　――体験研修教育　114
　　――駐在員の育成プログラム　115
　　――派遣教育　112
　　――ビジネス・スクール連携課程　122
　　――留学制度　114
下位グレードの上限　216

解雇　132
会社への貢献度　91
会社への忠誠心　60
下位職務等級　26
改正労働組合法　165
階層別教育　113
外注　154
　——化　156
外的公正の原則　235
外部
　——委託教育　114
　——人材　65
　——人材の活用政策　66
　——募集　33, 34
　——労働市場　33, 34, 48, 65, 177, 240, 254
科学的管理システム　112
夏季賞与　73
学縁　40
学習　107
　——組織　117
学術研修制度　122
学歴
　——社会　17
　——制限　46
　——・年功資格制度　192, 193
　——別身分制度　13
加減給　84
下限賃金　185
家族手当　85, 225
肩書き社会　59
学校推薦　34
克己訓練　113
過程の公平性　212
韓国
　——型職務給　186
　——型人事・賃金制度　186
　——式経営　260
　——的組織文化　131
　——労総　147, 161
感受性訓練　113
寛大化傾向　93, 101
監督者教育プログラム　112
管理者教育　114
　——プログラム　112

管理職　65
　——ポスト　174
　——予備軍　62
官吏身分制度　193
期間制労働者　155, 156
企業
　——内教育　111, 112, 113
　——内賃金体系　72
　——の倒産　148
　——文化　85
　——文化教育　112
　——別組合　147, 151, 163, 260
　——別交渉　151, 152
技術革新　27
基準給　85, 86, 180
基準賃金　216
基準年俸　86
偽装就労　40
期待能力　195
既得権　180
技能給　106, 234, 235, 246
技能職社員　18
技能・知識給　234
希望退職　152
　——制　64
基本給　20, 26, 70, 83, 85, 180, 183
　——体系　72
　——の変動給化　232
基本年俸　81, 83
逆地域専門家制度　123
キャリア　59
給与等級　54
給与レンジ　214
教育訓練　98, 112, 117
　——技法　194
　——費　111, 114, 115
　——プログラム　113
強制
　——退職金制度　133
　——配分法　93
　——配分方式　93
　——割当法　95, 96, 100
業績
　——給　85, 86, 200

索　引　273

──考課　82, 84, 86
──主義　75
──対応型賃金　246
──達成能力　106
──に対する賃金　106
──年俸　81, 83
競争優位　111
共同交渉　151
　──代表団　160
業務プロセス　107
協約賃上げ率　152
教養教育　112
協力的路線　161
勤続給　216
勤続手当　85
勤務評定　93
　──規則　93
　──制度　93, 94
勤労
　──基準法　133, 134
　──時間免除限度時間　165
　──時間免除者　164
　──時間免除審議委員会　165
　──時間免除（Time-off）制度　162, 164, 165, 167
屈折年齢　139
組合間の路線競争　161
組合専従者　162, 165, 166
組合費　163
クリスマス手当　245
グループ討議　42
グレード　173, 215, 216
　──・賃金　215
　──バンド　248
グローバリゼーション　120
グローバル
　──MBA課程　120
　──教育プログラム　121
　──経営　118, 259
　──語学課程　121
　──・コミュニケーション能力の強化プログラム　115
　──市場　119
　──人材　111, 116, 118, 119, 121, 259

──人材育成　121
──人材育成体系　119
──人材採用　45
──人材像　121
──・スタンダード　179, 260
──専門家　121
──統合　119
──・ビジネス人材　115, 121
──・マインド　118
経営革新　227
経営修士課程　120
経済危機　31, 47, 48, 64, 91, 103, 111, 127, 129, 147, 152, 156, 174, 179
継続雇用　138
契約年俸制　77, 78
経歴開発　118
経歴社員　34, 42, 45
血縁　40
月給　193
　──制　13, 22, 222
健康検査　41
顕在能力　106, 195
限時的労働者　155, 156
研修プログラム　113, 116
現代総合研修院　113
現場専門家制度　122
減量経営　32
コア人材　45, 111, 115, 116
雇員　16
工員　13, 16, 17, 193, 194
公開採用　39
公開人事考課　95
公開募集　37, 38
考課
　──誤差　95
　──者　100
　──者訓練　87
　──者によるエラー　101
　──昇給　226
　──要素　99
降給　217
高業績者　208
貢献度　75, 77, 223
　──に応じた処遇　191

高資格化　202
交渉
　——代表組合　160, 167
　——代表権　160
　——窓口　160
　——窓口単一化　160
公正さ　211
構造改革　127
構造調整　43, 129, 130
行動　250
　——観察面接制　46
　——特性　105, 106, 208, 250
高年齢化　202
後輩社員　60
広範囲型職務給　227
高費用化　202
号俸　173
　——給　173, 175, 176
　——制　22, 83, 186
　——テーブル　70
公民権法　171, 222
高齢
　——化　135, 136
　——化社会　135
　——者雇用　137
　——者延長　138
　——者促進奨励金　137
　——者促進法　136, 137
語学教育　112
語学研修制度　114
顧客満足　107
国際化人材　118
国際人材　259
国民年金　137
呼称昇進　181
個人
　——業績　86, 200
　——成果　211
　——成果給　80, 249
　——別成果給制　77
　——別賃金管理　83
固定給　86
固定賞与　74, 183, 245
固定年俸　80

個別
　——交渉　160
　——成果給　77
　——的管理　116, 240
　——面接　42, 46
雇用
　——安定協約　152
　——延長　138
　——延長型　139
　——延長型賃金ピーク制　139
　——契約　82, 155
　——差別禁止法制　103
　——創出　47
　——調整　48, 126, 127, 137, 138, 148, 152
　——調整の類型　127
　——の継続性　155
　——の柔軟性　175
　——の流動化　126, 131
　——保険制度　127
　——保障　130, 140
　——保障年齢　140
コンピテンシー　103, 105, 170, 207, 208, 221, 230, 250
　——給　231
　——評価　106, 225
　——・ペイ　246, 250

【サ行】

最短滞留年数　196
最長滞留年数　196
最低必要滞留年数　55
財閥グループ研修院　113
財務的業績　107
採用
　——慣行　38
　——管理　31, 35
　——計画　31, 32
　——政策　41
　——・選抜　38
　——直決型のインターンシップ　47
　——内定　41
　——内定制度　37
裁量権　222
査定

索引

――結果　102
――昇給　72, 231, 235, 243
――昇給率　232
――制度　97
差別禁止規定　154
差別是正申請権　154
三星人力開発院　113
サラリーゾーン　181
産学奨学金制度　37
産業別
　――組合　147, 149, 150
　――交渉　151
　――組織　147
　――連合体　163
　――連盟　149, 150
資格
　――昇進　52
　――制度　53, 191, 192
　――手当　85, 213
　――等級　197, 213
時間給制　13
時間賃金　22
時間賃率　222
自己観察制度　95
自己啓発制度　114
自己申告制度　95
仕事基準　197
仕事の達成度　91
市場調査法　239
市場賃金　177, 244
私設職業紹介所　34
失業保険基金　47
失業対策　47
実績主義　75
実績評価　77
実務訓練　47
実務能力検査　37
自動昇給　70
自発的退職　130
事務・管理職　18
事務職　14
社員格付け制度　192
社員区分　26, 221
　――制度　9

社員等級制度　9, 10, 11, 14, 26, 191, 192, 198, 221
社会安全網　127, 138
社会的なステータス　59
社会的身分　18
社会の両極化　154
社外募集　37
社外（野外）教育訓練　113
社内
　――MBA課程　119
　――訓練　113
　――公募　182
　――公募制度　34, 37
　――序列　231
　――募集　37, 183
週給　222
従業員紹介　34
従業員の価値意識　260
従業員の動機づけ　34
就業規則　131, 134
集合教育　112, 116
終身雇用制　260
住宅給　216
住宅手当　225
集団
　――交渉　151
　――主義　195, 256
　――主義人事慣行　256
　――的管理　116, 240
　――的な賃金管理　83
　――面接　42, 46
集中化　151
儒教意識　60
儒教的共同体意識　260
受験戦争　41
出生率　135, 136
循環勤務制度　121
純粋成果給　81
純粋な職務給　177
上位グレードの下限　216
上位職務等級　26
生涯職業　258
生涯職場　258
昇格　54, 224

276　索　　引

　　——基準　24
　　——昇給　243
　　——による賃金上昇　182
昇級　54
昇給　97
　　——額　216
　　——幅　226
　　——率　77, 84, 86, 243, 244, 249
　　——率のガイドライン　244
上限賃金　185
上場企業　44
昇職　54
昇進　52, 224
　　——慣行　53, 55, 63
　　——管理　52, 53, 56, 60
　　——基準年数　55, 182
　　——規定　55
　　——競争　57
　　——経路　18
　　——決定プロセス　56
　　——決定要因　64
　　——構造　59
　　——候補者　56
　　——資格　182
　　——システム　240
　　——・昇格　18, 52, 73, 97
　　——所要年数　58, 64
　　——審査　56
　　——審査対象者　56
　　——スピード　57, 59, 61
　　——スピード型競争　59
　　——政策　60
　　——制度　58
　　——選抜　53, 59, 61
　　——停滞　20, 53, 61, 62, 63
　　——と昇級（昇格）　61
　　——年数　20
　　——年齢　58, 59
　　——標準年限　60
　　——メカニズム　58
　　——欲求　62
　　——率　56, 62
　　——ルール　60
少数組合　167

譲歩交渉　152
賞与　20, 83, 85, 142, 183, 226
常用労働者　148
職位　11, 13, 52, 53
　　——昇進　15
　　——中心の部・課制　63
　　——等級制　17, 61
　　——と職級の分離　64
職員　13, 193, 194
処遇格差　76
職階制　17, 61
　　——度　10, 11, 195
　　——の補助制度　192
職級　13, 14, 53
　　——制度　14, 53, 175
　　「——制度」の二元化　18
　　——体系　22, 61, 183
　　——体系の一元化　21
　　——定年制　64, 65
　　——と職位　61
　　——と職位の分離　21
　　——と職位の未分離　19
　　——のインフレ　179
　　——別定年制　132
職業紹介所　35, 240
職群区分　183
職種基準　171
職種別差別問題　21
職種別定年制　132
職責　13, 23, 53
　　——給　214, 215
　　——呼称　22
　　——・職位制度　53
　　——手当　85, 183
職能　11
　　——給　10, 24, 74, 174, 175, 176, 182, 199, 213, 216
　　——資格　195
　　——資格型人事システム　182
　　——資格制度　11, 21, 22, 26, 64, 174, 175, 182, 195, 196, 197, 202, 213
　　——資格と職責（役職）の分離　23
　　——的資格制度　192
　　——等級　197

索引　277

──等級（資格）制度　10
──要件書　22
職務　11
　──移動　25
　──移動による昇進　66
　──価値　183, 222
　──給　11, 77, 80, 170, 171, 173, 174, 175, 176, 177, 180, 191, 194, 204, 205, 221, 225, 227
　──給制度　242
　──給年俸制　178, 182
　──記述書　98, 172, 194, 223, 224, 225, 227
　──（仕事）基準　10, 171, 197, 260
　──基準人事　171
　──基準人事制度　171
　──境界の緩和　238
　──組み合わせ法　239
　──行動　211
　──再評価　229
　──重視の人的資源管理　170
　──主義　171, 197, 198, 204, 208
　──昇進　52, 179, 180, 185, 241
　──遂行資格要件　38
　──遂行能力　174, 175, 195, 229, 235
　──成果　34, 35
　──成果給　78
　──タイプ　215
　──中心の人事システム　171
　──調査　98
　──手当　183
　──等級　178, 180, 181, 183, 197, 213, 214, 224, 225, 228, 229
　──等級制　171
　──等級制度　10, 11, 24, 25, 26, 66, 172, 173, 180, 194, 196, 197, 213, 222, 223, 224, 255
　──等級体系　182
　──等級の調整　183
　──等級のブロードバンド化　242
　──特性　215
　──に対する賃金　106
　──能力給　213, 214
　──能力適性検査　42
　──能力評価　215

──の価値　213
──の価値の大きさ　197
──の習熟度・遂行度　213
──の相対的価値　26, 177
──の等級　224
──範囲　194
──評価　11, 25, 170, 172, 173, 175, 177, 183, 206, 224, 225, 239, 255
──評価点数　25
──分析　11, 25, 38, 98, 170, 172, 175, 194, 224, 225, 239, 255
──分類　183
──分類制度　192, 194
──別採用　38
──満足度　34
──明細書　38, 172, 173
──・役割給　206
──・役割等級制度　191
諸手当　20, 85, 180
初任
　──格付け　178
　──給　70, 225
　──資格　193
　──職級　14, 15
　──賃金　235
ジョブ・クラシフィケーション　239
ジョブ・シェアリング　47
ジョブ・マッチング　239
ジョブ・ローテーション　254
書類審査　35, 41
序列法　95, 96, 239
人員削減　126, 127, 129, 156, 227
新規学卒一括採用方式　39
新規学卒者　42
　──定期採用　39
新基本給　213
進級　54
シングルレート　214, 247
人材
　──育成　118, 119, 121
　──開発　116
　──確保戦略　45
　──条件　46
　──戦争　115

278　索　引

──像　46, 119
──第一の経営哲学　121
──の需要予測　43
──の流動化　39
人事
　──委員会　56, 87
　──異動　225, 227
　──革新　227
　──基準　171
　──権　225
　──権限　241
　──考課　24, 74, 91, 92, 95, 103, 173, 194, 225, 241
　──考課規定　94
　──考課結果　77, 241
　──考課成績　243
　──考課制度　91, 92, 94, 95, 96
　──考課表　100
　──差別　103
　──政策　48, 65
　──制度　53
　──制度改革　91
　──停滞　62, 133, 179
　──停滞問題　140
　──破壊　64
新人事制度　21, 215
新人事体系　66
新卒採用　44
　──慣行　44
人的資源　111
　──開発　114
　──管理戦略　48
新入社員教育　112
人物評価　93
新聞広告　34, 35, 40
信頼性　108
信頼度（reliability）分析　36
心理検査　36
随時採用　43, 44
随時募集　43
水平的な配置転換　247
スキル　235, 242, 250
スペシャリスト　118
成果　200

──加給　81
──給　80, 180, 200, 231, 232
──給制度　80
──・貢献度　75, 210
──号俸制　87
──主義　31, 52, 69, 75, 76, 130, 209
──主義賃金　69, 76, 199, 201, 210, 246, 248
──主義賃金制度　78, 202
──の測定　210
──評価　180
性格検査　36
生活給　174, 199
正規雇用　153
正規職　158
正規労働者　147, 154, 156, 176
性差別　43
生産・技能職　14, 18
生産性　137, 140
　──向上　87, 179
成長型人員構造　62
青年インターン制　47
青年失業　142
性別制限　42
整理解雇　25, 126, 127, 141, 152, 156, 258
　──制　74, 146
世間相場　229
　──情報　229
　──賃金　235
絶対評価　81, 100
ゼネラリスト　118, 258
全国中央組織　163
潜在能力　195
全社員制　17
全社成果給　80
専従者　146, 160, 161, 163, 164
　──給与　162
全人主義　112
先任権　241
　──(seniority)制度　224
　──制度　226
先輩－後輩間の序列　60
先輩社員　60
選抜　57
　──活動　31, 35

索引　279

──慣行　40
──道具　35, 36, 37
──倍数　40
専門技能教育　114
専門職　65
──制度　64
専門人材　258
戦略的コアコンピテンシー　114
早期退出　140
早期退職　129, 130, 131
──優遇制度　128
総合給　72
総合的接近法　40
総人件費　32, 33
総生産量　32
相対評価　81, 100
総販売量　32
創立特別賞与　73
属人的要素　194, 195, 213
組織
──開発　117
──業績　242
──コミットメント　34, 35, 254
──成果　184
──のフラット化　106, 228, 230, 250
──評価　104
──文化　130, 260
──分裂　161
──への貢献度　173, 209
卒業方式　24
卒業予定者　39

【夕行】

大宇人材開発院　113
対角線交渉　151
退職勧告　244
退職金　133, 141, 142
──規定　134
──制度　133, 134, 136
──中間清算制度　133
──の支払方法　134
退職年金保険制度　133
大卒新入社員　58
タイムスパン　76

滞留年数　15, 20, 24, 55
ダウンサイジング　106, 230
多技能的人材　118
脱ジョブ化　227
達成度　208
──評価　208
妥当性　108
妥当度（validity）分析　36
多能工化　227
多能的職務遂行　238
単一
──型体系　72
──型年俸制　80
──号俸制　24, 74
──産業別組合　150
──職級　22
──職務給　177
単位労組　166
単年度計画　32
段階的除去法　40
短期インセンティブ給　232
短期決済型の賃金　76
短期的成果　200
男女雇用平等法　42, 103
団体協約　134, 160
団体交渉　74, 151, 160, 161, 235
──の構造　151
──方式　151, 161
単能工　227, 235
地域専門家課程　119
地域専門家制度　122
チェックオフ　163
チェックリスト法　96
知識　250
──給　234
──経営　117
──情報化社会　117
──労働者　230
チーム
──業績　243
──制　21, 64
──（組織）業績　86
──評価　87
──ワーク　87

中期計画　32
中心化傾向　93, 101
中長期人事戦略　45
中途採用　31, 39, 44, 45
中労委調停　194
長期
　──計画　32
　──継続雇用　31
　──決済型の賃金　76
　──雇用　65, 131
　──雇用慣行　31, 126, 199
　──臨時職　155
超高齢社会　135
直属上司　93
賃上げ　174
賃金
　──改定　214
　──格差　152, 156, 176, 211
　──格差の是正　194
　──カット　74
　──カーブ　139, 200, 226
　──協約　152
　──決定要因　75
　──決定要素　201
　──交渉　151
　──支払い形態　22
　──上昇率　174
　──体系　74, 83, 138, 200
　──体系の見直し　179
　──等級　228
　──凍結　74
　──と職能資格の不一致　182
　──の決め方と上がり方　78
　──の公正さ　230
　──の柔軟化　238
　──の柔軟性　138, 175
　──バンド　184
　──引上率　142
　──ピーク制　126, 135
　──ピーク制度　138, 139, 140, 141
　──レンジ　214, 229, 242, 243
通勤手当　225
つぼ型　63
積上型　205

積み上げ方式　83
つりがね型　58, 63
手当　183
定員算定　38
定期
　──異動　25
　──採用　39, 44
　──昇給　20, 25, 72, 175, 202, 214
　──昇給制　83
　──昇進　25, 56
　──賞与　180
　──募集　38
定年　132
　──延長　133, 135, 136
　──延長奨励金　137
　──制　130, 132
　──制度　131
　──退職者継続雇用奨励金　137
　──退職制度　132
　──年齢　61, 132, 133, 140, 141
　──保障　141
　──保障型　139
適性検査　35, 36, 41
デジタル化時代　117
手続き的公正　212
テレビ・コマーシャル　37
典型的な賃金テーブル　70
電産型賃金体系　194, 199
伝統的
　──教育　117
　──等級制　229
　──な職務給　228
　──な人事慣行　22
　──な人的資源管理　91
同一
　──学歴同期入社者　59
　──価値労働同一賃金原則　154
　──職務同一賃金　171, 176, 221
　──労働同一賃金　170, 171, 221
統一交渉　151
同期管理　256
冬季賞与　73
動機づけ　92
　──型賃金体系　77

同期入社　20,60
　——意識　61
　——年次者　195
　——の昇進競争　59
等級制度　10
同期横並び昇進　60
透明性　211
得点要素法　239
特別
　——慰労金　73
　——採用　41
　——昇級　95
　——昇給　95
　——昇進　56
　——賞与　73
　——成果給　152
トーナメント型競争　59
トレーニングプログラム　112

【ナ行】

内的公正性　26
内的公正の原則　230
内部
　——昇進　55,65,224
　——人材の開発政策　66
　——募集　33,34
　——労働市場　33,65,127,254
ナショナルセンター　147,151,159,161
納得性　108,211
肉体労働　33
日給　141,193
　——制　13
入学方式　24
人間関係論　194
認知能力検査　37
任用　183
年金　132
年功　11
　——給　70,72,74,175,199
　——給体系　72
　——資格制度　10
　——主義　24,52,74,75,76,173
　——主義昇進管理　52,53
　——主義人事管理　21,195

　——主義人的資源管理　9
　——昇進　21,61,170
　——・職務給　72
　——序列　58,61,94,179
　——序列意識　20
　——序列型組織構造　66
　——序列型賃金制度　179
　——序列型賃金体系　69
　——序列慣行　173
　——序列主義　91
　——序列昇進慣行　53
　——序列制　260
　——序列賃金　21,78,79,129,140
　——序列賃金制度　74
　——序列による昇進　64
　——制　197
　——賃金　20,24,61,69,70,71,133,136,137,170
　——賃金制度　141
　——的・勤続序列的な昇進管理システム　60
　——的資格制度　194
　——的昇給　226
　——的職級制度　17,26
　——的要素　24,55
　——要素の縮小・廃止　201
年次管理　256
年俸　86,178,179,181
　——額　87
　——格差　82
　——給　81
　——契約　77
　——契約書　77,84,87
　——算定　81
　——審査委員会　84
　——制　25,69,74,75,76,77,78,79,80,85,115,200
　——調整　87
　——適用者　87
　——の改正　87
年末賞与　73
年齢
　——階級別賃金カーブ　200
　——給　24,202,213
　——・勤続給　202

──差別法　132
　　──上限　130
　　──制限　42
能力
　　──基準　197
　　──給　81, 83, 106, 230
　　──考課　84, 86
　　──主義　24, 52, 69, 74, 75, 76, 197, 198
　　──主義管理　18, 21, 195
　　──主義人事　94
　　──主義人事管理　21
　　──主義賃金体系　74
　　──的資格制度　192
　　──的要素　55
　　──等級　197
　　──発展段階　22
　　──要素の縮小・廃止　201
ノルマ主義　209
ノンエグゼンプト　222, 223, 229
　　──職務　222

【ハ行】

バイオデータ　35, 36
　　──分析　35
　　──分析技法　35
敗者復活　84
配置転換　34
ハイブリッド (hybrid) 型人的資源管理　261
ハイブリッド型役割等級制度　198
派遣専従者　166
派遣労働者　156
発揮能力　86, 195
抜擢
　　──昇進　64, 130
　　──昇進制　65
　　──昇進制度　59
　　──人事　60
　　──人事制度　21
パートタイマー　155
パフォーマンスマネジメント　248
パフォーマンスレビュー　244
バブル崩壊　191, 207
パラダイム　116, 117
バランススコアカード　103, 107

ハロー効果　36, 93, 101
範囲給　216
範囲職務給　77, 177, 225
汎用人材　258
ピーク賃金　141
ピーク年齢　140
ビジネス・プロセス・リエンジニアリング　227
ビジネスリーダー　115
非自発的退職　130
非上場企業　44
非正規
　　──雇用　146, 153
　　──雇用保護法　153, 154
　　──雇用濫用　154
　　──職　158
　　──労働者　127, 147, 148, 153, 154, 155, 156, 158, 176
　　──労働者の組織化　147
　　──労働者保護法　170
非正社員　48
筆記試験　35, 36, 40
必要人員数　33
必要総労働時間　33
必要滞留昇進年数　64
非典型労働者　155
人基準　10, 171, 197, 260
人に対する賃金　106
1人当たり予想人件費　33
日雇労働者　148
評価
　　──基準　210
　　──に対する信頼性　206
　　──による昇給　177
　　──の公正さ　87
　　──の公正性　210
　　──の納得性　209
標準人材　258
標準労働時間　33
標準労働者　200
評定尺度法　93, 95, 96
平等主義　195
費用/便益分析 (cost/benefit analysis)　36
ピラミッド型　58, 62
　　──の組織構造　59

索　引　283

ファクターコンパリスン　239
ファストトラック　64
フィードバック　209
複数組合　146, 159, 160, 161, 167
部署別・班別業績評価制度　95
不当労働行為　162
扶養給　216
ブラインドインタビュー制　46
ブルーカラー　161, 193, 234, 241, 247
　──の労働者　240
ブレイン・ストーミング　113
フレキシビリティ　247
ブレンディド・ラーニング　116
プロジェクトチーム　69, 74
プロセス評価　208, 209
ブロードバンディング　221, 228, 229, 247
　──制　229
　──・ペイ　227
ブロードバンド　228
　──タイプ　247
プロフェッショナル人材　258
分散化　151
分社化　156
分布制限　100
分類法　239
平均
　──勤続年数　141
　──寿命　135, 136
　──昇給率　181
　──賃金　134
米国式経営　260
併存型体系　72
併存型年俸制　80
ベース・アップ　83, 84, 86, 184
ヘッド・ハンター　240
ヘッドハンティング　39
ベンチャー企業　44
変動給　83, 180, 232
変動年俸　80
ポイントファクターレイティング　239
報償体系　26
法定率方式　134
募集
　──活動　31, 33

　──慣行　37
　──の源泉　33
　──費用　33, 34, 44
ポスト不足　20, 25, 52, 53, 61, 195
ボーナス　245
　──プラン　245, 246
保有能力　86
ホワイトカラー　13, 161, 193, 230, 241, 247
本俸　81, 183

【マ行】

マクロ的方法　32
マーケットプライシング　239
マンネリ化　227
ミクロ的方法　32, 33
ミニMBA　120
身分
　──呼称　22
　──差別　17
　──上昇欲求　63
　──制　15, 17, 193, 194
　──制度の撤廃闘争　193
　──制廃止　194
　──的資格制度　192, 193
　──的職級制度　17, 26
　──的人事管理　17
身元照会　41
民主化運動　152
民主化宣言　17, 162
民主労総　147, 154, 161
名目賃金上昇率　174
名誉退職者　129
　──の選定基準　129
名誉退職制度　128, 129, 140
メリット昇給　215
面接　35, 36, 37
　──試験　41
面談制度　95
目標
　──管理　84, 103, 104, 208
　──管理制度　86, 95, 104, 115, 200, 207, 225
　──管理法　96
　──達成度　197
　──と自己統制による管理　104

284　索　引

──難易度　208
モチベーションの向上　227
モラール　92

【ヤ行】

役員昇進　61
役職　195
　──昇進　52, 129
　──制度　53, 192
　──定年制　64
　──到達年齢　59
役割
　──基準　197
　──給　191, 204, 205, 216, 260
　──グレード　215
　──グレード制度　215
　──主義　197
　──等級　197
　──等級制度　10, 11, 196, 197
　──の価値の大きさ　197
　──評価　206
ヤミ専従者　166
有期契約　156
要員計画　31, 32, 33
要素比較法　239
余剰人員　43
予想定年　129

【ラ行】

ランキング　239
利益配分制度　80
利益分配制度　249
リエンジニアリング　43, 115, 224
力量　106
　──昇進　185
利潤分配制度　80
離職費用　37
離職率　34, 35
リストラクチャリング（リストラ）　32, 106, 115, 152, 224, 227, 230
リーダーシップ　115
臨時・日雇労働者　155
臨時労働者　148
累進率　135

──方式　134
レイオフ　132, 224
レンジ　86, 184
労使
　──葛藤　167
　──関係　156, 161
　──関係改革委員会　159
　──間の葛藤　161
　──協議　154
　──合意　139
　──自律　162
　──政委員会　155, 159
　──政合意　156
　──政合意文　162
　──政代表者会議　159
　──対立的路線　161
　──紛争　162
労働
　──委員会　154, 160
　──運動　161, 162, 173
　──教育　114
　──協約　131, 152
　──協約適用率　152
　──組合　137, 152, 162
　──組合運動　193
　──組合組織率　147
　──組合法　146
　──契約　132
　──市場　126, 156
　──市場の柔軟化　127, 146, 156
　──者差別　15
　──者大闘争　74
　──者派遣　127
　──者派遣制　146
　──生産性　174
　──争議　152, 161
労労間の葛藤　161, 167
ローカリゼーション　121
ローカル観点の差別化　119
ロール・プレイング　113
ロンドン手当　244

【ワ行】

ワーキングプア　154

ワークシェアリング 138, 142
割増退職金 129

著者紹介

安　熙卓（あん　ひたく）
1960 年　韓国生まれ
1983 年　韓国・中央大学校卒業
1986 年　慶應義塾大学大学院商学研究科修士課程修了
1989 年　慶應義塾大学大学院商学研究科博士課程修了
1989 年 12 月　商学博士
1990－2000 年　韓国経営者総協会付設労働経済研究院勤務
2006－2007 年　イギリス Bristol 大学客員研究員
現在　九州産業大学経営学部教授
専攻　人的資源管理論

[主要著書]
（日本語）
『企業経営と労使関係の日韓比較』泉文堂，1991 年（共著）
『労務管理の日韓比較』有斐閣，1993 年（共著）
『アジア企業の人材開発』学文社，2008 年（共著）
（韓国語）
『能力主義時代の人事考課』韓国経営者総協会，1994 年
『韓国・ドイツ企業の人事管理比較』韓国経営者総協会，1998 年（共著）
『日本企業の賃金制度改革事例研究』韓国労働研究院，2007 年（共著）
『日本企業の人事制度革新事例研究』韓国経営者総協会，2009 年
『日本の複数労組と労組専従者に関する研究』韓国経営者総協会，2010 年 他多数

韓国企業の人的資源管理
―その特質と変容―

2011 年 9 月 15 日　第 1 版第 1 刷発行　　　　　　　検印省略

著　者　安　　熙　卓
発行者　前　野　　弘
発行所　株式会社　文　眞　堂
東京都新宿区早稲田鶴巻町 533
電話 03（3202）8480
FAX 03（3203）2638
http://www.bunshin-do.co.jp
郵便番号(162-0041)振替00120-2-96437

印刷・モリモト印刷　　製本・イマキ製本所
© 2011
定価はカバー裏に表示してあります
ISBN978-4-8309-4720-9　C3034